Hans-Jürgen Goertz

Thomas Müntzer

HANS-JÜRGEN GOERTZ

Thomas Müntzer

Mystiker · Apokalyptiker · Revolutionär

[illegible]
München, 17.10.1989

VERLAG C.H.BECK MÜNCHEN

Mit 24 Abbildungen

CIP-Titelaufnahme der Deutschen Bibliothek

Goertz, Hans-Jürgen:
Thomas Müntzer : Mystiker, Apokalyptiker, Revolutionär / Hans-Jürgen Goertz. – München : Beck, 1989
ISBN 3 406 33612 4

ISBN 3 406 33612 4

Umschlagentwurf: Bruno Schachtner, Dachau
Koloriertes Umschlagbild nach: „Dieser Prophet sihet dem Thomas Müntzer gleich", Holzschnitt aus den Propheceien und Weissagungen des Johann Lichtenberger, o.O., o.J.

Satz: Appl, Wemding
Druck und Bindung: May & Co., Darmstadt
Printed in Germany

Inhalt

Für Janneke

... gegen die Sehnsucht wenigstens ist weder
Gewalt noch Finsternis gewachsen ...
Ernst Bloch (Thomas Münzer, 1921)

Einleitung

Das Urteil über Thomas Müntzer unterliegt starken Schwankungen. Die einen brechen den Stab über den „ruhelosen Fanatiker“, und die anderen bewahren dem „uneigennützigen Streiter für Wahrheit und Gerechtigkeit“ ein ehrendes Andenken.[1] Faszination und Abwehr bestimmen den Umgang mit ihm. So ist es im Laufe der Jahrhunderte stets gewesen, und so war es schon zu seinen Lebzeiten. Sein Name sei, schrieb er einst, „dem armen durftigen heuflin eyn susser geroch des lebens und den wollustigen menschen eyn misfallender greuell des swynden vorterbens.“[2] An ihm scheiden sich die Geister – damals wie heute. Armut und Wollust sind aber nur in einem bestimmten theologischen Sinn geeignet, diese Fronten zu bezeichnen. Seit einiger Zeit ist nun auch der Gegensatz von „bürgerlichen“ und „sozialistischen“ Urteilen über das gesellschaftliche Leben in den Streit um Müntzer eingeflossen und hat den Begriffen von Armut und Wollust einen neuen, uns verständlicheren Sinn verliehen: In der Deutschen Demokratischen Republik ist Müntzer ein historischer Held, der Visionär einer gerechteren Gesellschaft, hierzulande eher ein utopischer Schwärmer, ein Prototyp unerhörter Widersetzlichkeit.

Über diesen Widerstreit kann sich niemand hinwegsetzen, denn hier ist das Milieu entstanden, in dem Thomas Müntzer heute überhaupt zur Sprache kommt und Ereignis wird. Seither wissen wir mehr über die sozialen Kämpfe, in denen er stand, und die theologischen Einsichten, denen er folgte. Wer Müntzer darstellen will, wird sich von dem Zwang befreien müssen, die Prinzipien der Deutung entweder nur in der sozialen Auseinandersetzung oder nur in der Bewegung des theologischen Gedankens zu suchen. Dieser biographische Versuch möchte diese Alternative auflösen und die besten Argumente sowohl der einen als auch der anderen Seite nutzen: Die theologischen Überlegungen führten Müntzer mit innerer Konsequenz in den sozialen Kampf, wie umgekehrt die gesellschaftlichen Spannungen der frühen Reformationszeit die Atmosphäre waren, in der seine Gedanken allmählich Gestalt annahmen – nicht in freischwebender Beliebigkeit, sondern in strengem Bezug zu den konkreten Erfahrungen seiner Zeit. Und in dieser Form wirkten seine Aufrufe und Schriften wieder auf das allgemeine Geschehen zurück.

Müntzer wollte einer „zukünftigen Reformation“ zum Durchbruch verhelfen und stellte die Theologie in den Dienst der „Veränderung der Welt".[3] Daraus wurde – zum ersten Mal auf deutschem Boden – eine Theologie der Revolution. Sie war ein scharfer Angriff auf die geistlichen und weltlichen Autoritäten; und in der Art und Weise, wie Müntzer die gesellschaftlichen Erfahrungen theologisch verarbeitete, erreicht uns heute noch ein Anspruch, der nicht eingelöst ist: „das volck wirdt frey werden und Got will allayn der herr daruber sein".[4] So wird dieser „Theologe der Revolution" jeden herausfordern, der in seinen Bannkreis tritt. Ihm wollen wir nicht mit gespreizter Abwehr begegnen, auch nicht mit unkritischer Anhänglichkeit, sondern mit kritischer Sympathie.

Thomas Müntzer hat wenig geschrieben. Eigentlich waren es nur drei größere Traktate, die er in der zweiten Hälfte des Jahres 1524 veröffentlichte, Schriften, in denen er sein reformatorisches Wirken in einer politisch bedrängten Situation öffentlich erläuterte und rechtfertigte. Die Auflage dieser Schriften war nicht besonders hoch, die letzte gar, eine Antwort auf Martin Luthers *Brief an die Fürsten zu Sachsen von dem aufrührerischen Geist,* konnte zwar in Nürnberg gedruckt werden, wurde aber vor der Auslieferung beschlagnahmt und eingezogen. Nur einige Exemplare sind noch an das Licht der Öffentlichkeit gekommen; ihre Wirkung kann nicht mehr groß gewesen sein. Vorausgegangen waren diesen Hauptschriften, wie man sie nennen könnte, zwei kleinere Traktate, mit denen Müntzer sich zu Beginn desselben Jahres zu Wort gemeldet hatte. Sie waren in ruhigerer Zeit bereits 1523 entstanden. Hier stellte er sein Glaubens- und Taufverständnis vor und trat mit einer feierlichen Proklamation seiner reformatorischen Absichten vor alle Welt: *Protestation und Erbietung.* Er wollte „der evangelischen prediger lere in ein besser weßen furen".[5] Das Oeuvre muß zu schmal erscheinen, um eine Biographie tragen zu können. Selbst wenn die zahlreichen Briefe Müntzers, die sporadischen Äußerungen und Zeugnisse, die überliefert sind, die Quellengrundlage erweitern, so bleibt schließlich nur der Zeitraum von 1519 bis 1525 dokumentiert – und auch dieser in unterschiedlicher Dichte; nicht immer gelingt es, die näheren Umstände für wichtige Entscheidungen und Veränderungen im Leben Müntzers aufzuklären.

Inzwischen liegt sein Werk in kritisch edierten Ausgaben vor, allen voran in der Gesamtausgabe, die Günther Franz 1968 herausbrachte. Sie enthält die Schriften und Briefe, auch die Arbeiten Müntzers zur Reform des Gottesdienstes in Allstedt, ungedruckte Stücke, wie die verschiedenen Fassungen des berühmten *Prager Manifests* von 1521, auch das Bekenntnis und den Widerruf Müntzers kurz vor seiner Hinrichtung, verstreute Fragmente und Nachrichten. Diese Gesamtausgabe beendete den unerträglichen Zustand ungleicher, teils kritischer, teils modernisierter Textsammlungen und ist die Ausgabe, nach der heute, sowohl im Westen als auch im Osten, in wissenschaftlichen Abhandlungen gearbeitet wird. Es ist aber nicht verborgen geblieben, daß diese Ausgabe auch schwere Mängel aufweist. Die Texte sind nicht immer sorgfältig genug wiedergegeben und erläutert worden, gravierende Fehler sind im Briefwechsel stehengeblieben, der aus der älteren Edition von Heinrich Böhmer und Paul Kirm übernommen wurde. Verbessert wurde inzwischen der Text der beiden frühen Schriften in einer von Wolfgang Ullmann und Siegfried Bräuer besorgten Ausgabe (1975/1982), teilweise verbessert sind auch die Hauptschriften in der von Manfred Bensing und Bernd Rüdiger betreuten Ausgabe, die 1973 in Leipzig erschien. Doch die Gedanken Müntzers sind sprunghaft, die Quellen seiner Theologie verdeckt und selten genau zu bestimmen, seine Sprache ist impulsiv und kreativ, oft wenig durchgestaltet, im ganzen nicht leicht zu verstehen, so daß auch die erwähnten Verbesserungen noch revisionsbedürftig sind. Insgesamt hat sich die Auffassung durchgesetzt, daß die wissenschaftliche Weiterarbeit an Müntzer, die gelegentlich schon in den Zustand einer pedantischen Satzexegese eingetreten ist, dringend einer neuen Textsammlung bedarf, die den höchsten Ansprüchen an eine kritische Gesamtausgabe genügen muß. Seit einiger Zeit wird eine verbesserte und erweiterte Neuausgabe der Briefe und verstreuter Einzelstücke in der Deutschen Demokratischen Republik vorbereitet und eine gründlichere Bearbeitung der Schriften in der Bundesrepublik. Man ist bereit, sich die Kärrnerarbeit an Müntzers Texten zu teilen, die Interpretationen jedoch werden weiterhin auseinandergehen.

So wird man in der Deutschen Demokratischen Republik das revolutionäre Erbe des deutschen Volkes stärker betonen, sicher auch feierlich beschwören. „Auch das deutsche Volk hat seine revolutionäre Tradition", hat schon Friedrich Engels geschrieben: „Es gab eine Zeit, wo Deutschland Charaktere hervorbrachte, die sich den besten Leuten der Revolutionen anderer Länder an die Seite stellen können, wo das deutsche Volk eine Ausdauer und Energie entwickelte, die bei einer zentralisierteren Nation die großartigsten Resultate erzeugt hätte, wo deutsche Bauern und Plebejer mit Ideen und Plänen schwanger gingen, vor denen ihre Nachkommen oft genug zurückschaudern."[6] Ein solcher Charakter war – das weiß im östlichen Teil Deutschlands inzwischen jedes Schulkind – Thomas Müntzer. Ihm wurde ein Denkmal gesetzt, seine Büste ist in Bronze gegossen, und nach ihm wurde die thüringische Stadt benannt, in der er zuletzt gewirkt hatte, Mühlhausen: Thomas-Müntzer-Stadt. Arbeitsbrigaden und Landwirtschaftliche Produktionsgenossenschaften, Schulen und Straßen tragen seinen Namen. Thomas Müntzer ist eine historische Symbolfigur geworden.

In der Bundesrepublik ist Müntzer hingegen kaum bekannt. Kein Denkmal erinnert an ihn und kein Platz. Als aufmüpfige Studenten seinen Namen einst über den Eingang zur evangelischen Studentengemeinde in Hannover schrieben, erhob sich allgemeine Entrüstung. Die Leitung der lutherischen Landeskirche ließ es nicht zu, dem schärfsten Gegner Martin Luthers, dem Gotteslästerer und Aufrührer, dem Archihaereticos und Satanas in einer Person, ein kirchliches Haus zu weihen. Soviel theologischer Unverstand oder revolutionärer Eifer mußte als Verrat an der Geschichte des Protestantismus in Deutschland geahndet werden. Mit Thomas Müntzer verbinden sich keine guten Erinnerungen. Einen breiteren Raum nimmt dieser Revolutionär allerdings in der wissenschaftlichen Literatur unseres Landes ein. Zum einen interessiert die Persönlichkeit, die den Wittenberger Reformator in arge Bedrängnis brachte: der Gegensatz von Luther und Müntzer wird als Grundproblem der frühen Reformationsgeschichte überhaupt begriffen; zum anderen stellt die Deutung der marxistisch-leninistischen Historiker eine Herausforderung dar und muß einer kritischen Prüfung unterzogen werden; und schließlich bietet das Wirken Müntzers dem sozialgeschichtlich orientierten Betrachter eine Gelegenheit, sich von den stereotypen Einstellungen einer konfessionalistischen Geschichtsschreibung zu lösen, die bisher von der Sympathie für die großen Reformatoren beherrscht wurde. So wächst die Aufmerksamkeit für Thomas Müntzer auch bei uns.[7]

Insgesamt ist über Müntzer viel geschrieben worden, besonders seit dem Zweiten Weltkrieg. Die meisten Abhandlungen gehen einzelnen Problembereichen nach: dem Obrigkeitsverständnis und Widerstandsrecht, der Theologie der Revolution, dem Verhältnis zu Martin Luther, den Wurzeln der Theologie Müntzers in der Mystik und in der Apokalyptik des Mittelalters, seinem liturgischen Schaffen, seiner Auslegung der Heiligen Schrift, seinem Engagement im thüringischen Bauernkrieg, seiner Wirkungsgeschichte. Einen Eindruck von der Vielfalt und Intensität dieser Arbeiten kann der Sammelband vermitteln, der mit einem ausführlichen Literaturbericht von Abraham Friesen und mir 1978 in *Wege der Forschung* herausgegeben wurde, ebenso die nordamerikanische Sammlung *The Anabaptists and Thomas Müntzer*, die James M. Stayer und Werner O. Packull 1980 zusammenstellten. Es liegt an der Eigenart der schwierigen und dürftigen Quellenlage, daß diese Abhandlungen, so sehr sie sich einzelnen Problemen zuwenden, doch jeweils mehr oder weniger kürzere oder längere Gesamtinterpretationen von Leben und Werk Thomas Müntzers sind. Bei einem öffentlichen Wirken, das sich auf einen so kurzen Zeitraum verdichtet, kann das nicht anders sein. Alle Abhandlungen sind Beiträge zu einer Biographie.

Folgt man kritischen Stimmen, wäre es trotz einer intensiv betriebenen Forschung noch zu früh, die Arbeit an einer umfassenden Biographie Müntzers in Angriff zu nehmen. Dunkel sind seine Herkunft, die Zeit seiner Jugend und seines Studiums, auch die Stationen seines frühen Wirkens sind nicht eindeutig bestimmt, die politischen und sozialen Umstände in den Städten, in denen er wirkte, sind noch zu wenig erforscht, das gilt auch für seinen Aufenthalt bei den aufbegehrenden Bauern am Oberrhein und die Feldzüge im thüringischen Aufstandsgebiet.

Den Mut, eine Biographie zu schreiben, haben bisher nur wenige aufgebracht. Den ersten neueren Versuch unternahm der nordamerikanische Kirchenhistoriker Eric W. Gritsch: *Reformer Without a Church. The Life and Thought of Thomas Muentzer* (1967). Gritsch folgt allerdings noch dem traditionell lutherischen Feindbild, wenn er meint, Müntzer habe das Bemühen um das persönliche Heilserleben im Eifer des Gefechts mit der Agitation für eine gewaltsame Veränderung der Welt vermengt und auf diese Weise seine „Theologie sozialer und politischer Aktion" schwer belastet.[8] In die Irre führt auch der Titel. Müntzer ist nie ein Reformer ohne Kirche gewesen, er hat sein reformatorisches Wirken stets auf die Ortskirche bezogen und in ihr eine weite Gefolgschaft gefunden, vor allem in Allstedt und Mühlhausen. Sodann sind zwei populär gehaltene Bildbiographien zu nennen: Manfred Bensings *Thomas Müntzer*, 1965 in Leipzig erschienen, und Gerhard Wehrs *Thomas Müntzer in Selbstzeugnissen und Bilddokumenten* von 1972. Wehr wollte den marxistisch-christlichen Dialog nutzen, um Müntzer zu aktualisieren. Das ist ihm aber nur andeutungsweise auf Kosten historischer Genauigkeit gelungen. Zahlreiche Fehlinformationen verbinden sich mit der Neigung, Forschungsprobleme zu verwischen, so daß eine große Chance vertan wurde, Müntzer unserer Zeit wirklich nahezubringen. Zuverlässiger ist die Kurzbiographie aus der Feder Bensings. Man spürt, daß hier ein marxistischer Historiker am Werk ist, der sich auch sonst ausgiebig mit Müntzer, vor allem seiner Verwicklung in den Bauernkrieg, beschäftigt hat. Bensing behauptet, Müntzer sei zunächst bemüht gewesen, durch Predigt und Reform des Gottesdienstes den Menschen zum Subjekt revolutionärer Weltveränderung zu erziehen. Erst als die Widerstände der Herrschenden zu stark wurden, habe er dieses Ziel aufgegeben und umgekehrt jetzt zuerst für eine gewaltsame Veränderung der gesellschaftlichen Verhältnisse gewirkt, um auf diese Weise die Bedingungen für eine Wandlung des individuellen Bewußtseins zu schaffen. Diese „gewisse Umkehrung" ist aber an den Quellen nicht abzulesen, sie scheint vielmehr die marxistische Variante des traditionellen Vorwurfs zu sein, Müntzer habe seine mystisch eingefärbte Frömmigkeit auf widersprüchliche Weise einem apokalyptischen „Totschlagchristentum" geopfert. Über dieses reich bebilderte Büchlein hat Siegfried Bräuer in einem Forschungsbericht treffend geurteilt: „Eine gewisse Neigung, gut gegründete Angaben mit nicht immer leicht erkennbaren Vermutungen und Verallgemeinerungen zu kombinieren, sind ein bleibendes Merkmal von Bensings Biographie."[9]

Am eindrucksvollsten ist das monumentale Werk, das Walter Elliger zum 450. Jahrestag der Hinrichtung Müntzers veröffentlichte: *Thomas Müntzer. Leben und Werk* (1975). Dieser Kirchenhistoriker bemühte sich, dem oft verfemten und mißverstandenen Mann gerecht zu werden, auch wenn er aus der Sicht Luthers schließlich zu einem negativen Urteil über diesen „Außenseiter der Reformation" kommt und seine Antipathie nicht ganz unterdrücken kann. Elliger verfolgt die Lebensabschnitte Müntzers mit einem feinen Gespür für Wandlungen und Entwicklungen, ohne in den alten Fehler einer psychologisierenden Deutung zu verfallen. Besonders für die Frühzeit ist man mehr auf Vermutungen als auf Tatsachen angewiesen; und hier entfaltet Elliger ein außerordentliches Geschick, eine Biographie streckenweise in hypothetischem Stil zu schreiben, bis zu jener Perfektion, da die Häufung von Annahmen schließlich in fragwürdige Affirmationen umschlägt. Elligers Stärke liegt darin, den theologischen Entwicklungsgang Müntzers herausgearbeitet und die Theologie als die motivierende Quelle dessen erwiesen zu haben, was dieser Mann wollte und tat. Gegen den „Sozialrevolutionär" der marxistischen Deutung setzt er den „Knecht Gottes", der das göttliche Gericht über diese Welt herbeizuführen half. Im Zusammenhang mit dem Brief, den Müntzer kurz vor seinem Tod an die Mühlhäuser richtete, urteilt Elliger: „Soviel jedenfalls dürfte aus dieser seiner letzten Stellungnahme hervorgehen, daß der ‚Revolutionär' im Namen und Auftrage Gottes weder ein ‚Bauernführer' noch ein ‚sozialer Agitator' war, daß es ihm primär nicht auf Menschenrechte und sozialen Fortschritt ankam, sondern auf Gottes Gesetz und eine im Glauben und Leben gotthörige, geistesmächtige Christenheit, die dann, im Gehorsam gegen Gott, auch den Dingen dieser Welt die rechte Gestalt und Ordnung einfach geben muß."[10] Dieser polemische Grundansatz, aus seiner früheren, noch in der Deutschen Demokratischen Republik veröffentlichten Abhandlung über Müntzer entnommen,[11] verleitet ihn allerdings dazu, nicht intensiv genug auf die Verknüpfung der theologischen Gedanken mit der jeweiligen politischen und sozialen Situation zu achten. Was Müntzer nicht voneinander schied, Theologie und Revolution, hat Elliger voneinander getrennt. So bleibt seine Biographie im Gegensatz von marxistischer Sozialgeschichte und bürgerlicher Geistesgeschichte hängen – damals eigentlich schon nicht mehr auf der Höhe der Zeit. Dennoch ist dieses Werk die wichtigste biographische Gesamtdarstellung Thomas Müntzers in der Gegenwart: kaum ein Problem und kaum eine Quelle, die Elliger nicht berührt hätte.

Möglicherweise hat er geahnt, daß sein umfangreiches, oft ausschweifend umständliches Werk wohl kaum einen breiteren Leserkreis erreichen würde, weshalb gleichzeitig eine knappe Zusammenfassung erschien: *Thomas Müntzer. Außenseiter der Reformation.* Dieses Buch konzentriert sich auf die theologischen Grundgedanken Müntzers, befriedigt aber nicht das Informationsbedürfnis, das sich mit der Lektüre einer biographischen Einführung verbindet. Diesen Zweck erfüllt statt dessen jetzt die Darstellung des Heidelberger Historikers Eike Wolgast: *Thomas Müntzer. Ein Verstörer der Ungläubigen* (1981). Hier werden die wichtigsten Ergebnisse der Forschung zu einem knappen Lebensabriß Müntzers verarbeitet. Nicht frei von der Tendenz, gegenläufige Deutungen zu harmonisieren, wodurch das Buch gelegentlich an gedanklicher Tiefe verliert, stellt es doch die bisher zuverlässigste Kurzbiographie dar, die im Westen erschienen ist.

„Eine Biographie über Thomas Müntzer zu schreiben, begegnet auch nach Jahrzehnten intensiver Müntzerforschung noch fast unüberwindlichen Schwierigkeiten."[12] An dieser Beobachtung Eike Wolgasts hat sich bisher nichts geändert. Die Zeit für eine ausgewachsene Biographie ist noch nicht reif. Vielleicht werden die neuen Ausgaben der Schriften und Briefe Müntzers in absehbarer Zeit daran etwas ändern. Vorerst scheint mir der biographische „Versuch" die Form zu sein, in der sich Leben und Werk dieses Mannes auf verantwortungsvolle Weise darstellen lassen. Ein Essay respektiert den schütteren Zustand der Quellen, die Lücken und die ungeklärten Einzelheiten, er braucht nicht die Persönlichkeit in der Fülle ihrer Lebensbezüge zu erfassen und kann sich auf Schwerpunkte beschränken, wenn sie nur die bezeichnenden Züge der Gestalt zum Vorschein bringen. Schließlich darf der deutende Zugriff hier stärker hervortreten als in einer Biographie, die sich mehr darum bemühen wird, ihrem Helden zu einer angemessenen Selbstdarstellung zu verhelfen, als den Schwierigkeiten Ausdruck zu verleihen, die demjenigen bereitet wurden, der sich ihm nähert.

I.

Verzerrte Bilder

Niemand weiß, wie Thomas Müntzer aussah. Es gibt kein zeitgenössisches Porträt von ihm. Die Bilder, die überliefert sind, entsprangen der Phantasie einer späteren Zeit; und es ist kaum möglich, in ihnen noch Züge seines wahren Gesichts und Umrisse seiner wirklichen Gestalt zu erkennen. Der berühmte Kupferstich, hinter dem gelegentlich eine wirklichkeitsgetreue Vorlage eines Zeitgenossen vermutet wurde,[1] stammt aus einer Ketzergalerie des 17. Jahrhunderts und zeigt ein gedunsenes Gesicht, eine unebenmäßige, gespaltene Stirn, hervortretende, ausdruckslose Augen und wulstige Lippen, einen nach unten gezogenen Mund und knöchrige, von der Gicht befallene Hände über einem aufgeschlagenen Buch, eine abstoßend wirkende Gestalt (Abb. 1). So stellte man sich einen religiösen Fanatiker und revolutionären Agitator vor, den die gerechte Strafe bald ereilen würde: Im Hintergrund des Bildes geht der Henker auch schon seinem finsteren Gewerbe nach. Müntzer wird hingerichtet werden.

Ganz anders ist der Eindruck, den Manfred Bensing von diesem Kupferstich wiedergibt: „Unter der breiten Predigerkappe wird ein lebensvolles Antlitz sichtbar, das der Künstler selbst in den kleinsten Regungen festgehalten hat. Von der Stirn her, die von angestrengter Denktätigkeit und bitterer Enttäuschung zu berichten scheint, entspannen sich zum Mund hin die Gesichtszüge immer mehr. Zwei klare dunkle Augen, denen der vielfach behauptete schwärmerische Blick fehlt, sind offen und nicht ohne Güte dem Diesseits zugewandt. Das leichte, kaum merkliche Lächeln, das den Mund umspielt, steht im Kontrast zur legendären Überlieferung, die stets vom zornigen und wütenden Müntzer spricht; es scheint eher jenen recht zu geben, die aus einigen Stücken des Briefwechsels schließen, daß Müntzer sehr lustig gewesen sei.“[2] Wenn Bilder nicht eindeutig sind, wuchert die Phantasie der Betrachter. Sollten sich in diesem Stich tatsächlich die Züge einer zeitgenössischen Darstellung erhalten haben, wäre es nicht abwegig, Müntzer so sympathisch zu schildern; wahrscheinlicher aber ist, daß dieses Porträt sich nur noch von der Absicht des Kupferstechers Christoph van Sichem her verstehen läßt, mit einer negativen Symbolfigur vor Fanatismus und Aufruhr zu warnen. Müntzer wurde stilisiert, sein

Abb. 1. Thomas Müntzer. Kupferstich von Christoph van Sichem, 1608

wahres Gesicht, ob es nun bekannt war oder nicht, bis zur Unkenntlichkeit verzerrt.

Mag die Deutung dieses Stiches auch umstritten sein, unmißverständlich sind die Bildnisse, die ihm nachgestaltet wurden. Verstärkt treten krankhafte Züge hervor: ein knabenhaft debiler Kopf, eine verformte Stirn, Augen, die noch stärker hervortreten, eine klobige Nase, ein Mund, der dem Maul eines Fisches ähnlich sieht, und Hände, die in gespreitzer Verkrampftheit die Heilige Schrift umschließen, „Pietas et paupertas simulata", geheuchelte Frömmigkeit und Armut, steht auf

Abb. 2. Thomas Müntzer. Kupferstich eines unbekannten Stechers, 1701

den aufgeschlagenen Buchseiten geschrieben; eine Gestalt, die sich verdüstert und um die es vom Horizont her finster wird (Abb. 2, 3, 4). Hier herrscht nicht künstlerische Freiheit, sondern der Zwang einer Gesellschaft, die Häresie und Aufruhr auf körperliche und seelische Abnormität zurückzuführen pflegt.

Erst im letzten Jahrhundert änderte sich das Bild: Müntzer geht, wie Jesus von Nazareth einst, in gelassener Würde zur Richtstätte; er steht, überlebensgroß in Stein gehauen, auf hohem Sockel, den Blick fest nach vorn gerichtet, die Bibel in einer Hand, das Schwert in der anderen. Mit diesem Denkmal von Will Lammert, das 1956 im thüringischen Mühl-

Abb. 3. Thomas Müntzer. Kupferstich von Johann Benjamin Brühl, 1716

hausen errichtet wurde, soll an die revolutionäre Tradition des deutschen Volkes erinnert werden. Die bildende Kunst hat es schwer: sie kann wohl die Antipathie gegen Thomas Müntzer oder die Sympathie mit ihm, nicht aber seine Persönlichkeit selbst zur Darstellung bringen. Ihr fehlt das Modell.

Mit Nadel, Pinsel und Meißel vermag kein lebensnahes Abbild Müntzers mehr zu entstehen; vielleicht aber könnte, so ließe sich vermuten, das Wort von Dichtern und Schriftstellern hier weiterhelfen. Sie geben den Eindruck wieder, den Zeitgenossen von ihm überlieferten; sie

Abb. 4. Thomas Müntzer. Ölgemälde eines unbekannten Malers. Anfang des 18. Jhs.

nehmen auch die Worte auf, die er selber fand, um sich mitzuteilen, und überbrücken die Lücken der Überlieferung mit Einfühlungsvermögen und Gestaltungskraft. Durch Worte läßt sich vielleicht noch am ehesten dort Unmittelbarkeit herstellen, wo die Quelle der Anschaulichkeit inzwischen längst versiegt ist.

Müntzer war schon eine literarische Figur, bevor er überhaupt ins Rampenlicht der Geschichte trat. Seine Anhänger in Zwickau rühmten ihn in einem Spottgedicht auf den humanistisch gebildeten Stadtpfarrer Johannes Sylvius Egranus als einen „Gottesknecht", der sich auf selbstlose Weise für die Reformation einsetzte. Seine Gegner jedoch verhöhnten ihn in einer spöttischen Erwiderung, die – ebenfalls als Gedicht – in der Stadt umlief, und schimpften ihn einen verlogenen, streitsüchtigen und blutrünstigen Mann, feige und hinterhältig, eine Gefahr für die Stadt:

„Du Lest Dein geyst in alle winckell schweben
zu Zwietracht und auffrür merke mich eben."[3]

Die Situation war in dieser Stadt so angespannt, daß Spott und Hohn, Haß und Polemik den Blick auf die wahre Person verstellten. Wurde dem einen nachgerufen, er sei ein „ketzerischer bösewicht", traf es in klassischer Umkehrmanier sogleich auch den anderen: ein „gilb geferbter, Pikardisch pösewicht", ein solcher Ketzer soll Müntzer gewesen sein. Niemals mehr ist er den Makel eines Häretikers losgeworden, das Image verdeckt den wahren Menschen. Eine historische Quelle, die Müntzer zeigt, wie er war, sind diese frühen Spottgedichte nicht.[4] Um so nachhaltiger sind hier aber schon die Grundlinien des künftigen Müntzerbildes entworfen worden. Ein „lügenhafter Teufel" und „Schwindelgeist", ein „Weltfresser", der mit Fäusten dreinschlägt, Kirchen und Klöster zerbricht und danach trachtet, Blut zu vergießen: mit diesem Schreckensbild warnte Martin Luther die Fürsten zu Sachsen vor dem „aufrührerischen Geist", der sich inzwischen im kursächsischen Allstedt niedergelassen hatte, und forderte sie auf, ihm das Handwerk zu legen, bevor er noch Schlimmeres anrichten würde.[5] Auch dieses Pamphlet aus dem Jahre 1524 ist deutsche Literatur, ein Stück vehementer Denunziation. Von Müntzer, der dem Reformator zumindest einmal in der Wittenberger Turmstube gegenübersaß, werden alle menschlichen, individuellen Züge getilgt; sie werden durch allgemeindiabolische ersetzt, so daß nicht mehr ein Mensch, sondern eine Teufelslarve vor dem geistigen Auge des Lesers erscheint. Noch deutlicher schrieb Luther kurz vor der Niederlage der aufständischen Bauern an Johann Rühel: „Wohlan, wer den Müntzer gesehen hat, der mag sagen, er habe den Teufel leibhaftig gesehen in seinem höchsten Grimme. O

Herr Gott, wo solcher Geist in den Bauern auch ist, wie hoche Zeit ist's, daß sie erwürget werden wie die tollen Hunde! Denn der Teufel fühlet vielleicht den jungsten Tag, darumb denkt er die Grundsuppe zu rühren und alle höllische Macht auf einmal zu beweisen."[6] Im Kampf mit dem Teufel blieb der Mensch auf der Strecke. Luther sorgte dafür, daß die Ängste und Sehnsüchte des Gegners, sein soziales Gewissen, seine Argu-

Abb. 5. „Ein nützlicher Dialogus" von Johann Agricola. Titelholzschnitt, 1525

mente und sein revolutionärer Protest in Deutschland kaum zur Kenntnis genommen wurden. Die antirevolutionäre Haltung im deutschen Protestantismus hat eine apokalyptische Wurzel. Wer diese Haltung auf den realpolitischen Blick der Reformatoren zurückführt, wie es oft geschah, verkennt die dramatische, ins Kosmologisch-Endzeitliche gesteigerte Gegnerschaft zwischen Luther und Müntzer.

Als Müntzer schon hinter Schloß und Riegel und einem peinlichen Verhör unterzogen worden war, hatte sich der Zorn Luthers noch immer nicht gelegt. Zuviel hatte für ihn offensichtlich auf dem Spiel gestanden, nicht nur das verheißungsvoll begonnene Werk der Reformation, sondern die Verkündigung des göttlichen Wortes selbst. Luther ließ sich die Gelegenheit nicht nehmen, den Gotteslästerer und Aufrührer literarisch hinzurichten, bevor das Urteil gesprochen war und der Henker sein Schwert erhoben hatte. In großer Eile versah der Reformator aufrührerische Briefe, die Müntzer und die Aufständischen geschrieben hatten und die aus dem Heerlager nach Wittenberg gelangt waren, mit einem Vor- und Nachwort, setzte diffamierende Randglossen hinzu und schickte alles als eine *Schreckliche Geschichte und ein Gericht Gottes über Thomas Müntzer, darin Gott öffentlich denselbigen Geist Lügen straft und verdammt* (1525) in eine vom Bauernkrieg erschütterte Gesellschaft hinaus.[7] Der Wittenberger hatte das Schicksal Müntzers als den Sieg Gottes über die Anschläge des Antichrist dargestellt und jeden Zweifel an dem martialischen Abschlachten der fliehenden Bauern bei Frankenhausen unterdrückt. Er wollte allen Regungen von Mitleid und Nachsicht zuvorkommen. Dem Teufel und dem Antichrist durfte niemand mit Verständnis und Erbarmen begegnen. Das schändliche Ende Müntzers, anders konnte Luther es nicht sehen, war die Widerlegung einer Theologie, die sich zu Unrecht auf den göttlichen Geist berufen hatte.

Geschickter ging Johann Agricola, der Schulmeister aus Eisleben, vor. Er kannte Müntzer aus früheren Tagen, war durch die Schule der Wittenberger gegangen und mußte im Aufstandsgebiet am Harz beobachten, wie die Bauern sich um Müntzer sammelten und die Warnungen Luthers in den Wind schlugen. „Das gefiel mir dennoch wol von dem Müntzer, das er sein sachen altzeit mit dem gemeinen man hielt, und nicht mit den grossen Hansen“, ließ Agricola in einer Dialogflugschrift aus dem Sommer 1525 einen gewissen Wolf Schwermer sagen, der von einem lutherischen Bauern nach der Niederlage bei Frankenhausen ins Gespräch gezogen worden war. Mit diesem Dialog nutzte der Schulmeister die Ratlosigkeit der Geschlagenen aus, um sie endgültig davon zu überzeugen, daß ihr Weg mit Müntzer in die Irre geführt habe. Nachrichten, Gerüchte und Verleumdungen wurden auf raffinierte Weise miteinander gemischt, so daß sich der Schwärmer schließlich in die Enge getrieben sah und von Müntzer abließ. Die Umerziehung war gelungen: „Wolan Gott geb dir das ewig lohn darumb", sprach Wolf Schwermer, „das du mich untterweiset hast, ich hoff ich wil mich mit Gottes hulff bekeren, wo mir Gott mein gesundheit widder gibt." Zu allem Unglück war der Ärmste verwundet aus der Schlacht hervorgegangen. Um die Aufrichtigkeit seiner Überzeugungsarbeit zu unterstreichen, fragte der Bauer: „Hast du auch gelt das du dich kanst heilen lassen bei einem barbirer." Der Schwärmer antwortete: „Nein warlich ich hett nicht einen einigen heller, es ist mir alles genommen." Aufrührer verlieren nicht nur ihren Glauben, sondern auch ihr Vermögen. Der Bauer schenkte ihm einen Gulden und hielt ihn in der Herberge aus. Der Schwärmer zeigte sich erkenntlich und sprach die erlösenden Worte: „Lieber bawer, des danck dir Got ich sehe wol das du ein Christlicher man bist, Gott gebe uns allen solche prediger wie du gehabt hast."[8] Die Schlacht für Luther war geschlagen, Müntzer wurde vergessen.

Doch das genügte den Wittenbergern nicht, sie setzten noch einmal nach. Bald darauf erschien die anonyme *Histori Thome Muntzers, des anfengers der Döringische uffrur, seer nutzlich zulesen,* die höchstwahrscheinlich Philipp Melanchthon in der Art eines antiken biographischen Berichts geschrieben hatte. Hier wurden allerdings nicht die großen Taten eines Helden gepriesen, sondern die bösen Absichten eines vom Teufel besessenen Predigers und des von ihm verführten „Pöbels" an den Pranger gestellt: Raub und Mord. Im Grunde ging es in dieser Flugschrift gar nicht um Müntzer allein, sondern auch darum, das drakonische Vorgehen der Obrigkeiten gegen die Aufständischen zu rechtfertigen. Aufruhr war Gotteslästerung und mußte bestraft werden: „Also ist diß jar an andern orten allen wie ynn Thuringen auffrur gestrafft worden, und die Oberkeyt durch Gott wunderlich wider grosse macht der auffrurigen erhalten worden. Sollich exempel als sunderliche geschicht von Gott, billich sollen ynn gedechtnus der nachkommen bleyben, unnd mit hohem fleys uffgeschriben werden."[9] Auf diese Weise hat Melanchthon das Müntzerbild der nächsten Jahrhunderte geprägt. Seither geistert die Kunde von dem Mordpropheten durch die Zeiten. Der *praeceptor Germaniae* hat gesprochen, und die Deutschen haben gelernt, Nonkonformisten, Dissidenten und Revolutionären mit Abscheu zu begegnen.

Der deutsche Bauernkrieg und Thomas Müntzer boten einen Stoff, der Dramatiker anzog. Gelegentlich stellten sie Müntzer schon im 16. Jahrhundert auf die Bühne oder beschworen seinen Geist herauf, wenn Diabolisches zur Darstellung gebracht werden sollte. In einem

Schauspiel am Hof zu Kassel erhielt er sogar eine tragende Rolle, bemerkenswerterweise wurde er dort nicht dämonisiert, wie bisher, blieb aber doch eine negative Symbolfigur.[10] Bekannt wurde eigentlich erst der *Monetarius Seditiosus,* den Martin Rinckhart 1625 herausbrachte. Dieses Drama, das dem Ziel diente, Luther zu verherrlichen und Müntzer als satanischen Widersacher der Reformation in Verruf zu bringen, ist in die Tradition des historischen Schuldramas einzuordnen, wie das Kasseler Schauspiel übrigens auch. Es sollte unterrichten und belehren. Müntzer wurde nicht deshalb verworfen, weil seine Person immer noch eine akute Gefahr darstellte, sondern weil es galt, die Reformation ins rechte Licht zu setzen. Als Gegner Luthers wurde er zwar verteufelt, aber dennoch kamen einzelne Züge seines Wirkens zur Geltung, die in der Situation des Elends, das der Krieg zwischen Katholiken und Protestanten über das Volk gebracht hatte, aufhorchen ließen. Das traf vor allem auf einige Bauernszenen zu, so daß die Ereignisse der Gegenwart, wie Jay Rosellini in seiner Untersuchung über *Thomas Müntzer und das deutsche Drama* andeutete, das starre Verteufelungsschema zu verändern begannen.[11]

Ein literarisches Interesse an Müntzer erwachte dann erst wieder im deutschen Vormärz. Jetzt betrat der Bauernführer als Vorkämpfer für die Freiheit des Geistes die Bühne. Das Tumultuarische oder Gewalttätige, das sich in der Erinnerung mit seiner Gestalt verband, bereitete allerdings manche Schwierigkeiten, ihn als „liberalen Bürger" in Erscheinung treten zu lassen; und doch wandelte sich seine Rolle zusehends. Unter dem Einfluß der Müntzerbiographie Georg Theodor Strobels, die 1795 im Geist der Französischen Revolution verfaßt wurde, und der *Allgemeinen Geschichte des großen Bauernkriegs,* die der Junghegelianer und spätere Achtundvierziger Wilhelm Zimmermann von 1841 bis 1843 veröffentlichte, wurde aus dem satanischen Scheusal der Verkünder liberaler und radikal-demokratischer Ideen.[12] Gelegentlich steigerte sich das Drama sogar zu einer „Apotheose revolutionären Prophetentums", das angesichts der gescheiterten Revolution von 1848 die Hoffnung auf einen zukünftigen Sieg des Volkes wachhalten sollte.[13] Das Verhältnis zum historischen Müntzer war aber auch hier noch ambivalent. Einerseits kam vieles aus den ursprünglichen Quellen unverstellt zur Sprache, das gilt auch für den im jungdeutschen Geist geschriebenen dreibändigen Müntzerroman Theodor Mundts (1841), andererseits mußte auch manches – vor allem Müntzers Verbundenheit mit dem aufrührerischen Volk – ausgeblendet werden. Die Furcht der Liberalen vor dem revolutionären Aufbegehren des „Pöbels" war zu groß. Gerade deshalb bleibt aber der Versuch interessant, Müntzer in dieser Zeit überhaupt als Bühnenfigur zu gestalten, wenn die Dramen von Rudolf Gottschall (1845), Robert Prölss (1849) und Hermann Rollett (1851) literarisch auch kaum bedeutsam waren.[14]

Das Bürgertum fühlte sich mehr von Ulrich von Hutten und Franz von Sickingen angesprochen als von Thomas Müntzer. Selbst das erste historische Drama aus der Arbeiterbewegung, das kein geringerer als Ferdinand Lassalle geschrieben hatte, wandte sich nicht Müntzer, sondern Franz von Sickingen zu.[15] In der entschiedenen Führungskraft dieses Ritters konnte Lassalle seine eigene Führerrolle in der Arbeiterbewegung und seine sozialpolitischen Ziele vorteilhafter reflektieren als im religiös-revolutionären Wirken Müntzers. Der große politische Wille war es, der auf Lassalle anziehend wirkte, nicht die Neigung zum plebejisch Revolutionären. Sie lag den marxistischen Genossen näher. Obwohl Friedrich Engels in seinem *Deutschen Bauernkrieg* von 1850 ein überaus sympathisches Bild von Müntzer gezeichnet hatte, dem einzigen Deutschen, der zu Beginn der Neuzeit den Weg erkannt habe, den die Gesellschaft nehmen würde, um alle Ausgebeuteten und Unterdrückten zu befreien, mußte Müntzer auf seinen Einzug ins sozialistische Drama lange warten. Nicht Sozialdemokraten, von ganz unbedeutenden Versuchen abgesehen, sondern Kommunisten nahmen sich seiner an. Dabei ist besonders auf das Drama von Berta Lask hinzuweisen, das als Agitationsstück auf dem „Roten Münzertag" 1925 in Eisleben aufgeführt wurde. Mit dieser Aufführung wurden die kommunistischen Arbeiter an die Niederlage der Bauern vor vierhundert Jahren erinnert und in ihrem eigenen Kampf bestärkt. Geschichte wurde aktualisiert. „Mein Same fiel nicht auf toten Stein", wendet sich der erwachende Müntzer an die versammelten Proletarier: „Nun ging er auf. Nun trägt er Frucht. Ihr werdet siegen."[16] Dieses Stück knüpft an das Bauernkriegsbuch von Engels an, sicherlich hat auch Ernst Blochs *Thomas Münzer* von 1921, im Geist der Utopie verfaßt, die Weichen für diese Aktualisierung gestellt. Er beginnt mit dem berühmten Abschnitt: „Wir wollen immer nur bei uns sein. So blicken wir auch hier keineswegs zurück. Sondern uns selber mischen wir lebendig ein ... Münzer vor allem ist Geschichte im fruchtbaren Sinn; er und das Seine und alles Vergangene, das sich lohnt, aufgeschrieben zu werden, ist dazu da, uns zu verpflichten, zu begeistern, das uns stetig Gemeinte breiter zu stützen."[17] So wurde aus Müntzer ein Märtyrer und Hoffnungsträger im Klassenkampf, ein Liebknecht des 16. Jahrhunderts, aus Luther der „Bluthund" Noske. Müntzer fiel als Funke ins sozialdemokratisch-kommunistische Pulverfaß. Die gedruckte Fassung des *Dramatischen Gemäldes des Deutschen Bauernkrieges von* 1525, so der Untertitel von Berta Lasks Schauspiel, wurde beschlagnahmt und verboten. Das sozialistische Müntzerverständnis stieß schnell an die Grenze seiner gesellschaftlichen Wirksamkeit. Wurde dem Bauernführer überhaupt noch Aufmerksamkeit geschenkt, entstand erneut das protestantisch-konservative Bild vom „Schwärmer" oder „Mordpropheten". Eigentlich war es nie vergessen worden, wie der „Schwarmgeist" beispielsweise – eine Erzählung von Walter Flex aus dem Jahre 1910 – zeigt. Müntzer wurde als größenwahnsinniger und verblendeter Agitator dargestellt: ein Mann ohne Anstand und Sitte, ohne Liebe zum Vaterland und ohne Religiosität. Der Haß auf Franzosen, Juden und Sozialisten fiel als dunkler Schatten auf ihn, den unseligen Geist, der drauf und dran war, die Gemeinschaft des deutschen Volkes zu zerstören, aber noch rechtzeitig gebremst und vernichtet wurde.[18] Nicht so kraß, moderater im Ton, fiel das *Lebensbild* aus, das Joachim Zimmermann zum 400. Gedenkjahr des Bauernkrieges (1925) von Müntzer zeichnete, einem der „unglücklichsten Söhne des deutschen Vaterlandes" (Heinrich Heine). Er nahm den Radikaldemokraten und Sozialisten allen Grund zur Verehrung Müntzers. Von brennendem Ehrgeiz verzehrt und von hemmungsloser Tollkühnheit besessen, leichtgläubig und verantwortungslos, ohne jede aufbauende Phantasie: so sieht kein Held aus. Und Zimmermann beendet seine auf populäre Weise gut geschriebene Biographie: „Es ist das Deutschland Luthers und Sebastian Francks – nicht das Thomas Münzers – aus dem das Deutschland Kants und Goethes entstanden ist."[19] Die in den zwanziger Jahren anhebende Müntzerforschung bemühte sich zwar um eine differenzierte wissenschaftliche Deutung, sie veränderte das geprägte Müntzerbild jedoch nicht von Grund auf. Ganz im Gegenteil, sie verfestigte es gelegentlich; ihr Herz schlug für die „Lutherrenaissance", die in einem engen Verhältnis zum „antidemokratischen Denken" in der Weimarer Republik stand und eine Wiederbelebung des schwärmerischen Geistes zu verhindern suchte.[20]

Die Tradition des sozialistischen Dramas wurde erst wieder in der Deutschen Demokratischen Republik aufgenommen. Bedeutsam ist hier vor allem das Schauspiel Friedrich Wolfs aus dem Jahre 1953: *Der Mann mit der Regenbogenfahne.* Im Unterschied zum Drama Berta Lasks, die neue stilistische Mittel, wie die Überwindung der Kluft zwischen Bühne und Zuschauerraum, einsetzte, ist sein Stück in traditioneller Art gearbeitet und versucht, Müntzer auch psychologisch als Persönlichkeit gerecht zu werden. Luther wird dadurch bestraft, daß er überhaupt nicht in Erscheinung treten darf, er ist *persona non grata,* ohne Wort und Fürsprecher. So gelang es nicht, den geistigen und gesellschaftlichen Konflikt zu gestalten, der eigentlich der Stoff hätte sein müssen, aus dem ein sozialistisches Drama gefertigt wird. Politisch paßte dieses Stück aber in die Landschaft, es zielte auf das angebliche

Bestreben Müntzers ab, eine „Einigung der Nation von unten" zu erreichen.[21] Nicht der soziale Konflikt, sondern die nationale Frage, in deren Rahmen sich soziale Probleme von alleine lösen, war das Thema dieses Schauspiels.

Um den sozialen Stoff bemühte sich dagegen der Arbeiterschriftsteller Horst Kleineidam. In seinem Schauspiel *Hinter dem Regenbogen* (1975) kommen aber nicht Leben und Werk Müntzers, sondern nur die Konflikte zur Darstellung, die unter den Bewohnern eines Dorfes ausgetragen wurden, das von Müntzeranhängern befreit worden war.[22] Diese beiden Stücke dürften die bedeutendsten literarischen Arbeiten in der Deutschen Demokratischen Republik sein, die sich auf ganz unterschiedliche Weise mit Müntzer beschäftigten; daneben existiert noch eine Fülle anderer Stücke, Romane und epischer Dichtungen, Filme, Oratorien und Opern, deren literarischer Wert umstritten und kaum geeignet ist, die Persönlichkeit Müntzers mit künstlerischer Intuition zu vergegenwärtigen. Vor allem Hans Pfeiffer hatte sich 1975 in seinem biographischen Roman darum bemüht und die intimsten Regungen der Individualität, die den Historikern nicht mehr zugänglich sind, mit der einfühlsamen Phantasie des Dichters zu gestalten versucht. Doch das meiste, das zu Papier gebracht wurde, blieb farblos und blaß, plakativ und deklamatorisch, eher gut gemeint als künstlerisch anregend – auf diese Weise kommen keine kongenialen Neuschöpfungen zustande, die auch nur annähernd dem Ziel dienen, daß Müntzer „mit uns und in uns weiterlebt."[23]

Umstritten ist auch das einzige Schauspiel eines westdeutschen Autors unserer Tage, in dem Müntzer eine maßgebliche Rolle spielt: Dieter Fortes *Martin Luther & Thomas Münzer oder die Einführung der Buchhaltung* (1971).[24] Es folgt grundsätzlich der Tendenz des sozialistischen Dramas: Luther wird vom Sockel gestoßen und Müntzer emporgehoben. Gezeigt werden soll, daß Geld auch die historische Situation der Reformation in Deutschland regiere, die vom Protestantismus geprägte westliche Zivilisation und Kultur der korrumpierenden Macht des Kapitals anheimgefallen sei und nur genesen könne, wenn die Menschen im Sinne Thomas Müntzers umzulernen bereit seien. Schnell wurde an dieser Art der Darstellung Kritik laut und die Manipulation der historischen Figuren gebrandmarkt. Wer die traditionelle Anhänglichkeit der Deutschen an Martin Luther verhöhnte, mußte mit empfindlichen Reaktionen rechnen. Es ist zwar bedenklich, wenn ein literarisches Werk am Maßstab historischer Detailtreue gemessen wird, doch Forte hat die harten Urteile mit seinem Anspruch, ein *dokumentarisches* Schauspiel geschrieben zu haben, selber herausgefordert und ist der historischen Kritik gleichsam ins Messer gelaufen. Schwerer als das historische Urteil, hinter dem sich zumeist die konfessionelle Empfindlichkeit verbirgt, zumal sich weitaus mehr Anwälte für Luther als für Müntzer fanden, wiegt die literarische Kritik: „Man sieht Schauspieler, die Positionen anzeigen“, bemerkte ein Theaterkritiker, „man sieht jedoch nicht: Menschen.“[25] Besonders erstaunlich ist, wie blaß und schemenhaft Müntzer geblieben ist. So fehlt auch diesem Schauspiel die Kraft schöpferischer Imagination, die auf ihre Weise nicht weniger als das geschichtswissenschaftliche Studium einen Beitrag zum Verständnis Müntzers hätte leisten können. Es bleibt bei den verzerrten Bildern.

Und dennoch ist die künstlerische Beschäftigung mit Müntzer nicht nutzlos. Sie sorgt dafür, vor allem im Zusammenhang mit Luther, daß ein nachhaltig auf uns einwirkendes Stück deutscher Vergangenheit wachgehalten wird und nur noch im Modus der Auseinandersetzung und verunsicherter Selbsteinschätzung, nicht einseitiger Zustimmung und Überheblichkeit, vergegenwärtigt werden kann. Die Konfrontation zwischen Luther und Müntzer, Reformation und Revolution, läßt sich nicht zugunsten der einen oder der anderen Seite auflösen, sie bleibt ein Stachel im Fleisch unseres historischen Bewußtseins. Für die Absicht, das historische Interesse an Thomas Müntzer allgemein zu fördern, ist das eine gute Ausgangslage.

II.

Wende der Zeit

Die „voranderung der welt“ steht „itzt vor der thoer“, so nahm Thomas Müntzer seine Zeit wahr: Altes zerfiel, und Neues bahnte sich an.[1] Müntzer meinte das nicht oberflächlich. Er war vielmehr zutiefst davon überzeugt, daß der Mensch sich von Grund auf ändern müsse, nicht der Mensch allein, sondern mit ihm auch die Institutionen und Ordnungen, in denen er lebte, Obrigkeit und Kirche, „auff das sich das yrdische leben schwencke in den hymel“.[2] In diesen Sätzen vermischt sich einiges: eine Diagnose der Zeit mit der Sehnsucht nach einer besseren Welt und der Aufforderung, sich auf die Bewegung der Gegenwart mitwirkend einzustellen.

Nicht jeder Zeitgenosse hatte die Zeichen der Zeit erkannt oder in einem bestimmten Sinn zu deuten gewußt, nämlich als eine in kosmische Dimensionen ausgreifende Veränderung individueller und gemeinschaftlicher Ordnung. Müntzer jedenfalls formte das Gedankengut der deutschen Mystik, das er aufnahm, zu einer neuen Innerlichkeit aus und entfachte die Glut apokalyptischer Erwartung, wie sie im späten Mittelalter gehegt wurde, zu revolutionärem Feuer, das die Welt in Brand stecken, die ganze Christenheit läutern und erneuern sollte.

Die Erwartung allgemeiner Veränderung wurde zum Kern eines Programms, das sich im Kampf um die Reformation schnell herausbildete, Anhänger fand und Widersacher auf den Plan rief. Das Programm scheiterte. Über die Ursachen dieses Scheiterns wird noch zu sprechen sein, doch das kann jetzt schon gesagt werden: auf keinen Fall läßt sich der Mißerfolg damit erklären, daß Müntzers Gespür für notwendige Veränderungen trügerisch gewesen wäre. Zuviel lag im argen, nicht nur in der Kirche, sondern auch in den weltlichen Herrschaften und im sozialen Gefüge. Zahlreiche Stimmen wurden laut, die den Niedergang der Kirche und den Verfall kaiserlicher Macht beklagten, sichtlich verstört am Ende darauf reagierten, daß „ganntz kain ordnung“ mehr im Reich sei.[3]

Im 15. Jahrhundert häuften sich die Klagen über die Mißstände in der Kirche und riefen die Sehnsucht nach einer „neuen Reformation“ wach. Die konziliare Forderung nach einer Erneuerung der Kirche „an Haupt und Gliedern“ hatte keine nachhaltige Wirkung gezeigt, um so

Spiegel der naturlichen himlischen
vnd prophetischen sehungen aller trubsalen/angst/ vñ
not/die vber alle stende/geschlechte/ vnd gemayn
den der Cristenheyt/sunderbar so dem Krebsen
vñ Scorpion auß naturlichẽ einfluß des himels
vnderworffen sein/vñ in dem sibenden Clima od̃
circkel begriffenn/in kurtzen tagen geen werdenn/
Durch den wirdigen hern Joseph Grünpeck zu
Nurmberg beschriben.

Abb. 6. Das Schiff der Kirche geht unter. Aus dem „Spiegel der natürlichen himlischen und prophetischen Sehungen" von Joseph Grünpeck, 1508

heftiger fühlte sich jetzt der Laie beunruhigt. Er beklagte vor allem den Autoritätsverfall des Papstes in Rom. Reichtum und prunkvolle Selbstdarstellung, Habsucht und die Unerbittlichkeit seiner politischen Macht hatten ihn um seine Glaubwürdigkeit gebracht. Viele begegneten ihm mit Mißtrauen oder Respektlosigkeit. Eine kleine Anekdote illustriert das vielleicht am besten: „Einmal ritt ein Papst über Feld, da kam eine alte Frau, eine Bettlerin, zu ihm und begehrte um Gottes willen einen Schilling von ihm. Er sprach: ‚Nein, es ist zuviel.' Die Frau sprach: ‚So gebt mir einen Plapphart.' Er sprach: ‚Nein.' Die Frau sprach: ‚Gebt mir einen Kreuzer.' er sprach: ‚Nein.' Die Frau sprach: ‚Macht den Segen über mir.' Er machte das Kreuz über sie. Die Frau sprach: ‚Wäre mir Euer Segen ein Heller wert, so hättet Ihr ihn mir auch nicht gegeben.' Hiermit ging die Frau davon."[4]

Die Geldgier des Heiligen Stuhls hatte das Volk an einer empfindlichen Stelle getroffen; nicht nur den kleinen Mann, sondern auch die hohen Herren. Auf den Reformreichstagen machten weltliche und geistliche Reichsstände Front gegen den Geldabfluß nach Rom. Die *Gravamina nationis germanicae* wurden beraten und zum Instrument einer territorialen und reichsständischen Politik entwickelt, die den Einfluß Roms zurückdrängen sollte. Lautstark mischte sich Ulrich von Hutten ein und trug viel dazu bei, die Autorität des Papstes zu untergraben und Rom ins Gerede zu bringen: „Du bist die weit tüchtig Scheuer der Welt, darin man führt und zusammenträgt, was man von jedermann geraubt und genommen hat. Darinnen mitten sitzt der unersättlich Geizworm, der viel verschlindt und stets einen großen Haufen guter Frücht verzehret, umgeben von seinen Mitfressern, die uns erstlich unser Blut ausgesogen, darnach vom Fleisch gefressen, bis sie uns jetzo (ach; Christ Herr!) an das Mark kommen, zerbrechen uns die innerlichsten Bein, und was noch überig ist, wöllen sie auch verzehren. Suchen hie Deutschen nit Woffen harfür? Gehen sie die nit mit Eisen und Flammen an? Das seind Räuber dieser Nation, die vergangener Zeit und etwan allein aus Anreizung ihrer Begier, jetzo aber mit Kühnheit und Grimm berupfen und berauben ein Volk, der Welt Regierer, saufen aus den Schweiß und Blut der armen Deutschen, erfüllen ihren geizigen Hunger, erhalten ihr unrein Leben mit dem Ingeweid unsers Armuts."[5] Das war ein vehementer Aufruf zum Widerstand gegen geistliche Tyrannei, der Auftakt zum „Pfaffenkrieg", den der gekrönte Dichter später auf der Ebernburg Franz von Sickingens ausrief. Inzwischen war auch der Streit um den Ablaß voll entbrannt, den Martin Luther vom Zaun gebrochen hatte, um gegen die Fiskalisierung des Glaubens, den Handel mit der heiligen Ware, dem Heil der Seele, zu Felde zu ziehen. Schneller als es Luther recht war, geriet der Papst ins Kreuzfeuer der

Kritik, und der Streit wuchs sich zu einem frontalen Angriff auf die Grundfesten der römischen Kirche aus: Der Papst wurde für den bejammernswerten Zustand der Kirche verantwortlich gemacht und zur Rechenschaft gezogen. Er sei längst nicht mehr der Stellvertreter Christi auf Erden, meinte Luther, sondern der Antichrist, der sich in den Tempel Gottes gesetzt habe und die Christenheit zugrunde richte. Will-Erich Peuckert schreibt über diesen Antichrist: „es ist dem Abgrunde eine Pforte geöffnet worden, und er bricht durch diese Pforte ein, er greift von ihr aus in die menschliche Geschichte.“[6] Der Streit mit dem Papst begann apokalyptische Dimensionen anzunehmen. Der Verfall päpstlicher Autorität, der kirchenpolitische Kampf und das Theologengezänk entwickelten sich zu einem kosmischen Drama, das die Trübsale einleitete, die das Ende der Welt bald herbeiführen würden. Eine große Veränderung bahnte sich an. Mit seiner Diagnose der gegenwärtigen Situation bewegte Müntzer sich grundsätzlich also in der avantgardistischen Strömung seiner Zeit.

Der „neronische(r), heilige(r) allerhultzeiste(r) bapst und pruntztopf zcu Rome“ – so verhöhnte Müntzer den Papst, d. h. den grausamen Verfolger der Christen, den hölzernen Götzen, den Nachttopf in der Heiligen Stadt.[7] Das war despektierlich, aber ein Thema war der Papst nicht mehr – nur am Anfang noch unter dem Eindruck von Martin Luthers Leipziger Disputation mit Johannes Eck 1519, nicht mehr im Fortgang des reformatorisch-revolutionären Streits. Die Macht des Papstes war gebrochen, eine wirkliche Gefahr stellte er nicht mehr dar. Weitaus bedrohlicher dagegen erschienen Mönche und Nonnen, Domherren, Bischöfe und Prälaten, des „Teuffels Pfaffen“, mit einem Wort: der Klerus vor Ort.

Auch der Kampf gegen die Pfaffen hatte Tradition. Über die Faulheit und das Wohlleben der Mönche wurde geklagt, über die Trunksucht und sexuelle Begierde der Priester, die Vernachlässigung ihrer Amtspflichten und die unablässige Jagd auf Pfründen. Die Scheinheiligkeit der Bettelmönche, die scharenweise in Städte und Dörfer einfielen und im Namen apostolischer Armut den Reichtum der Kirche mehrten, verärgerte Bürger und Bauern, ebenso die Dreistigkeit, mit der geistliche Herren über Ehebrecher zu Gericht saßen, während sie selber im Konkubinat lebten, oder mit der Klöster ihre Steuerfreiheit nutzten und mit ihrem billig produzierenden Gewerbe vielerorts das zünftlerische Handwerk in Bedrängnis brachten. Der Sittenverfall des geistlichen Standes bot schon vor der Reformationszeit reichlich Stoff für Pfaffenschwänke, Hohn und Spott, auch für Entrüstung und Haß. Priester wurden eingeschüchtert und von den Altären vertrieben, von den Kanzeln gestoßen und mit Steinen beworfen; ihre Häuser gingen gelegentlich in Flammen auf; ihnen selbst wurde mit Mord und Totschlag gedroht. Zu weit hatte sich der Klerus vom Leitbild des „homo religiosus" entfernt, der um sein Heil bangende Laie konnte diesen Zustand nicht länger hinnehmen. Ihm mußte Erasmus von Rotterdam, der sich vergleichsweise milde äußerte, aus dem Herzen sprechen: „Was bei den Fürsten Brauch, ahmen Päpste, Kardinäle und Bischöfe schon lange nach und überbieten es fast. Begreiflich, denn redete einer von ihnen so zu sich: ‚Wozu ermahnt dich dein Linnengewand, das so weiß strahlt wie der Schnee? Doch wohl zu einem makellosen Lebenswandel. Was bedeutet die zweizipflige Mitra, deren beide Hörner dasselbe Band umschlingt? Doch wohl die gründliche Kenntnis beider Glaubensurkunden, der neuen so gut wie der alten. Wozu verpflichtet der schützende Handschuh deine Hände? Zur lauteren, von jedem irdischen Makel reinen Verwaltung der Sakramente. Wozu der Hirtenstab? Zur gewissenhaften Aufsicht über die anvertraute Herde. Wozu das Kreuz, das man dir voranträgt? Zur Überwindung aller menschlichen Leidenschaften.' Überlegte sich, sage ich, ein Bischof dies und viel Ähnliches, würde sein Leben nicht traurig und sorgenvoll? Nun aber haben sie es hübsch: sie weiden sich selber und überlassen die Sorge um ihre Schafe entweder Christo oder bürden sie einem Bruder, wie man sagt, einem Stellvertreter auf. Nicht einmal ihr Titel Episcopus gibt ihnen zu denken; sie vergessen, daß er Aufseher heißt, also Arbeit, Sorge, Unrast. Freilich, wo es gilt, Gelder zu fischen, da führen sie scharf Aufsicht, da gibt es kein ‚blindes Umhersehn'."[8] Überall wurde der Vorwurf laut, die Hirten hätten ihre Schafe im Stich gelassen, in die Irre geführt oder seien wie Diebe und Räuber in den „Schafstall Christi" eingedrungen und unter die verängstigte Herde gefahren. Sie schinden und schaben die Schafe, hörte man, sie herrschen, aber sie dienen nicht. Christus dagegen herrschte nicht, er diente. Dieser Kontrast mußte nachdenklich stimmen. So war ein antiklerikales Klima entstanden, in dem Predigt, Propaganda und Agitation für eine Erneuerung der Christenheit wirkten und Luthers Losung vom „Priestertum aller Gläubigen" wie der berühmte Funke im Pulverfaß zündete. Durch sie wurde die soziale Auflösung des geistlichen Standes in zahlreichen Städten und Territorien eingeleitet. Klöster leerten sich oder wurden gestürmt, Mönche und Priester suchten sich neue Berufe, Nonnen heirateten oder kehrten zu ihren Familien zurück, Kirchengüter gingen in weltliche Hände über. Der spätmittelalterliche Antiklerikalismus erzielte eine Wirkung, die an den Grundlagen der mittelalterlichen Ständeordnung rüttelte und den *ersten* Stand aus dem sozialen Gefüge der Zeit gleichsam herausbrach. In diesem Antiklerikalismus, der inzwischen schon ritualisierte Gesten der Verweigerung, der Aufsässigkeit und des Widerstandes ausgebildet hatte, steigerte sich religiös und sozial motivierte Entrüstung bald zu revolutionärer Brisanz. Die „ecclesia Christi" trennte sich von der „ecclesia Antichristi", so haben Zeitgenossen es empfunden; die Klerikerkultur im weitesten Sinne des Wortes war im Begriff, endgültig der Laienkultur zu weichen, so wird man heute historisch urteilen dürfen. Das subjektive Bewußtsein der Avantgarde deckte sich mit dem objektiven Gang der Geschichte. Eine neue Zeit war angebrochen.

Es war zweifellos die antiklerikale Atmosphäre, die einen nachhaltigen Einfluß auf Müntzer ausübte, sein Denken formte und sein Handeln beflügelte. Doch bedeutsam waren auch die Veränderungen im politischen Bereich. Sie vollzogen sich zwar nicht so spektakulär, bestimmten aber den Handlungsraum, in dem Müntzer für die Reformation wirkte. Wo er auftrat, wurden die Obrigkeiten alsbald auf ihn aufmerksam: der Rat in Zwickau, die Höfe zu Weimar und Dresden, nachgeordnete Obrigkeiten in Sachsen und Thüringen, der Magistrat der Reichsstadt Mühlhausen am Harz und schließlich der Landgraf von Hessen.

Nicht nur das Ansehen des Papstes, auch die Autorität des Kaisers, der anderen Säule des Heiligen römischen Reiches deutscher Nation, war angeschlagen. Die Reformreichstage, die in der zweiten Hälfte des 15. Jahrhunderts einberufen wurden, um den Verfall des Reichs abzuwenden, nützten im Grunde nicht der Krone, sondern den Territorialherren, die ihre Herrschaften organisatorisch, rechtlich und wirtschaftlich auszubauen versuchten. Die Fürsten wurden zu den Mächtigen im Reich. Der territoriale Ausbau ging zu Lasten kaiserlicher Reichsmacht, er brachte aber auch die niederen Gewalten in Bedrängnis: den Landadel, die Ritter und Grundherren. Die Spannungen in der Herrschaftselite verstärkten sich und konnten oft nur in mühsamen Beratungen auf Reichs- und Landtagen unter Kontrolle gehalten werden.

Spannungsreich gestalteten sich auch die Beziehungen zwischen Landesherren bzw. Kaiser auf der einen Seite und Reichsstädten auf der anderen. Mit ihrer Politik, die reichsstädtische Freiheit zu wahren, zu festigen oder zu verteidigen, mußten sie darauf bedacht sein, sich den Schutz des Kaisers zu erhalten, durften also keine offensive antikaiserliche Politik betreiben.[9] Nur auf diese Weise gelang es den Reichsstädten, sich gegenüber den Landesherren zu behaupten, in deren Territorien sie einen Fremdkörper darstellten. Diese politische Zwangslage brachte die Städte oft in eine prekäre Lage.

Sowohl die Landesfürsten als auch die Reichsstädte verfolgten eine ähnliche Politik gegenüber der Kirche und dem Papst zu Rom. Sie versuchten, die geistliche Gerichtsbarkeit in den Herrschaften zurückzudrängen, die Kirchenhoheit zu erlangen und den Geldabfluß nach Rom zu begrenzen, also ein landesherrliches bzw. magistrales Kirchenregiment zu errichten. So wird verständlich, daß die Obrigkeiten empfindlich reagierten, sobald Ketzer oder Reformer die politisch und diplomatisch fein eingefädelten Konflikte zwischen den weltlichen und geistlichen Gewalten störten und eigene Wege zu einer Erneuerung der Christenheit suchten. Eine Reformation konnte es nur mit den weltlichen Obrigkeiten geben, keineswegs ohne und erst recht nicht gegen sie. Wer es wagte, gegen die Herren dieser Welt zu reformieren, brachte aus ihrer Sicht allenfalls Aufruhr oder Revolution hervor.

Auch hier deutete sich eine Wende der Zeit an: War das Kräftegleichgewicht zwischen Kirche und Obrigkeit im Mittelalter noch einigermaßen gewahrt, bahnte sich mit dem Ausbau der Landesherrschaften eine Entwicklung an, in der die Selbständigkeit der Kirche eingeschränkt wurde. Die Befreiung der Gläubigen vom Klerus, wie sie mit der Reformation erreicht worden war, mündete schließlich in die Abhängigkeit der Kirche vom weltlichen Arm ein. Der Landesherr wurde zum „Notbischof".

Die angedeuteten Veränderungen blieben schließlich nicht ohne Einfluß auf den „gemeinen Mann", auf die breite, an der Herrschaft bisher nicht beteiligte Schicht in Stadt und Land. Zunächst kam dem „gemeinen Mann" immer mehr zu Bewußtsein, daß auch die „Kleinen" in dieser Welt etwas auszurichten hätten. „Es soll villeicht sein, dye cleinen sollen erhocht werden und dye gewaltigen nyder getrücket, als Cristus in dem ewangelio sagt", so steht es in der *Reformatio Sigismundi,* einer erfolgreichen Reformschrift, die 1476 im Druck vorlag: „es sten auff die ungelerten und greiffen den himel und dye gelehrten und geistlichen geen in dye helle."[10] Die Aufnahme dieser biblischen Weissagung ging mit der schon im antiklerikalen Kampf beobachteten Laisierung des kirchlichen Lebens einher, sie verstärkte noch diese Tendenz und trieb sie zu einer aufrührerischen Konsequenz. Auch Müntzer hatte eine ähnliche Weissagung auf seine Zeit angewendet und über den geistlichen Bereich hinaus auch auf den weltlichen ausgedehnt. Ebenso drang die volkstümliche Losung aus dem englischen Bauernkrieg von 1383 in die deutschen Lande ein und schürte Aufsässigkeit und Protest unter den Bauern:

> „Als Adam grub und Eva spann,
> wo war denn da der Edelmann?"

Die Grundherren hatten sich in ihrer politisch und wirtschaftlich angespannten Lage gezwungen gesehen, den Druck an ihre Hintersassen weiterzugeben, und verschärften die politische, rechtliche und wirtschaftliche Situation der Bauern so stark, daß sich der *Bundschuh* am

Oberrhein und der *Arme Konrad* in Württemberg erhoben und Unruhe in die Dörfer und Landschaften brachten.

Hinter diesen Erschütterungen auf dem Lande standen schleichende Veränderungen in der wirtschaftlichen Lage insgesamt. Nach und nach verdrängte das Handelskapital die Grundrente, d.h. das „große Geld“ wurde nicht mehr aus dem Grund und Boden herausgeholt, sondern aus Investitionen in Handel und in Gewerbe. Die Eigendynamik des Geldverkehrs und des Kreditwesens begann sich in größerem Stil auszuwirken, die Klagen über Fürkauf, Wucher und Zins nahmen zu. Das zünftlerische Handwerk in den Städten wurde durch die Errichtung größerer Gewerbebetriebe, Manufaktur und Verlag, und das Ausweichen der gewerblichen Produktion auf das Land in Bedrängnis gebracht. Monopolgesellschaften etablierten sich und übten eine ruinöse Wirkung auf kleinere Kaufleute und Handwerker aus. Bergwerke wurden errichtet, und neue Ansiedlungen entstanden in ihrer Nähe. Der „Bergsegen“ zog manches soziale Elend nach sich, wo nur wenig für eine ausreichende Versorgung der Bevölkerung getan worden war oder die Gruben und Stollen wieder geschlossen wurden, die Menschen von heute auf morgen also buchstäblich auf der Straße lagen. Der Silberbergbau im Erzgebirge, besonders aber der Kupferbergbau in der Mansfelder Gegend spielten für Müntzers Wirken eine wichtige Rolle. Bergknappen schlossen sich ihm an und unterstützten seine Pläne.

Es ist schwer zu beurteilen, inwieweit das Eindringen frühkapitalistischer Warenproduktion tatsächlich schon die herkömmliche Wirtschaftsweise zerrüttete und auf alle Lebensbereiche verändernd wirkte. Ansätze in dieser Richtung hatten sich zweifellos ausgebildet und zu Krisen geführt: Manche Handwerker verarmten, Gesellen hatten kaum noch Aufstiegschancen, Tagelöhner zogen durch die Lande und suchten nach Arbeit, ein Teil der bäuerlichen Bevölkerung konnte sich nur noch mit Nebenerwerb am Leben halten. Der Bettel nahm zu. Die gesamte Gesellschaft wurde einer wachsenden sozialen Differenzierung unterworfen. Spannungen, die immer schon bestanden, steigerten sich zu sozialen Konflikten.

Unruhig war es nicht nur auf dem Lande, unruhig war es auch in den Städten geworden. Zahlreiche Zunftbürger rotteten sich zusammen, liefen durch die Straßen, zogen vor die Rathäuser und bedrohten Ratsherren und Bürgermeister auf handfeste Weise. Die Handwerker wollten am Regiment der Stadt beteiligt werden und erreichten in den meisten Städten auch ihr Ziel. So verstärkte sich der seit dem 14. Jahrhundert zaghaft aufkeimende Kommunalismus auf dem Lande und in der Stadt: die genossenschaftlich organisierte Gemeinde, eine Art Selbstverwaltung, wuchs heran und wurde zu einer Lebenswelt, die mit der hierarchisch strukturierten Herrschaft des ersten und zweiten Standes zunehmend in Konflikt geriet. Nicht der Herr, sondern der Bruder war das politische Leitbild des „gemeinen Mannes". Die antiklerikale Atmosphäre verschmolz mit der kommunalen; und es ist nicht zufällig, daß Müntzer zu einem Anwalt des „armen Ackermanns" und des „Handwerkmanns" wurde und schließlich zu einem bedeutenden Anführer in der „Revolution des gemeinen Mannes" von 1525.[11]

Die Revolution wurde von ihm als das Gericht Gottes über eine von Gottlosen beherrschte Welt begriffen; eine apokalyptische Deutung gab diesem Ereignis auch Martin Luther. Auf dem Schlachtfeld sah er eine vom Satan entfesselte Rotte der Bauern ins Verderben ziehen. Es ist seltsam: Im subjektiv erahnten Ende der Welt kündigte sich objektiv der Beginn der Neuzeit an.

III.

Verwehte Spuren

Mag das Bild von den verwehten Spuren auch auf den ersten Blick etwas abgegriffen wirken, trifft es doch genau das Problem, dem sich jeder gegenübersieht, der sich mit den frühen Jahren Thomas Müntzers beschäftigen will. Zu entdecken sind tatsächlich nur noch verstreute, teilweise sehr versteckte und wenig ausdrucksstarke Hinweise auf seine Herkunft, seine Jugend, den Bildungsgang und die ersten Schritte ins berufliche Leben.

Weder der Geburtsort noch das Geburtsjahr Müntzers sind amtlich verbürgt. Doch besteht kein Zweifel daran, daß er in Stolberg am Harz geboren wurde. Im *Prager Manifest* von 1521 schreibt er selbst: „Ich, Thomas Muntzer, bortig von Stolbergk."[1] Außerdem haben genealogische Nachforschungen seinen Familiennamen in Stolberg nachweisen können.[2] Müntzer ist also in einer ländlichen Stadt zur Welt gekommen, die abseits des politischen und kulturellen Geschehens jener Zeit lag, nicht im Wetterwinkel deutscher Geschichte. Auch die Nähe zum Bergbau am Südharz hatte keine verändernden Einflüsse auf die Bewohner dieser Stadt ausgeübt. Mit den Grafen, die ihren Herrschaftssitz in Stolberg hatten, gab es offensichtlich keine auffälligen Schwierigkeiten. Pestilenz und Unwetter, von denen der Chronist berichtet, werden die Stolberger sicherlich beunruhigt, sich aber nicht über die Maßen tief in ihr Gemüt eingeprägt haben. Solche Katastrophen gehörten zum Alltag im Mittelalter. Man darf sie auf keinen Fall in einer suggestiven Weise hervorheben, um Angst und Schrecken, Verlassenheit und Todesfurcht, jene für Müntzers Theologie so bedeutenden existentiellen Erfahrungen, schon auf kindliche Eindrücke zurückführen zu können.[3] Die Quellen schweigen sich darüber aus.

Ganz und gar unbekannt ist das Geburtsjahr. Hermann Goebke hatte zwar in einem Strafregister des Stolberger Rates einen „Thomas Montzer" aufgespürt, der 1484 wegen „ungeberde vffm tanzhuse" zu einer Geldbuße verurteilt worden war, blieb aber den Beweis dafür schuldig, ob aus diesem Rüpel auf dem Tanzboden auch tatsächlich der spätere Reformator und Revolutionär geworden ist.[4] Wäre dieser Montzer der gesuchte Müntzer, müßte der Revolutionär fast sechzig Jahre alt gewesen sein, als er Bauern und Bergknappen mit glutvollen Predigten anfeuerte und hoch zu Roß aufs Schlachtfeld bei Frankenhausen voranritt; sein Studium müßte er mit fast vierzig Jahren begonnen und die Priesterweihe für damalige Verhältnisse ungewöhnlich spät empfangen haben. Überzeugender ist immer noch der Versuch Heinrich Böhmers, vom Studienbeginn an der Universität Leipzig, durch die Matrikel 1506 verbürgt, auf das Geburtsjahr 1488 oder 1489 zu schließen.[5] Gewöhnlich beendeten die Schüler die Lateinschule mit siebzehn Jahren. Sollten Müntzers Eltern dem allgemeinen Brauch gefolgt sein, müßten sie ihren Sohn gleich nach der Geburt zur Taufe getragen und ihm den Namen des Tagesheiligen gegeben haben. So dürfte seine Geburt um den 20. Dezember 1488 oder 1489 anzusetzen sein.[6] Dieses Datum mag einleuchten, bleibt aber doch immer noch eine Vermutung.

Auch über die soziale Herkunft Müntzers ist wenig bekannt, da es bisher nicht gelungen ist, ausreichende Nachrichten über seine Eltern zu finden. Überliefert ist nur, daß sein Vater noch 1521 in Halberstadt lebte, seine Mutter wohl kurz zuvor verstarb. Wie aus dem Entwurf eines Briefes hervorgeht, der sich unter den Papieren Müntzers fand, lag er mit seinem Vater um das Erbteil im Streit, das seine Mutter in die Ehe gebracht hatte. Offensichtlich war die Familie nicht ganz unvermögend, denn Müntzer hätte sonst wohl keinen Anlaß gehabt zu schreiben: „Meyne muter hat genunck zu euch bracht, das myr vil leuthe zu Stolberk und Quedellingeburgk bezeugen."[7] Dazu könnte die Beobachtung Manfred Bensings passen, daß ein gewisser Matthias Montzer, der am Ende des 15. Jahrhunderts in Amtsrechnungen als Ratsherr und Münzmeister in Stolberg bezeugt ist, dann aber aus den Quellen verschwindet, möglicherweise Thomas Müntzers Vater war, der dann um die Jahrhundertwende mit seiner Familie nach Quedlinburg zog.[8] Die Gründe des Umzugs bleiben im Dunkeln; daß Müntzer aber in Quedlinburg aufwuchs, geht aus der Leipziger Matrikel hervor, die den Heimatort des Studenten vermerkt: „Thomas Munczer de quedilburck".[9] Freilich, mit absoluter Sicherheit steht nicht fest, daß dies nun wirklich auch der in Stolberg geborene Müntzer gewesen ist.

Um ein vorläufiges Fazit zu ziehen: Müntzer könnte aus einer wohlhabenden Handwerkerfamilie in Stolberg und Quedlinburg stammen, aus Kreisen von Münzmeistern und Goldschmieden vielleicht;[10] die Familie könnte aber auch, als er heranwuchs, allmählich verarmt sein, so daß sein Vater schließlich mit Existenzsorgen ringen mußte, was in dem erwähnten Briefentwurf vielleicht indirekt auch zur Sprache gebracht wurde: „Vorwunderth mich uber dye maße, das ich eures unglaubens, den yr langhe zu got ghabt, das yr kunt euch nith erneren, muß entgelten."[11] Trotz aller Unsicherheit: am unwahrscheinlichsten ist die revolutionär-romantische Legende von der niedrigen Geburt, wie

Ernst Bloch sie noch nährte: „Es war trübe um ihn von vorn an. Fast verlassen wuchs der junge düstere Mensch auf. Müntzer wurde als einziger Sohn kleiner Leute um 1491 in Stolberg geboren. Seinen Vater hat er früh verloren, seine Mutter wurde dabei übel behandelt, man suchte sie als angeblich mittellos aus der Stadt zu weisen. Der Vater soll, ein Opfer gräflicher Willkür, am Galgen geendet haben. So erfuhr schon der Knabe alle Bitternisse der Schande und des Unrechts."[12] Weder dies, noch das Gegenteil ist erwiesen. Die Spuren von Müntzers Herkunft sind wirklich stark verweht.

Im Herbst 1506 nahm Müntzer, gemeinsam mit einem anderen Quedlinburger, das Studium an der Artistenfakultät in Leipzig auf, d.h. das Studium der *septem artes liberales,* das zu einem Weiterstudium in Theologie, Jurisprudenz oder Medizin berechtigte. Das ist belegt, natürlich nur, wenn die Leipziger Matrikel keinen anderen als den in Stolberg geborenen Thomas Müntzer meint. Müntzer wurde in die sächsische Nation aufgenommen und hat eine Gebühr von sechs Groschen entrichtet.[13] Alles weitere jedoch ist unbekannt; man weiß nicht, was ihn nach Leipzig zog, wer seine Lehrer waren, und wie lange er dort

Abb. 7. Stadtansicht von Leipzig. Holzschnitt aus Sebastian Münsters „Cosmographia", 1592

blieb. Da sein Name in keiner Examensliste auftaucht, ist anzunehmen, daß er diese Universität ohne einen Abschluß verließ. Neuerdings ist die Vermutung geäußert worden, er habe sein Studium abbrechen müssen, weil er nicht in der Lage gewesen sei, die volle Studiengebühr von zehn Groschen zu erbringen.[14] Möglicherweise kam er also doch nicht aus einem vermögenden Elternhaus. Die nächste verläßliche Nachricht ist erst wieder die Matrikel der jungen Universität zu Frankfurt an der Oder. Dort nahm Müntzer sein Studium an der Artistenfakultät im Wintersemester 1512 wieder auf; er wurde in die fränkische Nation eingewiesen und hat die volle Studiengebühr von zehn Groschen gezahlt.[15] Warum er an die 1506 errichtete *Viadrina* nach Frankfurt ging, kann nicht mehr geklärt werden. Höchstwahrscheinlich spielten die engen Beziehungen zwischen der Leipziger Universität und dieser brandenburgischen Neugründung eine Rolle; beide Universitäten waren im wissenschaftlichen Richtungsstreit beim Realismus geblieben und hatten den Nominalismus abgewehrt; um es hier kurz zu sagen: sie hatten nicht den Begriffen, sondern allein den Dingen Realität zuerkannt. In dieser realistischen, konservativen Tradition ist Müntzer erzogen worden, Luther hingegen in der vergleichsweise modernen, der nominalistischen.[16] Der eine beschritt die *via antiqua,* der andere die *via moderna.* Das schließt nicht aus, daß Müntzer damals schon nebenher den einen oder anderen Humanisten hörte. Auch in Frankfurt sind keinerlei Examina auf seinen Namen eingetragen. Irgendwo muß er aber den Grad eines *Magister artium* und den Eingangsgrad in das höhere theologische Studium, den *Baccalaureus theologiae,* erworben haben; das könnte an der Frankfurter Universität geschehen sein, ohne daß es, aus welchen Gründen auch immer, vermerkt worden wäre, zumal es hier Lücken in den Universitätsunterlagen gibt.[17] Vermutet wurde auch, er habe in der Zeit zwischen Leipzig und Frankfurt in Wittenberg studiert und sei dort zu einem erfolgreichen Abschluß gelangt.[18] Überzeugende Anhaltspunkte dafür gibt es aber nicht. Mögen seine akademischen Titel auch geheimnisumwittert sein, nicht zu bezweifeln ist wohl Müntzers eigene Aussage aus dem Jahre 1521, er sei „artium magister et sancte scripture baccalaureus",[19] denn Freund und Feind sprechen ihn in einem weitgestreuten Briefwechsel unabhängig voneinander mit aller Selbstverständlichkeit als Magister an und nehmen nirgends am Titel eines Bakkalaureus Anstoß. Besonders aussagekräftig sind zwei Briefe, einer von Franz Günther aus dem Jahr 1522, jenem Magister Wittenberger Herkunft, mit dem Müntzer 1519 gemeinsam gegen die Franziskaner in Jüterbog gekämpft hatte, und ein anderer vom befreundeten Hans Pelt aus Braunschweig, der ihn 1521 mit dem Titel eines „backalarien der hyligen geschryft" anredete.[20] Elliger meint, daß Müntzer von den curricularen Erfordernissen her in Frankfurt durchaus das Magisterexamen abgelegt haben könnte, verneint das jedoch für das Bakkalaureatsexamen, da dieses in der Regel ein vierjähriges Theologiestudium voraussetzte, was Müntzer länger, als es der Fall war, in Frankfurt gehalten haben müßte.[21] Regeln konnten allerdings auch gebrochen werden; Ausnahmen waren möglich. Müntzer hatte es nicht nötig, jedenfalls gibt es dafür keinen Anhaltspunkt in den Quellen, seine Kollegen und Freunde auf großsprecherische Weise hinters Licht zu führen und sich die akademische Anrede zu erschleichen, im Gegenteil, sehr früh schon hatte er in dem Ruf eines überaus gelehrten Mannes gestanden.

Welche Bedeutung dem Studium für Müntzers Entwicklungsgang beizumessen ist, läßt sich schwer sagen. Selbst hat er sich darüber nicht geäußert; es ist nicht einmal bekannt, mit welchem Ziel er sein Studium überhaupt aufgenommen und nach einer längeren Unterbrechung fortgesetzt hat. War er mit dem Vorsatz nach Leipzig gezogen, sich den Weg zum Beruf eines Weltgeistlichen zu bahnen, wollte er eines Tages in die tieferen Gründe der Theologie eindringen oder sich zunächst nur das wissenschaftliche Rüstzeug erwerben, um sich den Zugang zu einem akademischen Beruf allgemein zu erschließen? Diese Fragen lassen sich, genaugenommen, nicht mehr beantworten. Im Prager Manifest bekennt Müntzer 1521: „Ich Tomas Munczer von Stolbergk bekenne vor der ganczen kirchen unde der gantzcen welt, (...), das ich myt Christo unde allen auszerwelethen, dye mich von iugent auf gkant habe, bzeugen magk, das ich meynen allerhöcsten fleysz vorgwant habe, vor allen andern menschen, dye ich gkant habe, auff das ich möchte eyne höcher unterricht ghabt adder erlangt haben des heyligen unuberwintlichen christenglaubens."[22] Dieses Selbstzeugnis wird gern angeführt, um den Berufswunsch mit der drängenden Dynamik seines Studiums zu verbinden, wodurch ein psychologisch einleuchtender Bildungsgang entsteht, der aus dem Herkömmlichen hinausführt. Doch ist dieser höhere Unterricht, nach dem er strebte, tatsächlich mit Studiengang und Berufswunsch richtig beschrieben? Könnte nicht vielmehr das Streben nach einer Religiosität und Frömmigkeit gemeint sein, die gerade nicht im akademischen und kirchlichen Betrieb zu erlangen waren, sondern der im *Prager Manifest* angesprochenen unmittelbaren Belehrung durch den Heiligen Geist entsprachen? Daß „das Berufsziel Müntzers von Anfang an die Theologie gewesen" sei,[23] kann wohl nicht mit dieser Bestimmtheit gesagt werden. Eher schon leuchtet die Vermutung ein, Müntzer könne nach seinem Schulabschluß vorgehabt haben, Priester zu werden und sich dafür mit dem Grundstudium vorerst ein solides akademisches Rüstzeug zu erwerben. Ein theologisches Studium war nämlich damals nicht notwendig, um Weltgeistlicher werden zu können. So erklärt Walter Elliger die zeitliche Lücke zwischen Leipzig und Frankfurt: Müntzer sei Hilfslehrer in Aschersleben und Halle gewesen, habe während dieser Zeit die niederen Weihen erlangt und sich auf die Priesterweihe vorbereitet. Hier habe er auch, geistlich beunruhigt, die entscheidenden Impulse für sein späteres Wirken empfangen: „Durch seine Tätigkeit trat er in einer ihm bis dahin so nicht widerfahrenen Weise in eine nähere Beziehung zu der ihn umgebenden Gesellschaft. Seiner persönlichen Unabhängigkeit waren in seinem Gehilfendasein natürlich noch immer recht enge Schranken gesetzt. Was stellte sein kleines Amt auf einer der untersten Stufen in der streng beobachteten Ordnung des gesellschaftlichen Gefüges seiner Zeit schon dar? Dennoch gewann er, gemessen an seinen bisherigen Erfahrungen, ein ganz anderes Beziehungsverhältnis zu den Menschen in ihrem täglichen Dasein, begegnete er mit immer offeneren Augen und wacherem Blick der weltlichen wie kirchlich-religiösen Alltagswelt, wuchs seine kritische Einsicht in die Reformbedürftigkeit der herrschenden Zustände und erwachte der Drang, wirksame Abhilfe zu schaffen."[24] Das klingt zwar wie eine Beschreibung von Fakten, für sie gibt es in den Quellen jedoch keine Anhaltspunkte. Es steht nicht einmal fest, ob Müntzer während dieser Zeit auch wirklich in Aschersleben und Halle tätig war. Darauf kann nur aufgrund eines Geständnisses unter der Folter aus dem Jahr 1525 geschlossen werden: „Zu Aschersleben und Halla do habe er in der jugent, als er collabrator gewest, auch eyn verbuntnus gemacht."[25] Gemeint war eine kleine Verschwörung gegen das weltliche Treiben des Magdeburger Erzbischofs Ernst von Sachsen; doch Elliger hat recht, wenn er davor warnt, diesem „Verbündnis" allzuviel Bedeutung beizumessen. Hinter ihm verbirgt sich wohl eher die Äußerung eines auch sonst im Volke verbreiteten Unmuts über das weltliche Treiben eines Kirchenfürsten als eine konspirative Aktion; im peinlichen Verhör mag in Anbetracht des späteren revolutionären Geschehens einiges aufgebauscht worden sein. Dieser Vorfall wurde nicht datiert, lediglich der Hinweis auf die Jugend und die Tatsache, daß der Bischof 1513 starb, machten es möglich, dieses „Verbündnis" zeitlich zwischen die Aufenthalte in Leipzig und Frankfurt einzuordnen. Doch läßt sich letztlich, da die Quellen versiegt sind, nichts mehr über diese Zeit sagen.

So bleibt alles, was Elliger hierzu schrieb, auch die eindrucksvoll erörterten Zweifel an der *via antiqua,* die Müntzer von seinen Erfahrungen mit der kirchlichen Realität her kamen, reine Spekulation – genauso wie die von ihm belächelte Legende von der niedrigen Geburt des Revolutionärs.

Belegt ist nur, daß Müntzer in Leipzig und Frankfurt studiert hat, und, wie aus einer Präsentationsurkunde für eine Altarpfründe in Braunschweig hervorgeht,[26] vor Mai 1514 zum Priester der Diözese Halberstadt geweiht wurde. Da die Braunschweiger Urkunde den Magistergrad nicht erwähnt, spricht viel dafür, daß Müntzer die Prüfung zum *Magister artium* erst nach 1514 abgelegt hat. Über das theologische Bakkalaureat kann nichts Verläßliches gesagt werden. Ein kümmerliches Ergebnis: Auch die Spuren seiner akademischen und kirchlichen Ausbildung sind verweht.

Erwähnt wurde gerade die Urkunde, mit der Müntzer 1514 vom Rat der Stadt Braunschweig für eine Altarpfründe an St. Michaelis präsentiert wurde. Da lange Zeit weiteres nicht bekannt war, vermutete man, er habe die Pfründe schließlich doch nicht erhalten oder den damit verbundenen gelegentlichen Dienst am Altar nicht wahrgenommen; solche Pfründen waren oft ja nur eine „Arbeitsbeschaffungsmaßnahme" oder ein Stipendium für junge Kleriker. Neuere Forschungen haben aber inzwischen sichergestellt, daß Müntzer zwischen 1514 und 1517 doch auch in Braunschweig tätig war.[27]

Da diese Pfründe ein „armes Lehen" war,[28] mußte er gleichzeitig nach anderen Gelegenheiten suchen, sich seinen Lebensunterhalt zu sichern. So war er vorübergehend wohl als Lehrer in Aschersleben tätig und dort möglicherweise in Tumulte verwickelt, die zur Absetzung des Rates führten. Als die politische Situation sich wieder gefestigt hatte, mußte der junge Magister die Stadt jedoch verlassen. Er fand 1516 sogleich eine neue Aufgabe als Propst im Benediktinerinnenstift Frose bei Aschersleben, übernahm dort die geistliche Versorgung der Stiftsdamen und der -gemeinde, auch sonstige Repräsentationspflichten für das Stift. Außerdem erteilte er lateinischen Unterricht; so wird beispielsweise von einigen Braunschweiger Bürgersöhnen berichtet, die er unterwies.[29] Von Zeit zu Zeit reiste er nach Braunschweig und nahm an St. Michael seine priesterlichen Pflichten wahr. Vorübergehend wird er auch an der Martinsschule unterrichtet haben – mit Erfolg, wie einem Brief des Rektors zu entnehmen ist.[30] In dieser Stadt sammelte sich um den Fernhändler und einflußreichen Bürger Hans Pelt ein Kreis religiös ergriffener Menschen, die mit der Kirche unzufrieden waren und ihr Heil ganz bewußt in der Nachfolge Christi suchten. Müntzer gehörte dazu und wurde zur geistlichen Mitte dieses Kreises. Bedeutsam ist in diesem Zusammenhang ein Brief, den ein Handelsdiener Pelts an ihn richtete. Er nannte den Geistlichen einen „vorfolger der unrechtverdicheyt" und grüßte ihn, indem er ihn „in der hitzigen leve der reynicheyt" Gott anbefohlen sein ließ.[31] Siegfried Bräuer, dem es gelungen ist, diesen Diener als Klaus Winkeler genau nachzuweisen, beschreibt den Brief so: „Möglicherweise artikuliert sich in dieser mystischen Formelsprache ein von der Devotio moderna geprägter Bibelhumanismus, als dessen Vermittler Handelsleute auch sonst bekannt sind."[32] Die *Devotio moderna* war eine volkstümlich-laizistische, aus dem Geist der Mystik schöpfende und hohen moralischen Ansprüchen verpflichtete Reformbewegung in den Niederlanden, die am Vorabend der Reformation auch auf deutsche Gegenden übergriff und das Selbstbewußtsein der antiklerikal eingestellten Laien stärkte.

Ähnlich hat sich Ulrich Bubenheimer geäußert; auch er sieht unter den Braunschweigern Ansätze einer Mystik der Leidensnachfolge Christi, in der sogar sozialkritische Gedanken für eine erneuerte Religiosität enthalten waren. Daraus zieht er den bedeutsamen Schluß, daß Müntzers religiös-politische Ambition „nicht erst ein Produkt der Wittenberger Bewegung ist, sondern eher unter deren Einfluß bestärkt und verschärft sowie theologisch in Aufnahme und Abgrenzung weiter entfaltet wurde."[33] So wird auf eine höchst willkommene Weise der Vorsatz unterstützt, der hier weiterverfolgt wird, Müntzer als eine Luther gegenüber selbständige reformatorische Kraft zu deuten. Auch in Braunschweig wurde über Sinn und Berechtigung des Ablasses noch vor Luthers Ablaßthesen diskutiert und Müntzer um seine Meinung gefragt, wie aus dem erwähnten Brief des Schulrektors an ihn hervorgeht.[34] Außerdem wurden die Nachrichten aus Wittenberg hier bald begierig aufgenommen. Der Bibelhumanismus verband sich problemlos mit der frühreformatorischen Bewegung, sorgte aber für einen besonderen Akzent in der Frühgeschichte dieser Stadtreformation. Müntzer mußte die Stadt wegen der reformatorischen Unruhe, die er offensichtlich geschürt hatte, schließlich verlassen. Die Pfründe wurde ihm aber nicht entzogen, er behielt sie bis Februar 1522.[35]

So tritt Müntzer allmählich aus dem Dunkel der Geschichte. Gesichertes ist jedoch nicht überliefert; nur soviel ist vielleicht schon zu erkennen: Nach seinem Studium, das noch in konservativen Bahnen verlief, ihn aber sowohl in Leipzig als auch in Frankfurt schon mit einigen Humanisten in Berührung gebracht haben könnte, bewegte er sich in Kreisen, die kirchenkritisch eingestellt waren und eine Erneuerung der Christenheit aus dem Geist mystischer Innerlichkeit und laizistischer Moralität anstrebten. Sein Weg führte nach 1517 mit innerer Folgerichtigkeit in die frühreformatorische Bewegung. Er hatte sich für die Avantgarde seiner Zeit entschieden, sie für seinen Teil, wie sich bald noch deutlicher zeigen wird, sogar selber mit heraufgeführt.

IV.

Im Lager der Reformatoren

Von Braunschweig führte Müntzers Weg nach Wittenberg, dem Ursprungsort der reformatorischen Bewegung. Das muß Ende 1517 oder Anfang 1518 gewesen sein.[1] Was er in dieser kleinen Stadt an der Elbe suchte, ist ungewiß. Wollte er ein theologisches Studium an der jungen Universität, die Studenten von überall her anzuziehen begann, aufnehmen oder weiterführen? Wollte er sich nur an Ort und Stelle über die aufregenden Gedanken unterrichten, die Martin Luther seinen Studenten vortrug, oder wollte er Kontakte zu den Reformern knüpfen, um sich in die breitere Front derjenigen einzureihen, die den Kampf gegen kirchliche Mißstände aufgenommen hatten? Diese Fragen finden keine Antwort mehr.

Über ein mögliches Studium schweigen sich die Quellen aus. Nirgends finden sich Hinweise auf theologische Vorlesungen, die Müntzer vielleicht belegt hat. Er könnte natürlich auch einiges in den Hörsälen gehört und mitgeschrieben haben, ohne deshalb schon „ordentlicher" Student gewesen zu sein. Die Zeit der großen Vorlesungen, in denen Luther zur reformatorischen Erkenntnis von der Gerechtigkeit durchdrang, die Gott den Menschen *sola gratia* zuwendet, war ohnehin vorbei: Vorlesungen über die Psalmen und über die Briefe des Paulus an die Römer und Galater. Wahrscheinlich ist indessen, daß Müntzer mit Luther persönlich zusammentraf, ihm sogar in der berühmten Turmstube des Augustinerklosters gegenübersaß. Man weiß nicht, wann das war – ob gleich nach seiner Ankunft oder später. Doch wie dem auch sei: Der Ablaßstreit hatte zu einem großen Geschrei im Lande geführt, und von Rom her zogen dunkle Wolken über Wittenberg auf. Luther war im Oktober 1518 aus Augsburg zurückgekehrt, wo der päpstliche Kardinallegat Cajetan ihn verhört und zum Widerruf gedrängt hatte. Der Mönch war mit Furcht und Zittern nach Augsburg gezogen: „Ständig hatte ich den Scheiterhaufen vor Augen. Nun mußt du sterben, sagte ich mir." In dieser Situation entschloß er sich, von seiner Person ganz abzusehen und allein auf Christus zu blicken. „Es lebe Christus, es sterbe Martinus."[2] Die Wahrheit, die er erkannt hatte, konnte er nicht widerrufen. Wochen geistlicher Anfechtung und physischer Bedrohung lagen hinter ihm. Doch er war gestärkt daraus hervorgegangen. Er hatte erfahren, daß theologische Erkenntnis kirchenpolitischen Forderungen zu widerstehen vermag – subjektiv jedenfalls. Den Anteil diplomatischer Rücksichtnahme, die Cajetan walten lassen mußte, hatte er sicherlich unterschätzt. Für ihn zählte die Unbeugsamkeit des theologischen Urteils und die Erfahrung, daß die Theologie, wenn sie zu ihrer Sache findet, eine enorme politische Wirksamkeit entfalten kann.

Nach Augsburg setzte eine komplizierte diplomatische Betriebsamkeit zwischen dem kurfürstlichen Hof, der Kurie und Wittenberg ein. Der Bann, mit dem Cajetan zunächst nur gedroht hatte, schien unabwendbar zu werden. So hatte sich das Zentrum des Streits in kurzer Zeit verschoben. Es ging nicht mehr um den Ablaß allein, umstritten war jetzt – in Ansätzen zunächst – vor allem die Autorität des Papstes, die Behauptung nämlich, daß „die göttliche Wahrheit" auch eine „Herrschaft über den Papst" sei.[3] Während Luther keinen Grund zum Widerruf sah, solange die Heilige Schrift für die Rechtmäßigkeit seines Angriffs auf den Ablaß bürgte, forderte Cajetan den Widerruf, da allein der Papst zu Rom das Recht habe, über die Wahrheit der Schrift zu befinden.

Auf einmal hatten sich die Gespräche in Wittenberg verändert. Über den Ablaß wurde nicht mehr diskutiert, jedenfalls nicht in erster Linie, beunruhigt war man vielmehr über die Ausweitung des Streits und das Vorgehen der Kurie; Ungewißheit herrschte darüber, wie lange der Kurfürst noch seine schützende Hand über den aufmüpfigen Augustinermönch halten würde. Die Wittenberger rangen jetzt um die Autorität, mit der eine Reformation der Kirche begründet und vorangetrieben werden könnte.

Hier fand Müntzer eine Situation vor, in der sein eigenes Anliegen, soweit es sich bisher zu erkennen gab, mit existentiellem Ernst besprochen wurde: der Grund christlicher Existenz genauso wie der Weg, auf dem eine Erneuerung der Christenheit zu erreichen sei. Darüber hinaus nahm alles hier noch mehr Format an. Die Konfrontation mit der päpstlichen Hierarchie trieb ihrem Höhepunkt zu, die Frage geistlicher Autorität stellte sich gezielter und bedrängender zugleich, und intellektuell anregender und reizvoller als in Frose und Braunschweig war es hier allemal. Wittenberg war ein Zentrum akademischer und reformerischer Kraft, wie es mit dieser kirchlichen und politischen Ausstrahlung nirgendwo sonst zu finden war.

Praktische Neuerungen wurden in Wittenberg noch nicht eingeführt. Es dauerte eine Weile, bevor sich das Wort in die Tat umsetzen ließ. Vorerst regierte das Wort allein. Es wurde viel miteinander gesprochen, diskutiert und gestritten, auch viel gepredigt. Wenn Nikolaus Hausmann, dem späteren Prediger in Zwickau, Glauben geschenkt werden darf, soll Müntzer auch in Wittenberg auf der Kanzel gestanden haben.[4] 1518 und 1519 waren übrigens die Jahre der großen Sermone, die Luther als Flugschriften in alle Welt hinausgehen ließ: zunächst den *Sermon von Ablaß und Gnade* und dann, neben anderen, die Sermone über die wichtigsten Sakramente: Buße, Taufe und Abendmahl. Die bekannten Schriften, in denen ein reformatorisches Programm immer klarer zu Tage trat, wurden erst 1520 geschrieben. Vorher war noch alles im Fluß, wurde nach Argumenten und Begründungen gesucht, auch nach traditionellen Vorstellungsmustern, die sich eigneten, neue Ideen zur Sprache zu bringen. Möglicherweise hat Müntzer in diesem Zusammenhang eine erste gründlichere Bekanntschaft mit dem Gedankengut der deutschen Mystik gemacht. 1518 erschien die *Theologia Deutsch* als Gesamtausgabe, von Luther besorgt und eingeleitet. Gründlich gelesen hat Müntzer sie wohl erst ein wenig später.

Bedeutsam waren auch Begegnungen mit dem engeren Kreis um den Reformator. Dazu zählte vor allem Philipp Melanchthon, der gerade nach Wittenberg berufen worden war und eine eindrucksvolle Verbindung von Humanismus und Reformation repräsentierte, von Bildung und neuer Frömmigkeit, noch am Anfang, noch unsicher, aber doch schon in einer deutlichen Gestalt, wie Müntzer sie bisher nicht kennengelernt hatte. Er hatte keinerlei Bedenken, Melanchthons Wittenberger Bakkalaureatsthesen von 1519 bald zu nutzen, um sich als Parteigänger der Reformation in Prag zu empfehlen, und er stand mit ihm später noch eine Weile im Briefwechsel. Zu diesem Kreis zählte auch Andreas Bodenstein von Karlstadt, hochangesehenes Mitglied der theologischen Fakultät und Archidiakon am Allerheiligenstift. Er war auf seine Weise dabei, sich der reformatorischen Erkenntnis Luthers zu nähern, und beschäftigte sich in jenen Jahren besonders mit Augustins *De spiritu et littera,* einem Traktat über biblische Hermeneutik, und den Predigten Johannes Taulers, die mit Randglossen versehen und mit vielen Studenten besprochen wurden.[5] Von Karlstadt wird Müntzer die Anregung empfangen haben, sich in die Bücher Augustins zu vertiefen (auch bei Luther war dieser Kirchenvater stets im Gespräch) und sich selber Rechenschaft über die Funktion der Bibel für den Glauben abzulegen: Vermittelte oder bezeugte sie den Glauben? Was bedeutete es eigentlich, wenn der Lehrautorität des Papstes die Autorität des biblischen Wortes entgegengesetzt wurde? Auf diese Fragen, so kann man aus Äußerungen Müntzers kurz nach seinem Wittenbergaufenthalt schließen, suchte er eine Antwort.

Er hörte sich auch sonst unter den Wittenbergern um. Ulrich Bubenheimer hat kürzlich, mit feinem Gespür für neue Quellen, behauptet, daß Müntzer im Wintersemester 1517/18, wenn er zu diesem Zeitpunkt

Abb. 8. Johannes Hus wird in Konstanz verbrannt. Aus einem vorreformatorischen Bericht

tatsächlich schon in Wittenberg war, die Vorlesung des Humanisten Johannes Rhagius Aesticampianus über den Heiligen Hieronymus gehört habe und dort angeregt worden sei, sich eine humanistische Bildung anzueignen. Er las bald in Kirchenväterausgaben, die von Humanisten neu herausgegeben worden waren, er beschäftigte sich mit antiker Rhetorik und nachweislich auch mit Plato. Aus der *Institutio oratoria* des antiken Rhetors Quintilian könnte Müntzer einen Begriff übernommen haben, der bald zu einem Schlüsselbegriff seiner Theologie werden sollte: „ordo rerum", die Ordnung, die Gott den Dingen in der Schöpfung gegeben hat.[6]

In Wittenberg begegnete Müntzer dem Mansfeldischen Landsmann Johann Agricola, der ebenfalls in Braunschweig gewirkt hatte, und schloß Freundschaft mit Franz Günther, den Luther im September 1517 vor die Aufgabe gestellt hatte, die berühmten theologischen Bakkalaureatsthesen *Contra scholasticam theologiam* zu verteidigen. Günther wurde Prädikant in Jüterbog, und es ist wohl kein Zufall, daß auch Müntzer dort bald auftauchte und von sich reden machte. Offensichtlich hat er die Wittenberger Zeit nebenher genutzt, um nach einer Position Ausschau zu halten, die ihm eine Gelegenheit bot, seine Fähigkeiten in den Dienst der beginnenden Reformation zu stellen. Das ist einem Brief zu entnehmen, den der einflußreiche Wittenberger Goldschmied und Drucker Christian Döring ihm im Januar 1519 schrieb.[7] Müntzer hielt sich gerade in Leipzig bei einem Buchhändler auf und erfuhr, daß sich sein Gönner beim Kemberger Propst Bartholomäus Bernhardi, dem vormaligen Rektor der Wittenberger Universität, für ihn verwandt und eine Stelle als Kaplan erwirkt hatte. Müntzer ging jedoch nicht nach Kemberg, sondern nach Jüterbog.

Dort war es Franz Günther inzwischen gelungen, die Bürger in wenigen Wochen für die Sache der Reformation einzunehmen. Was sie hörten, klang sensationell. Eben noch war Johannes Tetzel mit einem Schwarm von Beichtvätern und Mönchen in die Stadt eingefallen, um den großen Ablaß anzubieten, und auf einmal stand ein Wittenberger Prädikant auf der Kanzel der Nikolaikirche und predigte das genaue Gegenteil, „daß man nicht zu beichten brauche, weil dieses Gebot nirgendwo in der Schrift zu finden sei ... daß man nicht zu fasten brauche, weil Christus für uns gefastet habe ... daß man nicht die Heiligen anrufen solle ... daß die Böhmen bessere Christen seien als wir." Ausgerechnet die hussitischen Ketzer wurden zu Vorbildern erklärt. Das mußte begeistern, verwirren und provozieren – je nachdem. Die Gemüter waren erregt, und Gerüchte schwirrten durch die Gassen. Was sich hier abspielte, war den Mönchen des strengen Franziskanerklosters zugetragen worden. So jedenfalls steht es in den Artikeln *Contra Lutheranos,* die der Minoritenbruder Bernhard Dappen, Lektor des Jüterboger Konvents, über den frühreformatorischen Streit in der Stadt veröffentlichte.[8] Auch gegen den Ablaß wurde von der Kanzel gewettert, wie Dappen in einem Brief an den brandenburgischen Bischof in einem Atemzug mit den inkriminierten Sätzen schrieb: „doch eines wollen wir noch berichten, was der Magister Franziskus in öffentlichen Predigten gesagt hat – wie wir von sehr vielen glaubwürdig vernahmen –; nämlich daß derselbe Magister, als er die Verwerfung des päpstlichen Ablasses in unverschämter Weise predigte, den Weibern geraten habe, die Ablaßbriefe gekauft hatten, sie sollten mit diesen Ablaßbriefen Flachs oder Werg auf dem Spinnrocken festbinden – wie es die Spinnerinnen gewöhnlich tun –, damit sie für diese Ablaßbriefe nicht völlig unnütz Geld ausgegeben hätten."[9] Das wird nicht sehr genau wiedergegeben worden sein, aber deutlich ist: den Mönchen paßte die ganze Richtung der *moderni predicatores* nicht. Die Franziskaner hatten wohl gemerkt, daß hier das „System" angegriffen wurde, das den Ablaß überhaupt erst entstehen und gedeihen ließ: die Möglichkeit, sich das Heil durch kirchenamtlich verordnete, fromme Werke zu verdienen.

Dieser Streit war fast vorauszusehen. Zwischen dem franziskanischen Orden und dem Weltklerus bestanden in zahlreichen Städten schon von alters her erhebliche Spannungen, die sich am Anspruch des Ordens entzündeten, unter den Bürgern Seelsorge betreiben zu dürfen und auf diese Weise an kirchlichen Einkünften beteiligt zu werden. Diesen Anspruch wies der Pfarrklerus zurück. Erst kürzlich war der Streit durch eine ungeschickte päpstliche Politik im Anschluß an das Laterankonzil von 1516 neu geschürt und der Pfarrklerus in die Defensive gedrängt worden.[10] Er mußte sich zur Wehr setzen und die Mönche in ihre Schranken weisen, sobald sie ihm ins Gehege kamen. Umgekehrt warfen die Klöster stets ein waches Auge auf das Treiben der Weltgeistlichen. Besonders entrüstet hat die Franziskaner in Jüterbog nun das lose, ketzerische Reden des Prädikanten aus Wittenberg. Sie wußten zwar, daß er den Schutz des Rates und vieler Bürger genoß, luden ihn dennoch vor ihren Konvent, um ihn zur Rede zu stellen. Günther erschien, kam aber nicht allein; er wurde von zwei Augustinern begleitet, dem Prior und einem Lektor des Wittenberger Klosters. Das waren zwei streitbare Anhänger Martin Luthers. Günther hielt sich zurück und stellte gar in Abrede, die angeführten Sätze in dieser Form gesprochen zu haben. Der Lektor preschte aber vor und äußerte sich kritisch über die Verbindlichkeit der Konzile und die Autorität des Papstes, er griff das kanonische Recht an, das nur „Üppigkeit, Habgier und Hochmut" lehre und wider die Heilige Schrift sei.[11] Außerdem sei einem einfachen Mann, der sich auf die Bibel berufe, mehr Glauben zu schenken als einem Papst und einem Konzil, die sich nicht auf die Bibel beriefen – ein deutliches antiklerikal-laizistisches Argument. Ferner wandte er sich gegen den freien Willen und die Werkgerechtigkeit. So wurden Luthers Gedanken in Jüterbog publik.

Das war ein harter Schlagabtausch, jede Seite glaubte die andere überwunden zu haben. Eine Ungeschicklichkeit aber brachte Günther doch zu Fall. Er hatte die Äbtissin des Marienklosters von der Kanzel aus beleidigt, war denunziert und vom Bischof ermahnt worden. Günther mußte nicht weichen, aber er zog es vor, eine Weile nicht zu predigen, möglicherweise war er auch mit einem Redeverbot belegt worden. Und hier kam Thomas Müntzer ins Spiel. Ungewiß ist, ob Günther ihn rief oder Luther ihn schickte. Auf jeden Fall schien Müntzer der geeignete Mann zu sein, um die Sache der Reformation voranzutreiben.

Er stand während der Ostertage auf der Kanzel, zunächst in der Klosterkirche St. Marien, über die der Bischof nicht verfügen konnte, und dann in der Stadtkirche St. Nikolai, und er verstand es – hier schon mit erstaunlichem Gespür für dramatische Effekte –, den Streit anzuheizen und die Stadt erneut in Erregung zu versetzen. Die hohen Feiertage waren dafür vorzüglich geeignet. Er setzte die Papstkritik fort und erklärte, der Papst müsse alle fünf Jahre ein Konzil einberufen, er müsse sich auch gegen seinen Willen die Einberufung eines Konzils gefallen lassen und sei im übrigen nur das Oberhaupt der Kirche, weil die Bischöfe es so wollten. Müntzer wandte sich auch gegen die scholastischen Lehrer: „Keiner könne beweisen, daß einer der genannten Lehrer irgendeinen Ketzer belehrt habe, und wenn das einer beweisen könnte, dann wollte er sich den Kopf abschlagen",[12] soll er gesagt und den Hinweis auf die Zulassung der scholastischen Lehre durch die Kirche verächtlich abgetan haben: „auch Huren und Hurenwirte werden in den Städten zugelassen".[13] Ganz und gar nicht mehr gelten lassen wollte er, was er in der *via antiqua* einst gelernt hatte, daß die natürlichen Vernunftgründe nämlich eine selbstverständliche Untermauerung der Gnadenlehre seien. Alle derartigen Vernunftgründe, urteilte er kurz und entschlossen, „sind vom Teufel".[14] Und schließlich nahm er die Bischöfe aufs Korn, ganz in antiklerikaler Manier: „früher wurden zu Bischöfen heilige Väter eingesetzt, aber in heutiger Zeit setzt man Tyrannen ein, die sich selber pflegen und nichts tun, was von Nutzen ist . ., sie umschmeicheln und verführen das irrende Volk, nennen Gutes böse und Böses gut und verstehen weder Griechisch noch Hebräisch, sondern nur ‚questen und stincken'."[15] Auch die Mönche wurden, wie im antiklerikalen Milieu üblich, als „Verführer des Volkes"[16] angegriffen und verächtlich gemacht. Besonders empört hat die Franziskaner aber die Behauptung, das Evangelium habe „mehr als vierhundert Jahre im Winkel gelegen" und könne nur unter Lebensgefahr wieder hervorgeholt werden.[17] Das berührte sie tief und brachte sie gegen diesen Irrlehrer auf: Wie konnte sich jemand erdreisten, der die Einheit der Kirche mutwillig zerstörte und das Volk in Verwirrung stürzte, das Martyrium noch zur Rechtfertigung dieser schändlichen Tat aufzubieten und die Gegenwehr der Kirche auf diese Weise ins Unrecht zu setzen? So steht es zwar nicht offen ausgesprochen in den Artikeln Dappens, so müssen die Predigten aber auf die Franziskaner gewirkt haben.

Müntzer war den Jüterbogern als „Lutheraner" erschienen – hier wurde diese Bezeichnung erstmals in Umlauf gebracht; und es sind im Bericht Dappens tatsächlich noch keinerlei Anzeichen zu erkennen, die auf eine Selbständigkeit Müntzers gegenüber den Wittenbergern schließen ließen, wie umgekehrt auch Luther selbst ihn vor den Beschuldigungen der Franziskaner in Schutz nahm.[18] Müntzer gehört in die Vorgeschichte der großen Franziskanerdisputation vom Oktober 1519 in Wittenberg.[19] Andererseits ist alles, was in Jüterbog zu Gehör gebracht wurde, noch so allgemein und unbestimmt, daß sich eine eigenwillige Persönlichkeit mühelos in das frühreformatorische Lager einfügen konnte, ohne der theologischen Erkenntnis Luthers vorher bis in ihre Tiefen bedingungslos gefolgt zu sein.

Man wird nicht sagen dürfen, Müntzer sei ein Lutheraner gewesen, wie Franz Günther einer war, der sehr viel intensiver durch die Schule des Reformators gegangen war, aber man wird doch darauf hinweisen müssen, daß Müntzer zu den ersten gehörte, die einen Weg suchten, eine neue religiöse Erkenntnis in das Medium einer reformatorischen Bewegung zu überführen, in der das Wort allmählich zur Tat werden konnte. Aus dem Lager der Reformatoren brach eine reformatorische Bewegung hervor.

So schnell Müntzer in Jüterbog aufgetaucht war, so schnell war er offensichtlich wieder verschwunden. Über die näheren Umstände seines Weggangs ist nichts bekannt. Sein Weg könnte ihn nach Orlamünde an der Saale geführt haben. Das läßt sich aus einem kleinen Bestellzettel schließen, den der Vikar dieses Ortes Müntzer zur Disputation nach Leipzig mitgegeben haben könnte.[20] Der Wittenberger Magister Konrad Glitsch verwaltete die Pfründe Karlstadts in Orlamünde; er ließ seinem Pfarrherrn einiges Geschäftliche ausrichten und bat Müntzer, ihm die neuesten Streitschriften der Wittenberger mit den Altgläubigen zu besorgen. Auch Sämereien für den Pfarrgarten brauchte er: krausen Salat, Majoran, Basilikum und Lavendel. Müntzer könnte also tatsächlich kurz in Orlamünde gewesen sein und dort, wie später bezeugt wurde, gemeinsam mit der Pfarrköchin in den Predigten Johannes Taulers gelesen haben. Auf die Spur der Mystiker war Müntzer aber schon in Wittenberg geraten. Ganz sicher läßt sich der Aufenthalt in Orlamünde nicht nachweisen, es sprechen sogar gute Gründe dafür, mit Ulrich Bubenheimer anzunehmen, Müntzer könne schon vor Jüterbog in Orlamünde gewesen sein, vor der Leipziger Buchmesse im Mai und vor allem vor der Aussaat im April;[21] verbürgt ist dagegen, daß Müntzer sich Ende Juni und Anfang Juli 1519 in Leipzig aufhielt und, wenn auch nicht bis zum Schluß, den großen Disputationen beiwohnte, die Karlstadt und Luther mit dem Ingolstädter Theologen Johann Eck bestritten. Das waren aufregende Tage, vor allem als Luther sich dann dazu hinreißen ließ, die Autorität des Papstes und der Konzile zu verwerfen – noch klarer und entschiedener als Müntzer dies in Jüterbog getan hatte.

Noch war Müntzer nicht auf Distanz zu Luther gegangen, wie Bensing vermutete, ganz im Gegenteil: Müntzer nahm Anregungen aus den Disputationen auf und wollte sie in eigenem Studium verarbeiten, um zu größerer Klarheit über den Verfall der Christenheit und die Grundlage ihrer Erneuerung zu gelangen.

Dazu fand er Zeit und Muße im Zisterzienserinnenkloster Beuditz bei Weißenfels. In einem Brief an Franz Günther, in dem er sich nach dem weiteren Verlauf der Streitigkeiten mit den Franziskanern erkundigte, klagte er über die Abgeschiedenheit dieses Klosters und die Schwierigkeiten, sich wichtige Literatur zu beschaffen; er betonte aber zugleich, daß er den ihm lästigen Chordienst nicht zu versehen brauche und viel Zeit für sein Studium fände.[22] Aus einem Brief an seinen Leipziger Buchhändler ist zu erfahren, daß Müntzer in diesem Kloster nicht nur einen Unterschlupf für den Winter fand, sondern dort als Beichtvater für die Nonnen tätig war.[23] Hier las er die Chronik Eusebs, das Geschichtswerk eines griechischen Kirchenvaters in der Übersetzung des Hieronymus, er beschäftigte sich mit Hegesipp, um mehr über das frühchristliche Jahrhundert zu erfahren, zugleich vertiefte er sich in die Bücher Augustins und setzte seine Lektüre der Mystiker fort, zumindest wird er mit den Nonnen über die Erbauungsschriften Taulers und Seuses, auch der Frauenmystik, gesprochen haben. Interessiert hat er sich damals auch für die Akten der Konzile von Konstanz und Basel, wie aus einer Buchbestellung hervorgeht.[24] Offensichtlich lag ihm viel daran, den allmählichen Niedergang der Christenheit zu verfolgen, die Ursachen des Verfalls zu erkennen und nach einem Weg aus diesem Elend zu suchen. Dabei schien es ihm wichtig zu sein, die Grundlagen der Frömmigkeit zu überprüfen. Wo sich ihm Anregungen boten, wie in der Mystik, nutzte er sie.

Dieses Studium war, wenn einer Selbstaussage Müntzers zu trauen ist, keinem akademischen Bedürfnis, sondern einem geistlichen entsprungen: „Nicht forsche ich für mich, sondern für den Herrn Jesus", schrieb er seinem Freund nach Jüterbog.[25] Hier kommt die existentielle Betroffenheit zum Ausdruck, die schon in der Braunschweiger Zeit in Ansätzen zu beobachten war und im Lager der Reformation Nahrung fand. Nach den neuen Eindrücken in Wittenberg und den Turbulenzen in Jüterbog hatte Müntzer in diesem klösterlichen Refugium die Gelegenheit, seine Erfahrungen in aller Ruhe zu überdenken und sich auf die Quellen seiner reformerischen Existenz zu besinnen. Er vertraute den weiteren Weg seinem Herrn Jesus Christus an: „Wenn er will, wird er mich dorthin senden, wohin er mich senden lassen will; einstweilen bin ich mit meinem Los zufrieden."[26] Es gärte und rumorte überall, die „Sturmjahre der Reformation" kündigten sich an, in solchen Zeiten war es nicht einfach, gelassen abzuwarten – abseits in einem Nonnenkloster. Daß Müntzer es dennoch tat, ist möglicherweise auf die Überzeugungskraft zurückzuführen, mit der ihn die Predigten der Mystik ergriffen hatten. Gelassenheit bedeutete, von sich selbst abzusehen und sich für einen Auftrag zu rüsten, dessen konkreter Inhalt sich erst allmählich zu erkennen gab. Noch war Müntzer nicht zu dem Reformator herangereift, der die Reformation, wie Manfred Bensing meinte, „als die grundlegende Umgestaltung des irdischen Lebens und damit als

Revolution zu sehen beginnt".[27] Nur ein reformatorisch zugespitzter Antiklerikalismus und eine auffällige Neigung zu mystischer Frömmigkeit, noch nicht zu einem theologischen, geschweige denn einem revolutionären Programm verbunden, sind bisher aus dem Dunkel der Quellen hervorgetreten.

V.
Eine frühe Bewegung

Lange konnte Thomas Müntzer seinen Studien nicht in klösterlicher Abgeschiedenheit nachgehen. Bereits im Mai 1520 stand er wieder auf einer Kanzel vor großer Gemeinde. Der Zwickauer Rat hatte ihn gebeten, den Pfarrer von St. Marien, der bedeutendsten Kirche in der Stadt, für eine Weile zu vertreten und nach Zwickau überzusiedeln.

Neben einem Prädikanten, der für Predigt und Seelsorge zuständig war, gab es an dieser Kirche fast noch dreißig Meßpriester, die ihren Dienst an den zahlreichen Altären versahen. Der Prediger hatte zweifellos das einflußreichste Amt inne. Seit Jahren wurde es von Johannes Wildenauer aus Eger wahrgenommen, der sich in humanistischer Manier Johannes Sylvius Egranus nannte, ein feinsinniger und gebildeter Mann mit überlokaler Reputation. Ihm war es gelungen, einen Eindruck vom reformatorischen Aufbruch zu vermitteln, wie er allenthalben spürbar war – ein Gemisch aus humanistischer Bildung, antiklerikaler Animosität und reformatorischer Botschaft. Den selbstbewußten Bürgern der Stadt kam dieser Prediger sehr gelegen. Doch er schwankte zwischen seiner Neigung zu humanistischer Gelehrsamkeit und der Pflicht, sein Amt in der Kirche mit ganzem Einsatz zu versehen, wobei die Neigung sich gelegentlich mit unwiderstehlicher Kraft durchsetzte.[1] Im Frühjahr 1520 bat er den Rat um Urlaub für seine Studien und reiste an die „Höfe" der Humanistenfürsten: zu Willibald Pirckheimer nach Nürnberg und Erasmus von Rotterdam nach Basel. Schon auf der Leipziger Disputation war er an Luther herangetreten und hatte ihn nach einem geeigneten Vertreter gefragt. Der Wittenberger war am Fortgang der Reformation in Zwickau besonders interessiert und soll Thomas Müntzer empfohlen haben. Ein kämpferischer, nicht vom Humanismus gehemmter Prediger, der den Streit mit den Jüterboger Franziskanern erst kürzlich auf den Punkt gebracht hatte, schien eine gute Wahl zu sein. Offensichtlich ist der Rat dieser Empfehlung gefolgt.

Für Müntzer war Zwickau ein verlockendes Angebot, es mußte reizvoll sein, der Reformation an einem bedeutenden Ort zum Durchbruch zu verhelfen. Er schlug deshalb das freundschaftliche Angebot aus, das ihm der Stadtpfarrer Heinrich von Bünau unterbreitete, zu ihm als Kaplan nach Elsterberg zu kommen.[2] In Zwickau erwartete Müntzer eine größere Aufgabe.

Abb. 9. Martin Luther. „Von der babylonischen Gefangenschaft der Kirche", Titelblatt, 1520

Die Stadt lag im Süden des sächsischen Kurfürstentums, wo wichtige Handelswege zusammentrafen und den wirtschaftlichen Aufschwung Zwickaus im späten Mittelalter begründeten. Einmal war es der Weg, der Leipzig mit Nürnberg und Augsburg verband, und zum andern waren es die Wege, die über Dresden in den Osten führten. Umgeschlagen wurden vor allem Getreide und Tuche. Viel Getreide wurde zu Bier verarbeitet; „Zwickisches Bier" erfreute sich einer großen Beliebtheit in der Gegend. Tuche wurden hier seit dem Mittelalter hergestellt und waren wegen ihrer hohen Qualität überall gefragt. So stieg die Zunft der Tuchmacher auf und wurde im Handwerk der Stadt tonangebend. Für einen aufsehenerregenden wirtschaftlichen Aufschwung sorgte aber erst der Bergbau im Erzgebirge, der in der zweiten Hälfte des 15. Jahrhunderts einsetzte. Patrizische Geschlechter, Kaufleute und Handwerker engagierten sich im Schneeberger Silberbergbau und wurden reich. Auch das metallverarbeitende Gewerbe blühte auf. Die Bevölkerung nahm zu und verdoppelte sich in kurzer Zeit; mit 7500 Einwohnern war Zwickau neben Leipzig bald die größte Stadt in diesem Gebiet. Als „Perle" in seinen Landen wurde sie von Friedrich dem Weisen gelobt.[3]

Auch sonst befand sich die Stadt im Aufbruch. Die wirtschaftliche Blüte zog eine rege Bautätigkeit nach sich, zahlreiche Stiftungen wurden errichtet, Hospitäler und Klöster ausgebaut, das Armenwesen mit reichen Mitteln ausgestattet. Besonders gefördert wurde die lateinische Stadtschule, von der sich 1519 im Zuge humanistischer Reformeuphorie – und nicht ohne Streit – eine griechische Schule abtrennte. An ihr wirkte vorübergehend der berühmte Mineraloge Georg Agricola. Zwickau war in jeder Hinsicht eine blühende Stadt. Das galt auch für die kirchlichen Verhältnisse: acht Kirchen und sechs Kapellen, ein großes Franziskanerkloster, zwei Klosterhöfe und zwei Termineien der Karthäuser und Dominikaner, ein Beginenhaus und mehrere Krankenhäuser – es war ein eindrucksvoller und aufwendiger religiöser Dienstleistungsbetrieb, der hier um die Jahrhundertwende bestand.[4] An Klerikern war kein Mangel. Sie bestimmten das geistliche Leben in der Stadt, wie umgekehrt auch hier die Bürger von einer erstaunlichen religiösen Betriebsamkeit waren. Sie gründeten Bruderschaften, in denen religiös-soziale Geselligkeit gepflegt wurde, und sie stifteten Altäre und Messen.

Zwickau war keine Reichsstadt (die vorübergehende Reichsfreiheit war bereits um 1450 erloschen), hatte aber das wirtschaftliche, politische und religiöse Leben einer solchen Stadt entfaltet und repräsentierte, von einigen Einschränkungen abgesehen, so etwas wie spätmittelalterliche Welt schlechthin. Die Entscheidung für Zwickau wird Müntzer nicht schwergefallen sein.

Doch Wohlstand und bürgerliche Eintracht herrschten nicht unumschränkt. Vor allem mit dem überquellenden „Bergsegen" ging eine allgemein spürbare soziale Differenzierung in der Stadt einher. Reichtum ließ Armut entstehen. Das im Bergbau erwirtschaftete Kapital brachte auch in anderen Wirtschaftszweigen Veränderungen hervor. Zahlreiche Handwerker und Händler konnten sich nicht auf die neue Produktionsweise des Verlagssystems in der Tuchherstellung einstellen und gerieten in Abhängigkeit von großen Kaufleuten und Unternehmern. Viele Bürger stiegen ab, blieben auf der Strecke oder verarmten.[5] Außerdem hielten die Löhne nicht mit den Preisen Schritt, so daß sich die Lohn-Preis-Schere in einem vorher nicht gekannten Ausmaß auf das alltägliche Leben des niederen Bürgertums und der Unterschicht auswirkte. Der Boden für soziale Konflikte war grundsätzlich vorbereitet, Unruhe erfaßte die Stadt.

Gestört wurde die bürgerliche Ruhe noch auf andere Weise. Der Rat hatte sich, in Zwickau wie anderswo, vom genossenschaftlichen Prinzip des politischen Zusammenlebens entfernt und einen herrschaftlichen Führungsstil ausgebildet, der eine tiefe Kluft zwischen der Obrigkeit und dem „gemeinen Mann" aufriß. Die Bürger begegneten dem Rat und den reichen Geschlechtern, die hinter ihm standen, oft mit Argwohn– und gelegentlich mit geballter Faust. Vom Rat verordnete Veränderungen des Bierbraurechts führten sogar zu einem kleinen Aufruhr.

Und schließlich trieb ein kirchlicher Konflikt seinem Höhepunkt zu. Der Klerus hatte sich von dem Leitbild des *homo religiosus* so weit entfernt, daß der Laie nicht mehr grundsätzlich bereit war, ihm die gebotene Ehrfurcht zu erweisen. Paul Wappler berichtete von einem Spottlied auf die Geistlichkeit, das am Vorabend der Reformation die Gemüter erregte, „so daß daraus sogar mit Mord und Totschlag verbundene Tumulte entstanden, die die Stadtobrigkeit nur mit Mühe dämpfen konnte."[6]

Das war die Welt, in die Müntzer 1520 eintrat: einerseits reich und wohlgeordnet, andererseits tief zerrissen und anfällig für jede Botschaft, die Änderung versprach.

Kaum war der neue Prediger in Zwickau eingetroffen, legte er sich schon mit den Franziskanern an. Wenn einem Chronisten geglaubt werden kann, muß Müntzer in seiner ersten Predigt regelrecht vom Leder gezogen haben: „Do hat er vnter andern gesagt, die Munche hetten meuler, das man wol 1 Pfd. Fleisch abschneiden konnte, vnd behülten dennoch mauls gnug."[7] Es ist wohl möglich, daß Müntzer so wortgewaltig redete, das entspräche ganz dem Ton seiner späteren Polemik. Genaueres über seine Predigten ist erst einem Brief zu entnehmen, in dem er Luther zwei Monate später vom Streit mit den Mönchen berichtet. Er schreibt von den Heuchlern, die „alle um einen Brocken Brot die Seelen zum Leben bestimmen, die doch nicht leben" (Hes. 13, 19), und „mit langen Gebeten die Häuser der Witwen auffressen" (Matth. 12,14), um die eigene „unersättliche Habsucht" zu befriedigen; er sprach von den Mönchen und Priestern, die die Gläubigen verführen, und beschimpfte sie als „Ungeheuer" und „zerfleischende Harpyien". Seinen Zeilen ist zu entnehmen, daß er die „Zeremonien" und „Ordnungen" der alten Kirche angegriffen, ebenso das Meßopfer und das kanonische Recht, und sich in der Predigt offensichtlich auch gegen den Reichtum der Kirche und die Werkgerechtigkeit gewandt habe. Der Mangel an moralischer Bewährung und an Heilsgewißheit war kritisiert und einer Veräußerlichung des Ritus „das Reich des Glaubens, das in uns liegt" entgegengestellt worden.[8] Das waren Themen, die in der antiklerikalen Szene jener Zeit gang und gäbe waren.

Ähnliches, wenn auch nicht so impulsiv, werden die Franziskaner schon von Egranus gehört haben. Ihm war ja nicht von ungefähr gemeinsam mit Luther, Karlstadt und Pirckheimer der Bann angedroht worden. Müntzer spart zwar auch nicht mit Kritik am Volk, das kaum bessere Geistliche verdiene, weil es versäumt habe, für diese Fürbitte einzulegen, läßt aber keinen Zweifel daran aufkommen, daß eigentlich nur der Kampf gegen die altgläubige Geistlichkeit das Milieu geschaffen hat, aus dem heraus er schließlich zu eigenem Selbstbewußtsein finden konnte: „Solange noch ein einiger Geist mich belebt, werde ich diese Klagen, die Verstellung der Heuchler nicht dulden, ich werde dagegen kämpfen mit unaufhörlichem Seufzen und mit der Tuba des Wortes Gottes, damit nicht der Name des Herrn von denen gelästert werde, die vornehmlich Christen scheinen wollen, während ihre Füße eilend sind (Röm. 3,15), einen Aufruhr im Volke Gottes zu machen und Himmel und Erde zu vermischen."[9] Mit der Tuba des Wortes blies er, wie die Kinder Israels einst vor Jericho, gegen die Mauern der alten Kirche an – und sie begannen einzustürzen.

Als Müntzer diesen Brief schrieb, hatte sich der Streit bereits zugespitzt. Der greise Bettelmönch Tiburtius von Weißenfels hatte die Herausforderung angenommen und sich mit scharfen Thesen zu Wort gemeldet, Müntzer geschmäht und bedroht. Die Mönche waren durch die Gassen gezogen, hatten versucht, die Bürger gegen den neuen Prediger aufzubringen, und ihn sowohl beim Bischof zu Naumburg als auch bei der franziskanischen Provinzialobrigkeit in Breslau denunziert. Der Rat, dem die Aktivitäten dieses Ordens ohnehin ein Dorn im Auge waren, hatte sich beschwichtigend hinter seinen Prediger gestellt, ihn allerdings aufgefordert, sich mit Luther über das weitere Vorgehen zu beraten. So war der Brief entstanden, aus dem hier zitiert wurde und dem Müntzer die Thesen des Tiburtius beigefügt hatte. Sicherlich gibt er nicht ihren authentischen Wortlaut wieder, vieles erscheint verzerrt und überzogen; und doch geben diese Thesen zu erkennen, wie intensiv Müntzer die Position der Wittenberger eingenommen hatte, mehr noch: wie stark er sich mit dem Willen Gottes selber identifizierte: „Ich tue nicht mein Werk, sondern das Werk des Herrn."[10] Das war nicht überhebliches Sendungsbewußtsein, wie es Müntzer gelegentlich unterstellt wurde, sondern reformatorisches Selbstverständnis. Was er in Braunschweig begann und in Wittenberg vertiefte, in Jüterbog zur Geltung brachte und in Beuditz nochmals einer erweiternden Reflexion unterzog, setzte er in Zwickau fort. Der Rat stand zwar hinter ihm, stellte ihm für die Zeit nach Egrans Rückkehr sogar eine feste Anstellung an der Katharinenkirche in Aussicht, war aber daran interessiert, den Streit in gemäßigtere Bahnen zu lenken. Er wollte sich politischen Ärger mit den übergeordneten geistlichen und weltlichen Instanzen ersparen. Doch ganz gelang ihm das nicht. Der kursächsische Kommissar Wolf von Weißenbach schaltete sich ein und gebot Einhalt. Er warnte den Rat vor einem Aufruhr im Volk und Unannehmlichkeiten mit den bischöflichen Behörden. Im Grunde aber wollte der Kurfürst wohl die politische Aufmerksamkeit, die Wittenberg bereits auf sich gezogen hatte, in Grenzen halten. Zwickau sollte nicht zu einem zweiten Unruheherd im Reich werden.

Nachdem Egranus auf inständiges Bitten des Rates im Herbst 1520 zurückgekehrt und Müntzer an die Katharinenkirche übergewechselt war – zuvor hatte er einen Ruf als Lehrer an das Benediktinerkloster in Erfurt abgelehnt[11] –, zog eine neue Front in Zwickau auf. Es kam zu einer erbitterten Kontroverse zwischen den beiden Predigern. Wann sie einsetzte, ist unbekannt, ebenfalls ungeklärt sind die näheren Umstände ihres Ausbruchs. Daß es zwischen diesen beiden Männern zum Krach kommen würde, muß schon Johann Agricola geahnt haben, der Müntzer in einem Brief aus Wittenberg beschwor, sich nicht mit Egran anzulegen. Die Wittenberger, die noch unter dem Eindruck seines Besuchs auf der Rückreise nach Zwickau standen, waren weder von den menschlichen noch den theologischen Qualitäten dieses Predigers überzeugt. Agricola beklagte die Rücksichtslosigkeit und den Mangel an Menschenfreundlichkeit, Luther nannte Egranus abfällig einen „homo indoctissimus in re Theologica."[12] Auch Müntzer muß bald aufgegangen sein, daß ihn nicht nur Temperament und Einsatzfreudigkeit von seinem Kollegen trennten, sondern auch ein tiefer theologischer Dissens. Am deutlichsten kommt das in den *Propositiones probi viri d. Egrani* zum Ausdruck.[13] Dabei handelt es sich um Thesen, in denen Müntzer die gegnerische Position zu Papier brachte, doch ähnlich wie schon bei den Thesen der Franziskaner manchmal ungenau, verzerrt und nicht frei von Verunglimpfungen. Dennoch geben diese Thesen Aufschluß über den fundamentalen Unterschied zwischen den beiden Kontrahenten. Diese Thesen können jetzt nicht im einzelnen vorgestellt und erläutert,[14] insgesamt kann aber gesagt werden, daß das Motiv existentieller Aneignung der Heiligen Schrift, wie es seit Braunschweig bei Müntzer zu beobachten war, der umstrittene Punkt war. Egran wird spröde Intellektualität vorgeworfen, distanziertes Fürwahrhalten, nicht aber engagiertes Erfassen der biblischen Botschaft, ein vernunftgeleiteter philologischer Umgang mit der Heiligen Schrift. Kritisiert wird, um es kurz zu sagen, seine humanistische Religiosität.

Müntzer setzt dagegen auf die experientia fidei, die Erfahrung des Glaubens, in der die Autorität Gottes direkt und ohne Vermittlung der Schrift als Heilsgrund erfahren wird. Der Grund der Heilsgewißheit muß sich dem Menschen nicht bloß intellektuell vernehmbar aus der Schrift, sondern, diese Möglichkeit übersteigend, in seinem Erleben mitteilen. Nicht die Gelehrten, wohl aber die Erfahrenen, d.h. die von Gott durch die Verzweiflung, die Versuchungen, das Leiden zum Glauben Geführten, die vom göttlichen Geist Ergriffenen, sind berufen, den Glauben zu beurteilen und das Evangelium zu verkündigen.[15] So gelang es Müntzer, in aller Deutlichkeit zu zeigen, daß Egranus nie wirklich auf dem Boden der Reformation gestanden habe, sondern ein Anhänger des Humanismus gewesen sei, wie er von Erasmus vertreten wurde, mit anfänglicher Sympathie für die Reformation, aber schließlich doch ohne ein tieferes Verständnis.[16] Müntzer hat den Streit, der einige Jahre später zwischen Luther und Erasmus entbrannte, auf eigenwillig hellsichtige Weise in Zwickau schon vorweggenommen.

In den Quellen greifbar wird dieser Streit erst im Januar 1521. Vorher hatte Egran bereits seine Entlassung erbeten, um eine neue Stelle in Joachimstal anzutreten. So sehr der Zwickauer Rat sich jahrelang darum bemüht hatte. ihn in der Stadt zu halten, so bereitwillig ließ er ihn nun ziehen. Offensichtlich war Egran deutlich geworden, daß er in Zwickau neben Müntzer kaum mehr reformatorisch wirken konnte, ohne gleichzeitig die eigenen Schwierigkeiten zu vergrößern, in die ihn die Bannandrohungsbulle gebracht hatte. Durch das radikale Vorgehen Müntzers, mit dem er sich hätte solidarisieren müssen, wäre er selbst kompromittiert und sein Bemühen zunichte gemacht worden, sich dem drohenden Ketzerprozeß zu entziehen. Er mußte seinen eigenen Weg gehen. Zunächst blieb er aber noch eine Weile in Zwickau – und während dieser Zeit kam der Streit zwischen den beiden Predigern eigentlich erst offen zum Ausbruch. Überlagert wurde er aber wieder von neuen Auseinandersetzungen mit den Altgläubigen. So hatte Müntzer am Stephanstag, zwischen Weihnachten und Neujahr, gegen diejenigen gepredigt, die – im Gegensatz zum Apostel Stephanus – dem Martyrium ausweichen und darüber hinaus die Frechheit besitzen, die leidensbereiten Prediger zu verketzern. Diese Predigt muß so stark gewirkt haben, daß einige Anhänger den altgläubigen Pfarrer Nikolaus Hofer aus dem benachbarten Marienthal, der sich mit Müntzer angelegt und den Gottesdienst besucht hatte, auf dem Kirchhof mit Kot und Dreck bewarfen und aus der Stadt trieben[17] – ein antiklerikaler Akt, zu dem Müntzer zwar nicht direkt, aber doch indirekt angestiftet hatte, ein Beispiel, wie reformatorische Predigt in physische Gewalttätigkeit umschlug. Darauf wurde er vor die bischöfliche Kanzlei nach Zeitz geladen, reagierte aber nur mit Hohn und Spott auf diese Vorladung und forderte seinerseits den Kanzler auf, sich in Zwickau „uffn predigtstuhl zu stellen und gottes wort zuvorkundigen."[18] Der Rat stellte sich trotz dieser prekären Lage vor seinen Prediger und konnte diese Angelegenheit mit Hilfe einer Delegation, die nach Zeitz geschickt wurde, bereinigen. Hofer mußte sein Amt aufgeben.

In dieser unruhigen Situation wurden auch die Tuchknappen mutiger und traten mit Forderungen zur Verbesserung ihrer sozialen Lage vor den Rat. Soviel Selbstbewußtsein hatten sie vorher nicht gezeigt. Zugleich mußte der Rat beobachten, daß sich hinter Müntzer und Egranus eine Anhängerschaft bildete, die den Kampf der Prediger anheizte und in die Bürgerschaft trug. Müntzer wurden „Schandzettel" ins Haus geworfen und Fenster eingeschlagen. Offensichtlich gereizt, verstärkte er seine Ausfälle gegen die gottlosen Priester und rief, wenn dem Chronisten zu glauben ist, zu gewaltsamem Angriff auf. Die Besorgnis darüber muß bis nach Wittenberg gedrungen sein, denn abermals meldete sich Johann Agricola zu Wort und beschwor ihn, freundschaftlich, aber entschieden, sein Wüten einzustellen und seinen „persönlichen Haß" abzulegen.[19] Schließlich kursierten zwei Schandbriefe unter den Bürgern, einer gegen Egranus, der andere gegen Müntzer – eine rabiate Polemik, voller Gehässigkeit und ehrenrühriger Ausfälle.[20] Der Frieden in der Stadt war gestört.

Es wurde oft darauf hingewiesen, daß mit dem Wechsel zur Katharinenkirche eine entscheidende Wende im Wirken Müntzers eingetreten sei. In diesem Kirchspiel habe er die Nöte und Sorgen der kleinen Handwerker, vor allem der Tuchknappen, kennengelernt; und hier sei er zum Anwalt der Armen oder zum Anführer einer „Volksreformation" geworden. Die Partei Luthers, Egrans und des Rates auf der einen Seite, die Partei Müntzers und des Volkes auf der anderen: So stellte M. M. Smirin einst die neue Situation in Zwickau dar.[21]

Andererseits ist zu hören, daß die Begegnung mit dem Tuchknappen Nikolaus Storch von geradezu schicksalhafter Bedeutung gewesen sein soll. Storch hatte sich geheimer göttlicher Offenbarungen gerühmt und mancherlei Verwirrung gestiftet.[22] Die einen behaupten, dieser Tuchknappe habe den Prediger zur Schwärmerei verführt, andere meinen, Storch habe ihm die Gefühls- und Gedankenwelt der einfachen Leute erschlossen und ihn veranlaßt, der gelehrten Theologie Luthers den Rücken zu kehren und eine Theologie des „armen, gemeinen Mannes" auszubilden.

Über Nikolaus Storch geben die Quellen nur wenig Auskunft. Er war Sproß eines alten, aber inzwischen verarmten Tuchmachergeschlechts und gehörte der Fronleichnamsbruderschaft an, die sich um den Altar der Tuchknappen in St. Katharin gebildet hatte. In der Gestalt Storchs muß Müntzer der fromme Mann begegnet sein, wie Johannes Tauler ihn vorgezeichnet hatte: ein ernsthaft um seine Seligkeit besorgter Mensch, mißtrauisch gegen das kultisch-veräußerlichte Heilsangebot der Kirche, unmittelbar vom göttlichen Geist ergriffen – ein Mensch von bestechend schlichter Ursprünglichkeit.

Der Tuchknappe war, so sah Müntzer es, die Gegenfigur zum Priester, das Vorbild nicht nur für den frommen Laien, sondern auch für den Priester allgemein; und so klingt es durchaus glaubhaft, wenn Müntzer in einer polemischen Schrift nachgesagt wird, er habe diesen Tuchknappen auf der Kanzel „approbiert" und vorgeschlagen, „die Leyen mussen vnser Prelaten vnd Pfarrer werden".[23] Wie in Braunschweig, so fand Müntzer auch in Zwickau erste Ansätze einer Laienreformation bereits vor, nur konnte er sie hier nach der Lektüre der Mystiker besser erfassen und im antiklerikal-reformatorischen Kampf nutzbar machen. So gesehen wird der Einfluß, der von Storch ausging, nicht allzu groß gewesen sein, auf keinen Fall wird er eine Wende im Denken Müntzers herbeigeführt haben. Müntzer hat sich lediglich in seinem Kampf gegen den Klerus bestätigt gefühlt, als er auf Storch und seine Anhänger stieß; geändert hat sich für ihn aber nichts. Als die Front sich erweiterte und er erkannte, daß die Reformation nicht nur vom altgläubigen Klerus, sondern auch vom Humanismus Egrans behindert wurde, konnte ihm Nikolaus Storch wieder als Beispiel dienen: Der einfache, ungebildete Laie tritt als Gegenspieler des humanistischen Gelehrten auf. Die Auslegung der Heiligen Schrift wird dem Geist anvertraut, der sich von Gott unmittelbar belehren läßt, und nicht philologischer Vernunft.

In den Augen der Öffentlichkeit vertrat Müntzer weiterhin die Position der Wittenberger Reformation. Das wird vor allem an der Unterstützung sichtbar, die der Rat ihm zuteil werden ließ. Unmißverständlich deutlich hatte sich der Bürgermeister Erasmus Stuler auf seine Seite gestellt.[24] Es ist also ganz und gar falsch zu behaupten, die Bürgerschaft Zwickaus habe sich nach der Rückkehr Egrans in zwei Lager geteilt: das Lager der Wittenberger Ratsreformation um Egranus und das Lager der Volksreformation um Müntzer. Davon kann überhaupt keine Rede sein. Zweifellos war dem Rat das polemische und stürmische Vorantreiben der Reformation politisch nicht willkommen, aber er hegte doch keinen Zweifel an der reformatorischen Loyalität Müntzers, wie umgekehrt keinerlei Anstalten getroffen wurden, Egran noch länger in der Stadt zu halten. Zu denken gibt allerdings, daß im Februar 1521 Verhandlungen mit dem Schneeberger Nikolaus Hausmann aufgenommen wurden, um ihn als lutherischen Prediger in die Stadt zu holen –

Bestrebungen, die wohl auf den Stadtvogt und späteren Bürgermeister Hermann Mühlpfort zurückgehen.[25]

Solange Müntzer gegen die altgläubig-humanistische Front ankämpfen mußte, wird es ihm nicht schwergefallen sein, die Bürger von dem reformatorischen Charakter einer spiritualistischen Förmmigkeit zu überzeugen, wie Storch sie pflegte. Dem Vertrauen auf das Gnadenwirken Gottes entsprach die völlige Hingabe an das Wirken des göttlichen Geistes im Menschen. Die geistliche Autorität war in ihrer Unmittelbarkeit wiederhergestellt. Streng theologisch betrachtet deutet sich allerdings in Zwickau, auch im erwähnten Brief Müntzers an Luther, bereits eine Abkehr von Wittenberg an; im Grunde wird hier sichtbar, daß Müntzer theologisch eigentlich nie auf dem Boden der lutherischen Rechtfertigungslehre gestanden hatte. Der Dualismus von Buchstabe und Geist, der dem Offenbarungsspiritualismus Müntzers und Storchs zugrunde liegt, mußte über kurz oder lang mit der lutherischen Auffassung von der göttlichen Offenbarung durch den Buchstaben der Schrift in Konflikt geraten. Kirchenpolitisch wirkte Müntzer für die Wittenberger Reformation in Zwickau, theologisch gehörte er diesem Lager jedoch nie wirklich an. Die Wurzeln seines Denkens, das wird sich bald zeigen, lagen woanders.

Der Wechsel Müntzers an die Katharinenkirche hatte es mit sich gebracht, daß er stärker als vorher mit den Nöten und Sorgen der ärmeren Einwohner konfrontiert wurde. Es wäre aber abwegig zu behaupten, seine Predigt habe die Bevölkerung Zwickaus polarisiert, eine Kirche der Reichen gegen eine Kirche der Armen aufgebracht. Gerade die Unterstützung, die Müntzer im Rat fand, und sein Umgang mit wohlhabenden Bürgern widerlegen diese Behauptung. Andererseits ist es keine Frage, daß der Prediger Töne anschlug, die ärmere Kreise aufhorchen ließen, und daß sein ungestümer Antiklerikalismus, der sich mit einem eigentümlichen Antiintellektualismus verband, Unruhe in der Stadt erzeugte. Der Rat mußte befürchten, Wortführer niederer Schichten könnten diese Situation nutzen, um den latenten Konflikt zwischen Obrigkeit und „gemeinem Mann“ zum Ausbruch zu bringen. Deshalb ermahnte der Rat die streitbaren Prediger, „Irer Irrunge vnd gebrechen gütlich zuuertragen, do mit ergernus vnd vffrur zuuorkommen.“[26] Doch als der Streit sich weiterhin zuspitzte, wurde Müntzer am 16. April 1521 entlassen. Man trennte sich nicht von der lutherischen Reformation, sondern nur von ihrem radikalen Verfechter; und die Turbulenz, die während der Zuspitzung des Streits und der Entlassung entstand, gab den Befürchtungen des Rates recht. Es war zu einem bewaffneten Aufstand einer Reihe von Bürgern, vornehmlich Tuchmachern, gekommen, die mit der Entfernung ihres Predigers aus dem Amt nicht einverstanden waren. In einem Brief an Luther wies Müntzer später den Vorwurf weit von sich, diesen Aufstand angezettelt zu haben; zumal er zur Zeit des Aufruhrs im Bade gewesen sei.[27] Müntzer wird sich nicht falsch erinnert haben. Es handelte sich hier tatsächlich um einen spontanen Akt bürgerlicher Solidarität mit einem beliebten Prädikanten – ähnliches war im Zuge der Reformation an mancherlei Orten geschehen. In Zwickau hat die politische und soziale Situation der Bürger bei der Durchsetzung der Reformation sicherlich eine Rolle gespielt. Das Wirken Müntzers in dieser Stadt verlief aber zunächst mehr in den Bahnen des theologisch-reformatorischen Streits: erst die Ereignisse um die Entlassung Müntzers gaben zu erkennen, daß der Kampf um die Reformation in der Lage war, sich schnell zu einem sozialen Aufruhr, einem Aufstand des „gemeinen Mannes" auszuweiten. In Zwickau wurde dieser Aufstand, nachdem Müntzer aus der Stadt geflohen war, im Keim erstickt. Die Anhänger Storchs gaben jedoch keine Ruhe, sie prägten erst jetzt die besonderen Merkmale eines antiautoritären Konventikels aus und tauchten ein Jahr später als „Zwickauer Propheten" sogar in Wittenberg auf, wo es ihnen vorübergehend gelang, Philipp Melanchthon zu verunsichern und die von Karlstadt ausgelösten Unruhen während Luthers Wartburg-Aufenthalt zu verstärken. In der späteren Polemik verschmolz die *Secta Storchitarum,* zumal Müntzer die Verbindung nicht abbrach, bald mit seiner Anhängerschaft allgemein. Sein gesamtes Wirken in Zwickau wurde häretisiert, in Wirklichkeit aber hatte diese Stadt seiner frühreformatorischen Agitation nur theologische Tiefe und soziale Weite verliehen.

VI.

Das eigene Manifest

Joachim Zimmermann hat die Flucht Müntzers aus Zwickau so kommentiert: „Am selben Tage, dem 16. April 1521, vormittags 10 Uhr, fuhr Luther, gewarnt vor dem Feuertode des Huß, ehrfurchtsvoll begrüßt von einer tausendköpfigen Menge, in Worms ein, um vor Kaiser und Ständen um ‚seiner Seelen Seligkeit willen' für seinen Glauben zu stehen."[1] Der Wittenberger Reformator war ein Held, sollte das heißen, der Zwickauer Prediger ein Feigling.

Die Gründe für den plötzlichen Aufbruch Müntzers sind unbekannt. Vielleicht hat er befürchtet, umgehend arretiert zu werden, obwohl er selbst am Aufruhr nicht beteiligt war; vielleicht wollte er sich auch aus diesen Turbulenzen heraushalten, um seine reformatorische Sendung nicht zu gefährden. Er nahm sich vor, „für die Wahrheit in der Welt" zu kämpfen, so hatte er die letzte Auszahlung seines Gehalts quittiert;[2] niemand sollte sich dieser Sendung in den Weg stellen. Feigheit werfen ihm nur diejenigen vor, die sein Wirken allgemein mißbilligen; hätte dieser Vorwurf aber nicht auch Luther treffen müssen, als er im Oktober 1518 heimlich Augsburg verließ, weil zu befürchten stand, daß der päpstliche Legat ihn nach dem Verhör festsetzen lassen könnte? Auch Luther wollte damals das sich entwickelnde Werk der Reformation nicht aufs Spiel setzen. Was dem einen recht ist, muß dem anderen billig sein.

So verheißungsvoll Müntzer in Zwickau begonnen hatte, der Reformation einen Weg zu bahnen, so plötzlich war sein Wirken auch wieder beendet. Das wird ihn schmerzlich berührt haben, gebrochen hat es ihn nicht. Im Gegenteil: Verfolgung und Todesgefahr stürzten ihn nicht in Selbstzweifel, sondern bestätigten den göttlichen Ursprung seiner reformatorischen Sendung. „Wisse, wisse, liebster Bruder, daß ich nichts anderes wünsche als meine Verfolgung, solange bis alle daraus den Nutzen ziehen, durch mich bekehrt zu werden".[3] So schrieb er einige Monate später an Nikolaus Hausmann, der inzwischen nach Zwickau berufen worden war, um die Reformation in gemäßigtere Bahnen zu lenken. Zweierlei ist an diesem Brief bemerkenswert: einmal der Hinweis auf das „Mysterium des Kreuzes", das Müntzer predigte – die Notwendigkeit des Leidens im Geiste mystischer Frömmigkeit als *imi-*

tatio Christi; und zum anderen die Deutung seiner Erfahrungen vor dem Horizont apokalyptischer Veränderungen: „Jetzt ist die Zeit des Antichrists" – d.h. sobald die Predigt von dem Reich Gottes ertönt, wird der Widersacher auf den Plan treten und „über die ganze Erde herrschen".[4] Verfolgung und Trübsal müssen sein, sie verleihen der Verkündigung Glaubwürdigkeit. Die ‚Wehen der Endzeit' haben begonnen. In der Diagnose der Zeit unterschied Müntzer sich kaum von Luther, wohl aber in den Konsequenzen, die er daraus zog: nicht ausharren und abwarten, sondern rüsten und kämpfen – in der Ambivalenz von Wort und Tat.[5]

So entschloß Müntzer sich, nach Böhmen aufzubrechen, jenem Land, das vor einem Jahrhundert von Rom abgefallen war. Luther hatte das Ketzerurteil gegen Johannes Hus auf der Leipziger Disputation kritisiert, Müntzer hatte seither die Akten des Konstanzer Konzils gelesen, um sich eine genaue Vorstellung von der Schmach zu machen, die der Christenheit zugefügt worden war. Außerdem war schon in Jüterbog zu hören, daß die Böhmen bessere Christen seien als die Altgläubigen in der Stadt. Vor diesem Hintergrund wird verständlich, wie hoch die Erwartungen waren, die er in die Nachbarn setzte. Von diesem Land, sagte er ein wenig später, „wirt dye newe apostolische kirche angehen, darnach uberall."[6]

Ihm wird freilich nicht verborgen geblieben sein, daß in Böhmen längst eine restaurative Entwicklung eingesetzt hatte und die verschiedenen hussitischen Bewegungen untereinander in Streit lagen. Die Utraquisten hatten sich wieder Rom genähert. Sie wollten zwar an der Austeilung des Abendmahls unter beiderlei Gestalt, Brot und Wein, festhalten und den Primas des Landes selber wählen, ansonsten aber in den Schoß der alten Kirche zurückkehren. Doch nicht alle waren damit einverstanden; die sogenannten Neoutraquisten legten Protest ein; sie suchten nach einem Weg, ihre reformerische Identität wiederzubeleben, und öffneten sich gelegentlich dem neuen Geist, der von Deutschland herüberwehte. Bald zerfiel diese neoutraquistische oppositionelle Bewegung in einen radikalen und einen gemäßigten Flügel. Auch die militanten Taboriten und die friedfertigen Böhmischen Brüder waren in Richtungskämpfe verwickelt, konnten sich aber als romfreie Gemeinschaften behaupten. „Im Mittelpunkt der Kämpfe, die diese Strömungen mit dem offiziellen Utraquismus führten", schrieb Václav Husa, „standen alte brennende Fragen, die in Böhmen schon seit den Tagen des Hussitentums Gegenstand einer leidenschaftlichen Diskussion waren; es waren insbesondere die Lehre von den Sakramenten, die Frage der Gegenwart Christi im Allerheiligsten, ferner das Zeremoniell des Gottesdienstes, die Prozessionen, der Heiligenkult, der Glaube ans Fegefeuer, das Einheben von Gebühren für religiöse Handlungen, die apostolische Hierarchie der Geistlichkeit, die Laisierung des Gottesdienstes, der Gebrauch der tschechischen Sprache beim Gottesdienst u. a."[7] Überlagert wurden die religiösen Wirren von politischen und sozialen Spannungen. Der Adel begehrte gegen den König auf, der „gemeine Mann" war mit dem Patriziat in den Städten in Konflikt geraten; die Städte selber kämpften um einen Zuwachs an politischer Selbständigkeit. Je nach Interessenlage setzten die einen auf eine konservative, die andern auf eine progressive Religiosität. Im Windschatten politischer Auseinandersetzungen konnte religiöser Pluralismus gedeihen. Müntzer wird gewußt haben, daß es in Böhmen allenthalben gärte und Sympathisanten mit der Wittenberger Reformation ihre Köpfe zu recken begannen. Vielleicht ging er davon aus, in diesem Land allgemeiner Unruhe leicht neue Anknüpfungspunkte für eine Arbeit zu finden, die er in Deutschland vorerst abbrechen mußte.

Er zog über den Kamm des Erzgebirges nach Saaz und hielt sich in dieser Stadt, die in regem Handelsaustausch mit Zwickau stand, eine Weile auf. Vermutlich wurde er von dem Lehrer Mikulauvz Cernobyl, einem möglichen Bekannten aus Wittenberger Studientagen, betreut und in die tschechischen Verhältnisse eingeführt.[8] Daß Müntzer mit waldensischen und taboritischen Ketzerbewegungen, die in dieser Gegend noch ihr Wesen trieben, in Berührung kam, ist möglich, jedoch nicht erwiesen. Wahrscheinlich ist, daß er viel Interessantes über Prag gehört hatte und Pläne schmiedete, die berühmte Stadt des Johannes Hus zu besuchen. Einige meinen, er sei bald nach Prag weitergereist, habe sich dort aber nur kurz aufgehalten, um nach seiner Rückkehr in die Heimat wegen einer besonderen Mission nochmals dorthin aufzubrechen.[9] Doch gibt es für diese Vermutung kaum einen Anhaltspunkt. Müntzer wird von Saaz zurückgekehrt sein und sich entweder in der Umgebung von Elsterberg oder Naumburg – hierüber herrscht noch keine Klarheit – für eine große Reise nach Prag gerüstet haben. Er drängte Markus Stübner, einen späteren „Zwickauer Propheten", zur Eile, „damit der Satan unsere Reise nicht verhindert".[10] Vielleicht befürchtete Müntzer Nachstellungen, schließlich brach er mit seinem Begleiter in der zweiten Junihälfte 1521 auf.

In Prag zogen sie unter feierlichem Geleit ein. Das erinnert an den glanzvollen Empfang, der Luther in Leipzig und Worms bereitet wurde, es entsprach aber auch der Sitte jener Zeit, renommierte Prediger und Gelehrte erwartungsvoll und festlich einzuholen. Schon von unterwegs hatte Müntzer Disputationsthesen in die Stadt vorausgeschickt, um ein Streitgespräch mit den Magistern der Universität anzukündigen.

Das waren nicht seine eigenen Thesen, wie seit einiger Zeit feststeht,[11] sondern Thesen, die Philipp Melanchthon anläßlich seiner Promotion zum *Baccalaureus biblicus* 1519 in Wittenberg verteidigt hatte. Wie Müntzer in den Besitz dieser Thesen gekommen war, ist unbekannt; möglicherweise hatte er der Disputation einst beigewohnt und sich die Thesen notiert; er kann sie auch später abgeschrieben haben. Wichtiger ist aber folgendes: Die Rückseite dieser Thesenreihe versah er mit der Notiz: „Emulus Martini apud dominum distat duo miliaria a Praga".[12] Damit wollte er nicht einen „Nebenbuhler" Martin Luthers „beim Herrn" ankündigen, wie gelegentlich geschrieben wurde, sondern sich als *Schüler* des Wittenberger Reformators in Prag einführen. Müntzer hielt mit seiner Meinung nicht hinter dem Berg, er ergriff sofort Partei für die erneuernden Bestrebungen in der Stadt.

Man weiß nicht, ob es wirklich zu einer Disputation in Prag gekommen ist. Die Quellen schweigen darüber. Man weiß nur, daß Müntzer im Universitätskolleg Unterkunft fand; wer ihn dort aushielt, ist ebenfalls unbekannt; es könnten hochgestellte Bürger der Stadt gewesen sein oder der Rat selbst. Berichtet wird in einer Chronik von den ersten Predigten des Zugereisten in der Corpus-Christi-Kapelle und in der Bethle-

Abb. 10. Stadtansicht von Prag. Holzschnitt aus der „Weltchronik" Hartmann Schedels, 1

hemskapelle, in der einst Johannes Hus auf der Kanzel gestanden hatte. Gepredigt hat Müntzer auch in der Teyn-Kirche.[13] Das war die tonangebende Kirche des Prager Utraquismus, an der allerdings auch ein junger Prädikant wirkte, der mit ikonoklastischen Aktionen von sich Reden machte und Wittenberger Ideen unters Volk brachte.[14] Zwei Wochen nach den ersten Auftritten Müntzers kam es an dem Gedenktag für den Märtyrer Hus zu einer öffentlichen Demonstration und zu einem Klostersturm, der die Bürger erregte. Ob das bereits die erste Frucht Müntzerscher Predigt war, muß bezweifelt werden. Solche massiven Aktionen gegen den Ordensklerus hatten meistens eine längere Vorgeschichte. Neben dem ungestümen Prädikanten an der Teyn-Kirche in der Altstadt gab es auch andere Prediger, die vor radikalen Äußerungen nicht zurückschreckten und die Bürger gegen die Geistlichkeit aufbrachten. Václav Husa berichtet von einem Pelzmacher aus der Saazer Gegend, der seit 1519 „in den Prager Armenvierteln in Ziegeleien, auf Halden, zwischen Zäunen und an den Ufern der Moldau predigte."[15] Müntzer könnte ihn kennengelernt haben, zumal auch einflußreiche Bürger, in deren Häusern Müntzer wohl verkehrte, gelegentlich einen

Narren an diesem volkstümlichen Wanderprediger gefressen hatten. Die Atmosphäre war antiklerikal aufgeladen und gereizt. Offener Streit war ausgebrochen, Schmähbriefe und -lieder machten die Runde, möglicherweise war es auch zu Tätlichkeiten unter den Streitenden gekommen, auf jeden Fall war die Reformation Tagesgespräch in den Gast- und Wirtshäusern der Stadt geworden.[16] Für die Absichten Müntzers war das ein günstiges Klima, wie es ihm von Jüterbog und Zwickau bereits vertraut war. Er konnte sich in die Reihe der Neuerer gleich einfügen. Lange hat er jedoch nicht öffentlich wirken können; vielmehr schritt man schon im Oktober gegen ihn ein. Er mußte das *Collegium Carolinum* verlassen und fand Unterschlupf, wie Husa vermutet, im Hause des angesehenen Rechtsgelehrten und Stadtschreibers Burian Sobek von Kornice, der einst in Wittenberg studiert hatte und aus seiner Sympathie für die Reformation keinen Hehl machte. Die näheren Umstände, die zu dieser veränderten Lage führten, sind nicht mehr aufzuklären. Offensichtlich hatte sich die Geistlichkeit gegen die Neuerer zur Wehr gesetzt; von Stübner wird berichtet, er sei nach einer Predigt sogar mit Steinen beworfen worden.[17] Vielleicht fürchtete der Rat weitere Tumulte unter den Bürgern und sah sich gezwungen, vorbeugende Maßnahmen zu ergreifen, die auch den Gast aus Deutschland trafen. Der Zugang zu den Kanzeln der Stadt wurde ihm verwehrt.

In dieser Situation schwindender Wirkungsmöglichkeiten verfiel Müntzer nicht in Resignation. Er sammelte sich vielmehr, ordnete seine Gedanken und brachte sie erstmals zu Papier. So entstand im November 1521 das *Prager Manifest.*

Es ist in vier Fassungen überliefert: einer kurzen und einer längeren deutschen, einer lateinischen und einer unvollständigen tschechischen Handschrift. Gewöhnlich wurde in der kurzen deutschen Fassung, auf den 1. November datiert, die ursprüngliche Gestalt gesehen: Sie enthält den Kern der Gedanken, die Müntzer damals bewegten; alles kreist um die unmittelbare Offenbarung des göttlichen Geistes im Menschen, es fehlen apokalyptische Bilder, die Polemik gegen die Geistlichkeit hält sich in Grenzen, die konkrete Situation wird kaum angesprochen. Die längere deutsche Fassung, am 25. November gefertigt, wurde als Erweiterung der kurzen interpretiert: Die Bemerkungen über die Geistlichen ufern in eine rabiate Beschimpfung des Klerus aus, in den Vordergrund tritt eine unverhohlene Sympathie für das arme Volk, und den Rahmen bildet der apokalyptische Zeithorizont. In der tschechischen Fassung wurde eine Übersetzung, wiewohl unvollständig, der längeren deutschen erkannt. Die lateinische Fassung schließlich stellte sich als eine Bearbeitung der längeren deutschen dar: sie ist jedoch moderater im Ton, die polemischen Ausfälle gegen die Geistlichen fehlen, sie wendet sich an die Gebildeten und mündet in die dringende Bitte um eine Kanzel in der Stadt ein.[18]

Anders wird die Textgeschichte von Friedrich de Boor beurteilt. Er nimmt an, daß die lateinische Fassung die ursprüngliche gewesen sei, noch undatiert, und die beiden deutschen jeweils nicht voneinander abhängige, sondern selbständige, an bestimmte Bevölkerungskreise gerichtete Bearbeitungen bzw. eigenständige Erörterungen dessen darstellen, was Müntzer damals zu sagen hatte. Er hat sich bemüht, für sein reformatorisches Anliegen jeweils den Ton zu treffen, der unter den Gebildeten oder im Volk verstanden wurde. Das letzte Wort in dieser Sache ist noch nicht gesprochen. Zu beherzigen ist aber die Forderung, „nicht mehr jeweils nach Belieben passende Stellen aus verschiedenen Fassungen zusammenzufügen, sondern stets sorgfältig die Unterschiede zwischen den einzelnen Fassungen zu beachten."[19] Sicherlich wird sich eine genaue inhaltliche Analyse des Manifests von diesen Forderungen leiten lassen müssen, in einer allgemeinen biographischen Darstellung reicht es aus, auf das Problem der Textgeschichte hinzuweisen. Danach kann eigentlich dazu übergegangen werden, aus den unterschiedlichen Fassungen einen Grundbestand an Gedanken zusammenzutragen, die Müntzer damals entwickelt und öffentlich geäußert hat. Welche Gedanken im Zentrum seines Denkens stehen und welche mehr am Rande oder wie verschiedene Gedankenkomplexe – mystische Frömmigkeit, apokalyptisches Zeitbewußtsein, soziale Erfahrung – zueinander ins Verhältnis zu setzen sind: solche Fragen lassen sich mit letzter Genauigkeit allerdings nur nach einer intensiven textgeschichtlichen Untersuchung beantworten. Die einzelnen Fassungen des Manifests sind auf großformatigem Papier geschrieben; Müntzer wollte sie wohl öffentlich anschlagen (deshalb auch gelegentlich *Prager Anschlag* genannt) und allen zur Kenntnis bringen, was mit der Unterdrückung der Reformation eigentlich auf dem Spiel stand. *Der Bemen sache betreffende protestation*, ist die längere deutsche Fassung überschrieben. „Protestation" war eine feierliche, vor aller Welt geführte Klage über den verkommenen Zustand der Christenheit.

Müntzer klagt die Geistlichen an, denn sie tragen Schuld an dem Irrweg, den die Kirche bald nach dem Tod der Apostelschüler eingeschlagen hat; und er weist auf den Weg, der wieder aus diesem Elend führt. Er spricht mit letzter, in der Offenbarung Gottes gegründeter Autorität und mit endzeitlich drängendem Ernst. Anklage und Belehrung, Bekenntnis und Proklamation, Rechenschaft, Urteil und Verheißung: das nannte die Nachwelt, nicht Müntzer selbst, ein *Manifest*.

Müntzer bekennt, daß er sich mit besonderem Fleiß von Jugend auf um den Glauben bemüht habe, genauer darum, „wie der heilge, unuberwintliche christenglaube gegrundet weher."[20] Eine Erneuerung der Christenheit, so meint er, könne nur aus dem Grund und Ursprung des Glaubens erwachsen, doch davon habe ihm bisher noch kein „pechgesalbeter pfaffe" und „geystscheynender münnich" gesprochen. Die Geistlichen hätten versagt und niemanden auf rechte Weise zur „ubungk des glaubens" angeleitet.[21]

Auch in Prag hat sich bestätigt, was er schon vorher erfahren hatte: das Hindernis für die Erneuerung der Christenheit ist der gottlose Klerus. Ihm sagt er den Kampf an, ja, um die Gottlosen aufzuspüren und zu zerstören, sei er überhaupt nach Böhmen gekommen.[22] Und als er einem offenen, unerbittlichen Konflikt mit der Geistlichkeit in Prag zutrieb, mit der altgläubigen genauso wie mit der utraquistischen, sah er sich genötigt, seine reformatorischen Aktivitäten im antiklerikalen Auseinandersetzungsstil zu rechtfertigen: „Wer ist doch unter allen menschen, der do mochte sagen, daß diß dye rechten diener Gots weren, zcu bezceugen das gotliche worth? und das sie seyn dye unerschrockenen prediger gotlicher gnaden, indem das sie vom hunrotussen babst gesmirt sein mit dem oel des sunders (...), welchs fleust vom heupt wann auf die fusse zcu einer vorsmeyssunge oder vorgifft der

Von der München vrsprung.

Abb. 11. „Von der Mönchen ursprung". Anonymes Flugblatt, 1523

gantzen christlichen kyrchen. Das ist ßo vihl gesaget: vom teuffel ist yhr anfangk, welcher yn yren hertzen grund unde bodem vorterbet hat, wie geschrieben steht am funften psalm, dan sie seyn eytel ane besytzer den heiligen geist. Dorumbme syn sie geweihet von der weiher dem teuffel yhrem rechten vater, der mit yhn nicht horen will das rechte lebendige gotsworth".[23] An den Pfaffen bleibt kein gutes Haar. Sie sind „gantz hoch vordampte bosewichte", „beltzebuppisschen knechte", eine „plage des armen volks"; sie sind „dye herren, die nor fressen unde sauffen unde pastalen, suchen tag unde nacht, trachten, wie sye sich erneren unde vihel lehen krigen".[24] Er schimpft über die „wuchersuchtigen, unde zcinßaufrichtisse pfaffen", die Hurenhengste und Labscheißer genauso wie über „unser nerrisschen, hodenseckysschen doctores", die „strohernen doctorculorum". Alle sind sie des „teuffels pfaffen";[25] alle sind sie verdammt.

Die Kritik am Klerus ist nicht ein Zugeständnis an den landläufigen Antiklerikalismus der frühen Reformationszeit, vielmehr kommt darin der Wille zum Ausdruck, das theologische Denken an aktuellen Problemen zu orientieren, wie sie durch den Zustand der Christenheit aufgeworfen wurden. So gesehen war die Kritik am Klerus mehr als eine vordergründige Polemik, die Müntzer mit dem *Prager Manifest* verfolgte. Sie war das Milieu, in dem er zu seiner reformatorischen Grunderkenntnis fand, und der Stoff, aus dem eine neue Theologie entstand.

Was Müntzer im einzelnen auch am Klerus auszusetzen hatte, im Grunde waren es der Mangel an geistlicher Erfahrung, die Weigerung, die Rede Gottes im „Abgrund der Seele" zu vernehmen, der Anspruch auf geistliche Autorität, ohne selber im Besitz des göttlichen Geistes zu sein. Nicht die „Pfaffen unde affen" sind die wahre Kirche, sondern die „auserweleten freunde Gots", die erfahren haben, „wye freuntlich Got ach so hertzlich gerne mit allen seynen auserwelten redet".[26] Die wahre Rede von Gott entspringt allein aus der Gewißheit der Gotteskindschaft, daraus nämlich, daß der Heilige Geist „gnuncksam gczeutnusz gybt unserm geysth" (Röm. 8,9).[27] Wer diese Rede vernimmt, ist ein Auserwählter, wer sie nicht vernimmt, ein Verdammter.

Die „newe apostolische kirche", verheißt Müntzer den Böhmen, hebt mit den Auserwählten an,[28] die verdammten Pfaffen haben hier nichts mehr zu melden: „Wan wer den geyst Christi nyt in ym sporeth, ja der yn nit gwyszlich haet, der ist nit eyn glidt Christi, er ist des teufels".[29] Auf diese Weise erhielt die reformatorisch-antiklerikale Losung vom „Priestertum aller Gläubigen" eine pneumatologische Begründung, wie sie bei Luther, der diese Losung mit großem Erfolg unters Volk gebracht hatte, noch nicht zu finden war. Das war Müntzers eigene Leistung. Die Konzentration auf das Wirken des göttlichen Geistes bedeutet – im Gegensatz zum Angriff auf den Priester als der Personifikation aller Mißstände – eine Konzentration auf das Wirken des heiligen Geistes im Menschen, d.h. auf den Aufbau einer geistgewirkten Existenz.

Je deutlicher es wurde, welche verhängnisvolle Rolle der Klerus eigentlich spielte, desto intensiver mußte Müntzer seine theologische Kraft darauf verwenden, den Laien als Träger des Heils in dieser Welt zu empfehlen. So ging es Müntzer im Grunde nicht um eine neue Lehre vom Heiligen Geist oder von der Offenbarung Gottes, sondern um das Wirken des göttlichen Geistes im Menschen. Dem Prototyp des alten Menschen, dem verdammten Kleriker, stellte er den Prototyp des neuen Menschen gegenüber, den auserwählten Laien. Um Typ und Gegentyp kreisten seine Gedanken.

Über den Prozeß, in dem eine geistgewirkte Existenz entsteht, wird im *Prager Manifest* nur andeutungsweise und verschlüsselt gesprochen: Der Mensch muß sich von dem „geist der frocht Gots" in Anfechtung und Leid führen lassen, mit dem leidenden Christus gleichförmig werden, er muß „leherwerden", seine eigenen Kräfte, auf die er sich sonst verließ, müssen ihm „entsincken". Erst wenn der Mensch diesen leidvollen Prozeß durchgestanden hat, ist er in der Lage, das Zeugnis des Heiligen Geistes in seinem Herzen wahrzunehmen, zu hören, wie Christus ihm das Evangelium selber vorpredigt oder wie Gott ihn lehrt.[30] Und erst wenn er dieses innere Wort vernimmt, erschließt sich ihm auch der Sinn der Heiligen Schrift, anders bleibt sie ihm verschlossen: „Ich becrefftige unde schwere bey dem lebendigen Goth: wer do nicht horeth auß dem munde Gots das rechte lebendige worth Gots, was bibel und Babe, ist nicht anders denn ein todt ding." Am Ende steht ein Mensch da, der von Gottes Geist und Wort ganz und gar durchdrungen ist: „durch hertz, hyen (Hirn), haut, haer, gebein, marck, safft, macht, krafft".[31] Das ist der verwandelte, neue Mensch.

Von der Notwendigkeit des Leidens hatte Müntzer schon in Zwikkau gesprochen, besonders auch in den *Propositionen* Egrans; in Prag wird der Hinweis auf das Leiden nun mit dem Wirken des göttlichen Geistes verbunden, sozusagen in den pneumatologischen Zusammenhang überführt; gleichzeitig wird angedeutet, daß die altgläubige Lehre von den „guten wercken" und den „kostparlichenn tugenden" einen Versuch darstellt, sich dem Leiden zu entziehen.[32] Mit dieser kurz umrissenen Vorstellung von der „ubungk des glaubens" hat Müntzer auf seine Weise das Gegenstück zur Lehre von der Werkgerechtigkeit geschaffen. Sich einzig und allein auf das göttliche Werk zu verlassen, hieß, sich der altgläubigen Werkgerechtigkeit zu widersetzen; dieses Werk durchzustehen und als Verwandelter daraus hervorzugehen, bedeutete für Müntzer zugleich, wie er sich später ausdrückte, der „evangelischen prediger lere in ein besser weßen“ zu führen.[33]

Müntzer wollte die Laien von der Bevormundung durch den Klerus befreien, der sowohl Gott als auch dem Volk das Maul gestopft hatte. Diese Absicht faßt die Unterschrift des *Manifests* noch einmal zusammen: „Thomas Muntzer wil keynen stümmen, sunder eynen redenden Got anbethen.“[34] Auf die Lebendigkeit der Gotteserfahrung kommt es Müntzer an; von der die Geistlichen keine Ahnung hätten, die sich nicht nur selber dagegen sperrten, sondern auch dem Volk den Weg dorthin verstellten. Die Autorität, die sie für sich in Anspruch nehmen, ist unbegründet, das Schriftwort, das sie im Munde führen, ist tot, sie haben das Volk verführt. Geistliche Autorität hat allein derjenige, dem sich „dye lebendige rede Gots“ offenbart, „do der vater den szon anspricht im hertzen des menschen.“[35]

Sind die Fronten zwischen dem Klerus und dem Volk so scharf gezogen, muß sich die Aufforderung an die Auserwählten, sich von den Verdammten zu trennen, fast von alleine verstehen. Müntzer unterstreicht die Dringlichkeit dieser Aufforderung am Ende des *Manifests*, indem er den Pragern sagt, daß die Zeit des Weltgerichts nun angebrochen sei, „in welcher Got will absundern den weussen von unkrauth, in dem das man wie im hellen mittag magk greiffen, wer dye kirche alßo lange vorfuret habe.“ Hier verfällt Müntzer in einen Ton aufrüttelnder, mitreißender Predigt: „O ho, wie reiff seynt die faulen opffel! O ho, wie morbe synt dye außerwelten worden! Dye zceyt der ernde ist do!“[36] Und er nutzt dieses biblisch-apokalyptische Bild, um auch noch seine eigene Anwesenheit in der Stadt zu erklären: „Drumb hat mich Goth selbern gemit in seyn ernde. Ich habe meyne sichel scharff gemacht, denn meine gedancken seyn hefftig uff dye warheyt unde meine lippen, haut, händt, haer, seele, leip, leben vormalediegen dye ungleuben.“[37] Die apokalyptische Deutung seiner Zeit unterstreicht den Ernst der Lage, sie ist aber nicht der Grundgedanke des *Manifests.*

Noch herrscht der Antichrist in dieser Welt, bald wird das „reich dysser welt“ aber den Auserwählten übergeben werden – „in secula seculorum“, wie Müntzer den Böhmen verheißt.[38] Doch nicht nur im Hinblick auf die Apokalyptik sprengt sein Denken den kirchlichen Raum, schon sein rabiater Antiklerikalismus zeigt, daß es nicht allein religiös-kirchliche, sondern auch soziale und politische Mißstände zu beseitigen gilt, denn der Klerus übte sowohl in der Kirche als auch in der Welt Macht aus. Er verstellte dem „armen Volk“ den Weg zu Gott, legte ihm aber auch schwere soziale Lasten auf. „Aber am volk zcweiffel ich nicht“, das war zunächst geistlich gemeint: „wie dorstig bistu nach dem wort Gots!“[39] Doch in der spannungsvollen antiklerikalen

Situation konnte dieser Satz auch einen sozialen Sinn entfalten: Der Klerus hatte ausgedient, dem Volk wurde der Rücken gestärkt.

Grundlegende Ansätze, die sich in Braunschweig, Jüterbog und Zwickau bereits angedeutet hatten, wurden von Müntzer weiter ausgebildet: ein vehementer Antiklerikalismus, Züge mystischer Geist- und Leidensfrömmigkeit, apokalyptisches Zeitverständnis. Was zunächst noch unverbunden nebeneinander stand, wird jetzt, deutlicher erkennbar, zu einem recht geschlossenen theologischen Gedankengang verknüpft. Das Denken hatte die Erfahrung eingeholt. Müntzer hat erkannt, daß Gedanken aus der Tradition mystischer Frömmigkeit auf einmal wieder einen Sinn erhielten und sich vorzüglich eigneten, den gegen den Klerus aufgebrachten Laien mit reformatorischer Autorität auszustatten. Der antiklerikale Kampf hatte eine tiefe theologische Rechtfertigung erhalten.

Mit diesem *Manifest* wollte Müntzer sich wieder Gehör verschaffen. Offensichtlich war er inzwischen aber so sehr in Bedrängnis geraten, vielleicht stand er in den letzten Tagen sogar unter Hausarrest,[40] daß er keine Gelegenheit mehr fand, sein *Manifest* an die Kirchentüren zu schlagen; die tschechische Übersetzung, von der am ehesten ein Echo im Volk zu erwarten gewesen wäre, war noch nicht einmal fertig geworden. Müntzer war in Prag angetreten, um „dye lutbaren unde bewegliche trummeten (zu) erfullen mit dem newen lobegesange des heiligen geystes."[41] Lange durfte er seine Posaune dort aber nicht blasen. Ende November mußte er die Stadt an der Moldau verlassen, unter welchen Umständen genau, darüber schweigen die Quellen. Im Reisegepäck führte er das *Manifest* mit sich: ein Dokument, das sein späteres Denken in einer erstaunlichen Klarheit und Dichte vorwegnahm, ein Unterpfand unerschütterlicher Zuversicht.

VII.

„Im Elend meines Vertreibens"

Während Thomas Müntzer sich in Prag aufhielt, rissen seine Verbindungen nach Deutschland nicht ab. Zwei Briefe bezeugen das. Ein Zwickauer Bürger schrieb ihm von Gerüchten, die in der Stadt umliefen: Man munkele, der ehemalige Prediger sei vergiftet worden und läge krank darnieder; auch sei zu hören, „ir seyt todt und andres vil."[1] Müntzer muß tatsächlich Gründe gehabt haben, als er sich nach der Flucht aus Zwickau an Leib und Leben bedroht fühlte und seinen Reisegefährten zu eiligem Aufbruch nach Böhmen drängte.[2] Einen anderen Brief schrieb ihm der Fernhändler Hans Pelt, der sich zu dieser Zeit in Halberstadt aufhielt. Er war offensichtlich beauftragt worden, den Freund zu bitten, die verschleppte Braunschweiger Pfründenangelegenheit zu regeln, und erkundigte sich, „wes Christus dorch syn wort in den Beemen warke", die wohl bessere Christen seien, wie man hört, als die Deutschen.[3] Von Pelt erfuhr Müntzer auch, daß die Fürsten zögerten, das Wormser Edikt gegen die Reformation durchzusetzen. Die Lage hatte sich in der Heimat nicht grundsätzlich verschlechtert; noch konnte Müntzer hoffen, dort wieder Fuß zu fassen und mit Erfolg für die Erneuerung der Christenheit zu wirken. Er war enttäuscht, aber nicht gebrochen zurückgekehrt, im Gegenteil: seine Gedanken hatten sich geklärt und zu einem Programm verdichtet. Was ihm noch fehlte, war ein Wirkungskreis, der ihn gewähren ließ und darüber hinaus half, seine ehrgeizigen Pläne in die Tat umzusetzen.

Weiter als Müntzer hatte es bisher noch niemand gebracht. Das Wort, das die Reformer verkündigten, drängte erst allmählich zur Tat. Martin Luther waren zunächst die Hände gebunden. Er wurde auf der Wartburg versteckt, um sein Leben vor Anschlägen zu schützen. In Wittenberg rückten jetzt seine Kollegen Philipp Melanchthon und Andreas Bodenstein von Karlstadt an die vorderste Front vor, sie gingen dazu über, praktische Reformen in der Stadt einzuleiten. Melanchthon feierte das Abendmahl mit seinen Studenten hinter verschlossenen Türen. Das Meßopfer wurde getilgt, Brot und Wein teilte er an alle aus. Die Mönche des Augustinerklosters äußerten Zweifel an ihren Gelübden und stellten die Privatmessen ein. Das Kloster begann sich aufzulösen. Dagegen legten die Kanoniker der Schloßkirche lautstarken Protest ein. Die

Reformen kamen ins Gerede und ergriffen die Gemüter der Studenten, Gelehrten und Bürger; in Hörsälen und Wirtshäusern, in Ratsstuben und in den Gassen wurde darüber gesprochen. In Wittenberg war es unruhig geworden. Der kursächsische Hof wollte die Zügel nicht schleifen lassen und setzte einen Untersuchungsausschuß ein, der diese Vorgänge prüfen und die Unruhe wieder eindämmen sollte. Karlstadt wußte die Verhandlungen im Ausschuß geschickt zu nutzen, um die Altgläubigen ins Unrecht zu setzen und die Reformen voranzutreiben. Außerdem ließ er Disputationsthesen über die Messe ausgehen und überraschte die Bürger in einem Weihnachtsgottesdienst 1521 mit einer eigenwilligen Abendmahlsfeier. Er trat ohne priesterliches Gewand vor den Altar, sprach die Einsetzungsworte des Abendmahls in deutscher Sprache, überging die Formel vom Opfer, das mit der Wandlung der Abendmahlselemente noch einmal für die Gläubigen vollzogen wurde, und reichte Brot und Wein allen, die danach verlangten. Dieser Gottesdienst, von allen klerikal-magischen Zeremonien befreit, war eine wichtige Etappe auf dem Weg praktischer Reformen. Es blieb jedoch nicht bei den kirchlichen Reformen allein, die Bürger drängten vielmehr den Rat der Stadt, ein umfassendes kirchlich-gesellschaftliches Reformwerk zu beschließen. So entstand, begleitet von bürgerlicher Aufsässigkeit und antiklerikaler Agitation, im Januar 1522 schließlich die *Löbliche Ordnung der Fürstlichen Stat Wittenberg*. Mit ihr wurde die Gottesdienstreform verfügt und angeordnet, alle Heiligenbilder aus den Kirchen zu entfernen; der Bettel wurde verboten und die Errichtung eines „gemeinen Kastens“ vorgesehen, aus dem Arme und Bedürftige versorgt werden sollten. Außerdem wurden die Weichen für eine allgemeine Schulbildung gestellt und die Schließung von Bordellen und berüchtigten Wirtshäusern durchgesetzt. Hier hatte sich eine Reformation aus dem Geiste kommunal-laizistischer Selbstbestimmung der Bürger entwickelt.[4]

Die Nachrichten von der spektakulären Reformbewegung in Wittenberg hatte sich schnell im Kurfürstentum verbreitet. Sie muß auch in die Umgebung von Zwickau vorgedrungen sein, denn bereits drei Tage nach Weihnachten tauchte der mit Müntzer heimgekehrte Markus Stübner, begleitet von zwei weiteren „Zwickauer Propheten“, Nikolaus Storch und Thomas Drechsel, in Wittenberg auf und setzte alles daran, die Reformen im Geiste unmittelbarer Offenbarungen und schonungslos fordernder Moralität voranzutreiben. Müntzer wird Gründe gehabt haben, andere Wege zu gehen. Darüber ist zwar nichts bekannt, vielleicht hat er in Prag aber eingesehen, daß gelegentliches Predigen in Kirchen, auf Märkten und in den Gassen nur wenig ausrichtet. Wollte er konkrete Veränderungen bewirken, mußte er wieder nach einem

Platz in der kirchlichen Institution suchen, um von innen her, ähnlich wie es in Wittenberg bereits geschah, die Hebel zur Reform der Christenheit anzusetzen. Nur so ließ sich tatsächlich etwas bewegen.

Man vermutet, daß Müntzer zunächst nach Jena zog, um sich, wie er bereits vor seinem Aufbruch nach Prag angekündigt hatte, wieder in den Besitz seiner Briefschaften zu bringen, die er seinem Freund Michael Gans zur Aufbewahrung dorthin geschickt hatte – aus Furcht, diese Papiere könnten auf den Reisen in falsche Hände geraten.[5] Sodann wird er sich bei den Erfurter Benediktinern erkundigt haben, ob ihr früheres Angebot einer Sprachlehrerstelle im Kloster St. Peter noch gelte. Die Mönche berichteten von Schwierigkeiten unter den Ordensbrüdern, teilten ihm aber mit, daß er ihnen willkommen sei.[6] Ob Müntzer diese Stelle auch tatsächlich angetreten hat, ist nicht erwiesen, aber manches spricht dafür. Erfurt war eine bedeutende Universitätsstadt, die sich dem Geist des Humanismus geöffnet hatte und in der Johann Lang, ein Vertrauter Martin Luthers, für die Reformation wirkte. Müntzer konnte hoffen, in Erfurt wieder reformationsbereiten Boden unter die Füße zu bekommen. Doch sein Aufenthalt währte nur kurze Zeit. Bereits im März 1522 beschwor er Melanchthon, nicht bei Lang Erkundigungen über die Vorgänge in Erfurt einzuholen, denn dieser sei ein Verworfener, „der aufgrund seines unsterblichen Hochmuts den Knecht des Herrn verfolgt hat.“[7] Das könnte auf ein Zerwürfnis mit Lang deuten, durch das Müntzer veranlaßt wurde, weiterzuziehen. Für den Juli 1522 ist erstmals seine Anwesenheit in Nordhausen bezeugt.[8]

Was zwischen beiden vorgefallen war, weiß man nicht. Höchstwahrscheinlich hatte Müntzer den „Lobgesang des heiligen Geistes“ auch in Erfurt kräftig angestimmt und die Schrifthörigkeit der reformatorischen Verkündigung aufs Korn genommen. Angriffen aus dem eigenen Lager sah sich in Erfurt beispielsweise Justus Jonas ausgesetzt. Er bat Lang, den „Burschen“ namhaft zu machen, der als „ruchloser Verleumder und frevelhafter Ohrenbläser in der Menge sein Wesen treibt.“[9] Walter Elliger vermutet hinter diesem „Burschen“ keinen geringeren als Thomas Müntzer.[10] Freilich, mehr als eine Vermutung ist das nicht, sie klingt aber nicht unwahrscheinlich. Was Jonas widerfuhr, könnte auch Lang erlebt haben. Zu denken gibt ebenfalls ein Brief Franz Günthers. Er bezeugt Müntzer zwar weiterhin seine Freundschaft, erzählt ihm aber, daß manches über ihn geschwatzt werde, und deutet an, daß er selber irritiert sei: „Sieh zu, daß das Licht, das in dir ist, nicht Finsternis ist“, ermahnt er den Freund und fährt fort: „Ich hoffe, daß du einen geprüften Geist hast, nicht unter dem Namen Fabeleien verbirgst, sondern im Geiste Christi erglühst.“[11] Müntzers neue Geistlehre muß sich unter den Wittenbergern herumgesprochen und mancherlei Bedenken ausgelöst haben.

Wenn es keinen konkreten Anlaß gab, könnten diese Gerüchte für Müntzer der Grund gewesen sein, sich den Wittenbergern genauer zu erklären. Er schrieb im März 1522 einen langen Brief an Philipp Melanchthon und kam sofort auf sein Thema zu sprechen: das lebendige Wort, das aus dem Munde Gottes geht und im Herzen der Menschen entsteht: „O ihr Lieben, trachtet danach, daß ihr weissaget (1. Kor. 14,1), sonst wird eure Theologie keinen Heller wert sein.“[12] Diese Geistlehre verband Müntzer mit dem damals heißumkämpften Problem der Priesterehe. Der Propst zu Kemberg hatte geheiratet und Karlstadt eine Rechtfertigungsschrift verfaßt. Müntzer begrüßte die Priesterehe, wies die Wittenberger aber auf die Spannung hin, die zwischen fleischlicher Lust und geistlicher Heiligung besteht, und warnte sie davor, sich auf leichtfertige Weise um die Gunst Gottes zu bringen. Die Zeugung muß in der rechten Gottesfurcht erfolgen, wenn die „tierische Lust“ im Zaum gehalten werden soll. In diesem Geiste wird eine Nachkommenschaft gezeugt, die die Zahl der Erwählten mehrt. Müntzer hat hier wohl weniger an die unter den Taboriten verbreitete Vorstellung von dem „heiligen Samen“ gedacht,[13] der für eine physisch gewandelte auserwählte Nachkommenschaft sorgte – jedenfalls deutet in diesem Brief nichts darauf hin. Er wollte vielmehr jene reformatorische Anschauung zurückweisen, die in der Ehe ein „weltlich ding“ sah, und den engen Zusammenhang zwischen göttlicher Erkenntnis und moralischer Lebensführung unterstreichen.

Darum geht es ihm auch in den Bemerkungen über die Messe. Er begrüßt, daß die Wittenberger den Opfercharakter der Messe getilgt hätten, beklagt aber den ungeprüften Zugang, der den Gläubigen zum Abendmahl gewährt wird. Er möchte die Teilnahme an dieser Feier auf diejenigen beschränken, die ihre geistliche Erkenntnis auch unter Beweis gestellt haben.

Möglicherweise enthält dieser Brief bereits einen Reflex auf die jüngsten Ereignisse in Wittenberg. Luther war zu Beginn der Fastenzeit von der Wartburg herbeigeeilt und drehte das Rad der Reformen mit seinen wortstarken *Invocavitpredigten* wieder zurück. Sein wichtigstes Argument war, die Schwachen im Glauben nicht zu überfordern, sondern auf ihre Einsicht zu warten und keine Veränderungen ohne die Zustimmung der weltlichen Obrigkeit vorzunehmen. Doch gerade damit wollte Müntzer sich nicht abfinden. Weizen und Spreu müßten, wie es schon im *Prager Manifest* hieß, voneinander getrennt werden, mit den Verworfenen sollte in einer Zeit, da „die Drangsal der Christen vor der Tür steht“, nicht gemeinsame Sache gemacht und den Fürsten nicht nach dem Munde geredet werden. Beides müßte zum Untergang führen.[14]

Schließlich erwähnt Müntzer das Fegefeuer. Daß mit diesem „päpstlichen Schreckgespenst“ aufgeräumt, mit dem Fegefeuer nicht mehr gedroht werden könne, um den Ablaßhandel in Schwung zu halten, findet Müntzers Beifall, nicht jedoch die Vorstellung, dem Fegefeuer gar keinen Sinn mehr abzugewinnen. Er bezieht das Fegefeuer auf die psychische Läuterung des Menschen; wie der Maler Hieronymus Bosch in zahlreichen Schreckensbildern die Höllenqualen verinnerlicht und auf diese Weise den Übergang zu neuzeitlicher Subjektivität andeutet,[15] wird bei Müntzer das Fegefeuer jetzt schon zu einem Vorgang innerlicher Reinigung, um die Seele für den Empfang des göttlichen Geistes vorzubereiten. Auf dieses Purgatorium wollte er nicht verzichten.

Dieser Brief zeigt, wie intensiv Müntzer auf die konkreten Probleme eingeht, die im Lager der Reformatoren erörtert wurden, und daß er fest entschlossen ist, die Probleme mit seinem neuen Geistverständnis zu konfrontieren und zu durchdringen. Ähnlich wie in Prag mit eschatologischen Vorstellungen versetzt, erwies sich dieses Geistverständnis auch hier in kürzester Zeit nicht nur als wirksame Waffe gegen den altgläubigen, den humanistisch gesonnenen und den utraquistischen Klerus, sondern es versetzte Müntzer auch in die Lage, eine eigene Position gegenüber den Wittenberger Reformatoren zu beziehen. Noch meinte er, in keinem grundsätzlichen Gegensatz zu Wittenberg zu stehen, sonst hätte er nicht geschrieben: „Eure Theologie umfasse ich mit ganzem Herzen, denn sie hat die Seelen vieler Auserwählter den Schlingen der Jäger entrissen.“[16] Noch hoffte er, die Vorgänge im reformatorischen Lager mitbestimmen und in die Richtung seines Programms lenken zu können. Allerdings macht sich sein Anspruch auf Gehör deutlich bemerkbar. Den „zarten schriftgelerten“ kann er nichts ersparen; er ist der „Bote Christi“, der ihnen mit geisterfüllter Vollmacht ins Gewissen redet.[17]

Wann Müntzer Erfurt verließ, ist nicht überliefert. Es könnte im März 1522 gewesen sein. In dieser Zeit soll er bei einer Disputation mit Philipp Melanchthon und Johannes Bugenhagen in Wittenberg gesehen worden sein;[18] so wäre der erwähnte Brief an Melanchthon tatsächlich nicht in erster Linie als eine Abgrenzung von den Wittenbergern zu verstehen, sondern als Versuch, das Gespräch mit ihnen erneut aufzunehmen. Im April 1522 predigte Müntzer in seiner Heimatstadt Stolberg: „etliche nicht wenig/gar herrliche schöne vnd Christliche Predigten“. Damals konnte noch niemand ahnen, daß sich der Sohn der Stadt auf dem Weg zu „Ketzerei“ und „Aufruhr“ befand, im Gegenteil: Müntzer muß dort am Palmsonntag in seiner möglicherweise letzten Predigt zwar Bedenkliches geäußert haben, sei ansonsten aber „anders nicht denn als ein christlicher Lerer befunden worden“. Das hatte Johannes Spangenberg, der zwischen 1521 und 1524 die Lateinschule in Stolberg leitete, später seinem Sohn erzählt.[19] Schließlich finden sich Spuren eines Besuchs, den Müntzer Urbanus Rhegius in Augsburg abgestattet hatte.[20] Doch die Überlieferung für diese unsteten Wochen ist so dürftig, daß selbst dieser knappe Bericht nicht verläßlich ist. Alles könnte auch anders gewesen sein. So nimmt Manfred Bensing an, Müntzer sei bereits im Januar 1522 in Nordhausen eingetroffen und habe von dort aus gelegentlich Reisen sowohl nach Wittenberg als auch Augsburg unternommen.[21]

Was Müntzer bewog, sich in Nordhausen niederzulassen, wurde bisher nicht geklärt. Es könnte die allgemeine Nachricht gewesen sein, daß sich die üblichen Spannungen zwischen altgläubiger Geistlichkeit und Rat in dieser Reichsstadt günstig für die Reformation entwickelten, so daß Müntzer sich dort aus eigenem Antrieb oder auf eine Empfehlung hin um eine Anstellung bemühte. Er war erfolgreich und ist seit Juli 1522 als Kaplan und Prediger an der Kapelle St. Georg bezeugt.[22] Sonst ist kaum etwas bekannt, nur daß er bald mit Lorenz Süsse, dem reformgesinnten Prediger zu St. Peter, in Streit geriet. Süsse war einst Zellenbruder Martin Luthers im Erfurter Kloster und später als Prior des Augustinerklosters nach Nordhausen gekommen. Seine Anstellung als Prediger in der Stadt erfolgte im Einvernehmen zwischen Rat und Domkapitel.[23] Ob das vor oder nach Müntzers Ankunft in Nordhausen geschah, ist nicht mehr festzustellen. In der *Hochverursachten Schutzrede* klagte Müntzer später darüber, daß Luther mit dem „ungepratenen Lorentzen“ geplant habe, ihn umbringen zu lassen.[24] Das wurde sicherlich in äußerster Erregung geschrieben und entbehrte jeder Grundlage, deutet aber auf die Heftigkeit der Auseinandersetzungen in Nordhausen hin. Bensing meint, Müntzer sei planmäßig von den Wittenbergern behindert und gezwungen worden, die Reichsstadt zu verlassen. Sie wollten seinen Einfluß zurückdrängen, da er sich nicht nur gegen die Altgläubigen, sondern auch gegen den mit der Reformation sympathisierenden Rat gewandt und erstmals eine soziale Basis im Volk für sein revolutionäres Wirken gefunden habe.[25] Doch das Bild, das Bensing von diesen Vorgängen zeichnet, ist mehr als hypothetisch. Es bahnten sich in dieser Zeit zwar Scheidungen im reformatorischen Lager an, ob Nordhausen für Müntzer aber nur ein Zwischenspiel war oder die bewußte Entscheidung für die klassenkämpferische „Position der Volksreformation“[26] brachte, kann nicht mehr geklärt werden.

Im September, kurz bevor er Nordhausen verließ, bewarb Müntzer sich um eine Predigerstelle in Allendorf. Trotz eines einflußreichen Gönners mißlang der Versuch aber, ins Werratal auszuweichen. Ein „Martinianer und schlimmer als ein solcher" – das hatte sich inzwischen herumgesprochen – war dort nicht willkommen.[27]

Müntzer sah sich nun gezwungen, wieder auf die Suche nach einer Bleibe zu gehen, zumal der Winter vor der Tür stand. Sein Weg führte ihn in südliche Richtung, denn Ende November oder Anfang Dezember tauchte er in Weimar auf und wohnte offensichtlich einer Disputation zwischen dem Hofprediger Wolfgang Stein und den ortsansässigen Franziskanern über das rechte Verständnis der Sakramente bei. Das läßt sich einer Bemerkung in dem späteren *Bekenntnis* Müntzers kurz vor der Hinrichtung entnehmen.[28] Außerdem wird in einer Aufzeichnung Georg Spalatins von einer Unterredung zwischen Stein und Müntzer im Zusammenhang mit dieser Diſputation berichtet.[29] Daran könnte auch Jakob Strauß, der bald eigene, radikalere Wege ging, teilgenommen haben. In diesem Zusammenhang wird eine Bemerkung Müntzers besonders interessant: „Dozumahel, als Strauß mit den barfusern disputirt, habe er sich vornemen lassen zu den bruedern: Woe dye Luderischen nichts anders ausrichten wolten, dan das sye dye leute vexirten, monch und pfaffen, hetten sye es gleych so mer underlassen",[30] d.h. sie hätten es auch unterlassen können, wenn sie aus dem negativen Erscheinungsbild des Klerus nicht sogleich positive Konsequenzen für die eigene Frömmigkeit zögen. Auch hier suchte Müntzer das kritische Gespräch mit den Wittenbergern; und daß Spalatin darüber eine Notiz anfertigte, zeigt, wie genau Müntzer inzwischen beobachtet wurde. Er war kein unbeschriebenes Blatt mehr. In diesen Tagen suchte er auch die Verbindung zu Andreas Karlstadt und hielt sich kurz vor Weihnachten in Wittenberg und Wörlitz, dem Landsitz des Gelehrten, zu Gesprächen über die aktuelle Lage im reformatorischen Lager auf.[31] Irgendwie muß Müntzer zu Ohren gekommen sein, daß Karlstadt bei Luther in Ungnade gefallen war und nach einem eigenen Weg einer radikalen Reformation suchte. Nur so erklärt sich das lebhafte Interesse Müntzers an diesen Gesprächen, kurz bevor er eine Stelle als Kaplan, Prediger und Seelsorger im Kloster der Zisterzienserinnen zu Glaucha bei Halle antrat. Auch über diese Station ist wenig bekannt. Berichtet wird von dem Abendmahl, das er zu Weihnachten 1522 an Felicitas von Selmenitz und ihren Sohn in der Klosterkirche *sub utraque* heimlich austeilte.[32] Nach dem Mord an ihrem Mann, dem Amtmann zu Allstedt, war Felicitas mit ihrer Familie nach Halle gezogen und pflegte enge Beziehungen zu diesem Kloster, wo der Ermordete seine letzte Ruhe gefunden hatte. Bensing vermutet, daß Müntzer die adlige Dame schon aus den Tagen in Beuditz kannte, sie ihm vertrauensvoll zugewandt war und ihm auch die neue Stelle bei den Nonnen verschafft hatte.[33]

Was in den ersten Monaten des neuen Jahres Müntzers Entlassung bewirkte, geht aus den Quellen nicht hervor. In einem Brief an seine Anhänger in Halle klagt er ganz allgemein über das „elende meyns vortreybens“, offensichtlich wußten sie, wovon er sprach.[34] Durch spektakuläre Agitation war Müntzer in dieser Stadt jedenfalls nicht aufgefallen, nicht einmal indirekt war er in den Sturm auf das Kloster

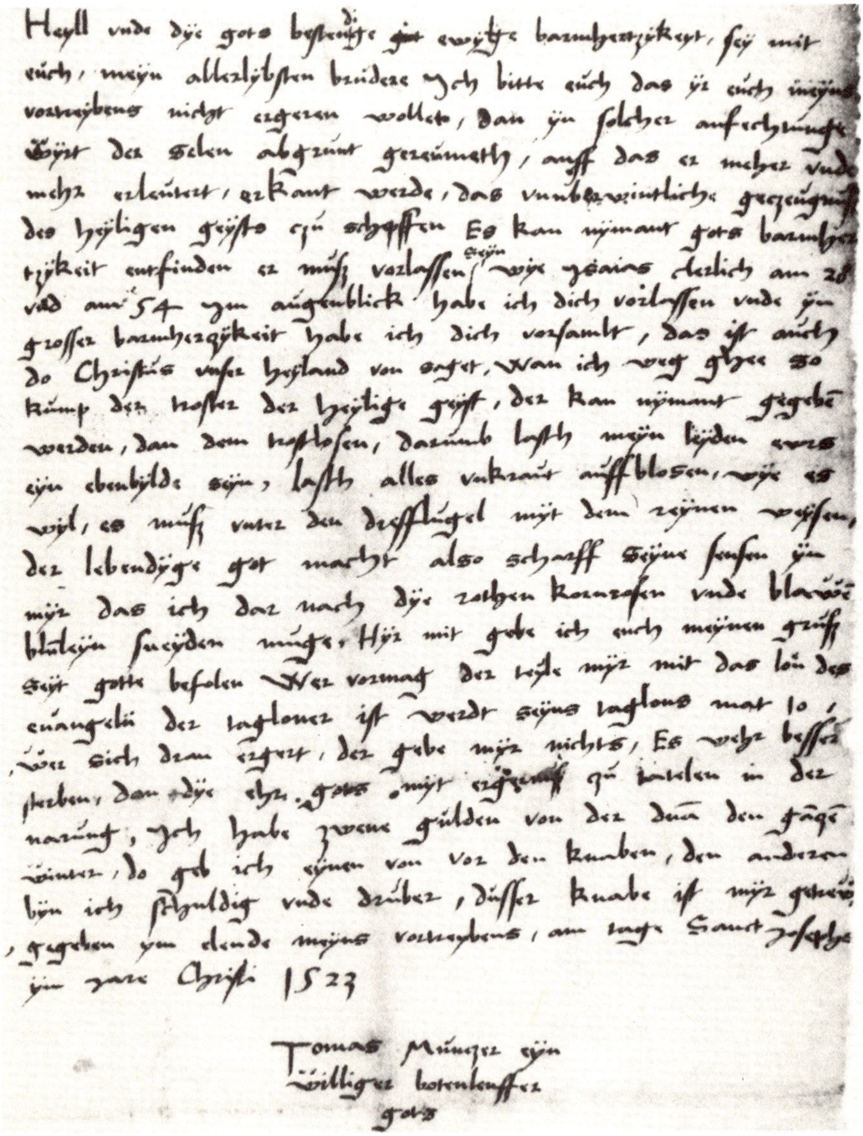
Heyll vnde dye gots bestendyge ym ewyge barmhertzikeyt, sey mit
euch, meyn allerlybsten bruder. Ich bitte euch das yr euch meyns
vortreybens nicht ergeren wollet, dan yn solcher auferhawunge
wyrt der selen abgrunt gereumeth, auff das er mehr vnde
mehr erleutert, erkant werde, das vnuberwintliche getzeugnis
des heyligen geysts zu schopffen Es kan nymant gots barmher-
tzikeit enfinden er muß verlassen seyn, wye Jesaias deutlich am 28
vnd am 54 ym augenblick habe ich dich verlassen vnde yn
grosser barmhertzikeit habe ich dich versamlt, das ist auch
do Christus vnser heyland von saget, Wan ich weg gehe so
kump der troster der heylige geyst, der kan nymant gegebē
werden, dan dem trostlosen, darumb lasth meyn leyden ewer
eyn ebenbilde seyn, lasth alles vnkraut auffblosen, wye es
wil, es muß vnter den dreschflegel myt dem reynen weysen,
der lebendyge got macht also scharff seyne sensen yn
myr, das ich dar nach dye rothen kornrosen vnde blawē
blumleyn sneyden muge. Hyr mit gebe ich euch meynen geyst
seyt gotte befolen. Wer vormag der reiche myr mit das lon des
euangelii der taglonner ist werdt seyns taglons mat 10,
wer sich dem ergert, der gebe myr nichts, Es wehr besser
sterben, dan dye ehr gots myt eygennutz zu betelen in der
narung, Ich habe zwene gulden von der dem den sage
winter, do gab ich eynen von vor den knaben, den andern
byn ich schuldig vnde druber, dusser knabe ist myr getreu
gegeben ym elende meyns vortreybens, am tage Sant Josephs
ym jare Christi 1523

Tomas Muntzer eyn
williger botenleuffer
gots

Abb. 12. Thomas Müntzer an unbekannte Anhänger in Halle. Autograph, 1523

Neuwerk im Januar 1522 verwickelt. Im Gegenteil: Müntzer verhielt sich erstaunlich zurückhaltend, weil wohl nichts aufs Spiel gesetzt werden sollte. Möglicherweise ist er einer allgemeinen Säuberung der Stadt von reformgesinnten Geistlichen zum Opfer gefallen. Im März 1522 mußte er – knapp entlohnt – weiterziehen. Müntzer stand mittellos da und war auf seine Anhänger angewiesen, die er, ohne sie zu bedrängen, um den „lon des evangelii“[35] bat. Auf keinen Fall wollte er nämlich in den Verdacht geraten, sich, wie die verdammten Pfaffen, an den Gläubigen bereichern zu wollen. Die Situation war desolat.

In Zwickau und Prag, Erfurt, Nordhausen und Halle: überall wurde er vertrieben. Doch er gab nicht auf und hegte auch keine Zweifel an seiner Sendung. Seinen Anhängern in Halle riet er, sich nicht zu ärgern oder zu entrüsten, sondern sich in Geduld zu üben, „dan yn solcher anfechtunge wyrt der selen abgrunt gereumeth, auff das er meher unde mer erleutert, erkant werde, das unuberwintliche gezeugnuß des heyligen geysts zu schepffen“.[36] Müntzer hatte einen Weg gefunden, die konkrete Situation, Anfechtung und Leiden, mit seiner Auffassung von der „Ankunft des Glaubens“ im Inneren des Menschen zu verbinden. Leid und Schmerz erhielten einen neuen Sinn. Sie waren nicht eine Konsequenz des Glaubens, wie Luther meinte, sondern eine Durchgangsstufe im Prozeß, der zum Glauben führte. Sie waren geradezu eine notwendige Voraussetzung geisterfüllter Existenz. Anfeindungen und Rückschläge, Entbehrungen und äußere Not wurden als Bestätigung empfunden, auf dem rechten, gottgewollten Weg zu sein. Was Müntzer oft als charakterliche Schwäche vorgeworfen wurde, als übersteigertes Selbstwertgefühl, Hartnäckigkeit und Unbelehrbarkeit, war im Grunde das Ergebnis eines Lernprozesses, in dem sich gesellschaftliche Erfahrungen mit theologischer Einsicht verbanden.

Diese Erkenntnis, die ihm in leidvollen Erfahrungen zuwuchs, war die Quelle seines Anspruchs, „williger botenleuffer Gots“[37] in einer Zeit zu sein, die ihrem Ende zulief. Diese Erkenntnis war auch das Geheimnis seiner seelsorgerlichen Wirkung, die sich gerade in dieser Zeit zu entfalten begann: Forderung, Trost und Verheißung. Wer selber im Elend lag, fühlte sich von ihm aufgerichtet; und wer das Elend in seiner Umgebung wahrnahm, wußte es mit neuem Sinn zu deuten. So wuchs der Seelsorger mit seinen Anhängern zusammen: „lasth meyn leyden eurs eyn ebenbylde seyn. Lasth alles unkraut auffblosen, wye es wyl, es muß unter den dresflugel myt dem reynen weysen, der lebendige Got macht also scharf seyne sensen yn myr, das ich dar nach dye rothen kornrosen unde blauen blumleyn sneyden muge.“[38] Müntzer sah allmählich ein, daß die große Scheidung der Auserwählten von den Gottlosen sich nicht plötzlich vollziehen konnte, sondern einer gründlichen Vorbereitung bedurfte.

VIII.

Seelsorge und politische Korrespondenz

Thomas Müntzer wollte die Menschen zum Glauben führen und auf die Veränderungen der Welt vorbereiten. Bisher waren ihm aber enge Grenzen gesetzt. Polemik und Kampf, Widerstand und obrigkeitliche Maßregelung bestimmten die Ereignisse; nirgends konnte er Ruhe finden, um dem Geist im Inneren der Menschen zum Durchbruch zu verhelfen; nirgends war es ihm bisher gelungen, ein Klima zu schaffen, das eine neue Religiosität wachsen ließ und eine Möglichkeit schuf, das öffentliche Leben auf geisterfüllte Weise umzugestalten.

Um das Programm, das Müntzer vorschwebte, auch nur annähernd in die Wirklichkeit umsetzen zu können, hätte es besonderer Gegebenheiten bedurft; zu denken wäre an einen Ort, in dem der Widerstand gegen die Reformation schon gebrochen sein müßte, denn sonst wären alle reformerischen Kräfte wieder in der Turbulenz antiklerikaler Agitation zugrunde gegangen; sodann hätte die reformgesinnte Geistlichkeit bereit sein müssen, dem eigenwilligen Reformator das Feld zu überlassen, andernfalls wären wieder ähnliche Spannungen wie in Erfurt und Nordhausen aufgetreten; und schließlich hätte die weltliche Obrigkeit ihre Bereitschaft gezeigt haben müssen, kirchliche Neuerungen zu dulden oder sogar zu fördern. Das wäre ein Ort mit idealen Bedingungen für das Wirken Müntzers gewesen. Doch als er Halle den Rücken kehrte, wird er kaum gehofft haben, einen solchen Ort zu finden. Wo hätte er in den frühen, noch unentschiedenen Jahren der Reformation auch sein sollen? Um so erstaunlicher ist, daß der Vertriebene im März 1523 in Allstedt auftauchte und dort eine Anstellung als Pfarrer an der Hauptkirche St. Johannis in der Neustadt fand. Mit traumwandlerischer Sicherheit hatte er sich in die Stadt begeben, die ihm wie keine andere die Möglichkeit bot, sein Reformprogramm noch einmal zu überdenken und schrittweise zu verwirklichen. Hier habe er, wie man schrieb, glückliche Tage verbracht.[1]

Wie Müntzer auf die Idee kam, seine Schritte gerade dorthin zu lenken, ist unbekannt. Vielleicht hatte Felicitas von Selmenitz ihre alten Beziehungen zu Allstedt erneuert und den Rat bewogen, den mittellosen Priester aufzunehmen.[2] Einen Beleg dafür gibt es aber nicht. Wie auch immer – der Kurfürst, dem das Präsentationsrecht für den Pfarrer an der Hauptkirche zustand, war einfach umgangen und Müntzer zum „seelwarter“[3] berufen worden. Man weiß nicht, warum der Rat eigenmächtig handelte; vielleicht glaubte er sich im Einvernehmen mit dem kurfürstlichen Hof und wollte noch kurz vor dem Osterfest die Vakanz an der Hauptkirche beenden. Mit dem entschiedenen Parteigänger der Wittenberger Reformation, anderes hatte der Rat über ihn noch nicht erfahren, bot sich darüber hinaus eine günstige Gelegenheit, die reformationsfreundlichen Bürger mit einem eigenen, überaus gelehrten Reformator zu versorgen. Müntzer war geholfen – der Stadt auch.

Allstedt war eine kursächsische Enklave, die zwischen den Ämtern Sangerhausen und Salza im Herzogtum Sachsen, der Grafschaft Mansfeld und der einstigen Grafschaft Querfurt lag, die inzwischen zum Magdeburger Stift gehörte. Direkt umgeben war diese Stadt von sechs Dörfern, in denen der Kurfürst die Gerichtsbarkeit und grundherrschaftliche Rechte innehatte; in drei weiteren Dörfern herrschte der niedere Adel, dort hatte der Kurfürst nur die höhere Gerichtsbarkeit inne. Zusammen bildeten die Stadt und die erwähnten Dörfer das Amt Allstedt – eine Enklave inmitten eines Gebietes, von dem reformatorische Einflüsse auf entschiedene Weise ferngehalten wurden.

Allstedt war eine kleine Stadt, sie zählte ungefähr neunhundert Einwohner und hatte erst um 1500 die Rechte einer landsässigen Stadt von Friedrich dem Weisen erhalten. Sie wurde von einem siebenköpfigen Rat und zwei Bürgermeistern verwaltet; ein Schultheiß vertrat sie nach außen. Unweit der Stadt residierte der Amtmann des Kurfürsten auf dem Schloß, einer ehemaligen Königspfalz. Zwischen der Bürgerschaft und dem Amtmann herrschte gutes Einvernehmen.

Die meisten Bürger lebten von der Landwirtschaft, einige betrieben ein Gewerbe, andere waren im Handel tätig. Allstedter Getreide wurde beispielsweise nach Zwickau und Schneeberg geliefert. Die soziale Differenzierung war in der Stadt jedoch nicht unerheblich. Wenigen wohlhabenden Bürgern standen zahlreiche Einwohner mit wesentlich geringerem Einkommen gegenüber, vermehrt um das besitzlose Gesinde und die Tagelöhner.[4] Im Rat saßen die reicheren Bürger. Spannungen, die in der sozialen Gliederung ihre Ursache gehabt haben könnten, sind für die Monate, in denen Müntzer in Allstedt wirkte, nicht bekannt. Der hohe Anteil der weniger vermögenden Bürger und der armen Tagelöhner erklärt aber, wie es im Bauernkrieg später dazu kommen konnte, daß „sie schir alle unbezwungen auss eigem mutwillen zum hauffen gelauffen vnd sonderlich die von Alstedt schir alle, das alleyn die eltsten doheym plieben“.[5] Sie wollten „frei“ werden, d.h. nicht mehr in Abhängigkeit leben.

In Allstedt gab es zwei Kirchen: St. Wigberti in der Altstadt und die

Hauptkirche St. Johannis in der Neustadt. An der einen wirkte Simon Haferitz, ein entlaufener Karmeliter. Er neigte zur Reformation und öffnete sich dem Einfluß Müntzers, dem er in der Radikalität seiner Predigt bald nacheiferte. An der anderen Kirche war die Pfarrstelle vorübergehend unbesetzt, so daß Müntzer sich hier, wie Luther schrieb, sein Nest bauen konnte.[6] Neben den Pfarrern waren noch einige Geistliche an den Kirchen und der Kapelle auf dem Schloß tätig. Sie traten aber nicht sonderlich hervor. Einer von ihnen heiratete, schied aus dem Kirchendienst aus und erlernte einen weltlichen Beruf.[7] Das religiöse Leben wurde von den beiden Pfarrern bestimmt. Ein Ordenshaus gab es in Allstedt nicht, wohl aber zahlreiche Klöster in den umliegenden Herrschaften. Allerdings hatte das Kloster Walkenried das Recht, die Pfarrstelle an St. Wigberti zu besetzen; und das nahegelegene Nonnenkloster Naundorf erhob Abgaben bei Allstedter Bürgern und Bauern.

Allstedt war eine kleine Ackerbürgerstadt, deren Leben sich aber nicht ganz im Schatten der territorialen Politik vollzog. Der Weimarer Hof, der die thüringischen Gebiete Kursachsens verwaltete, unterhielt ein Vorwerk und ein Gestüt im Amt und nutzte das Schloß, um dort auf Dienstreisen Station zu machen. Besondere Vorgänge in dieser Stadt konnten der Regierung nicht verborgen bleiben; und als tonangebender Pfarrer im Amt mußte Müntzer aus diesem Grunde mit überlokaler Aufmerksamkeit rechnen.

Kaum war Müntzer in Allstedt eingetroffen, begann er den Gottesdienst zu erneuern. Das war höchstwahrscheinlich kein spontaner Einfall; schon längst waren ihm Zweifel gekommen, ob die Gottesdienste in den Kirchen wirklich ihren Zweck erfüllten, den Glauben des Volkes zu fördern und die Menschen zu bessern. Er meinte, daß die Kirche sich weit von dem Zustand entfernt habe, den der Apostel Paulus einst als Maßstab empfahl: „Wan die leuthe zusamenkomen, solten sie sich ergetzen mit lobgesengen und psalmen, auf das alle, die hineyngehen zu yhn, mügen gebessert werden."[8] In der langen Verfallsgeschichte der Christenheit, die mit dem Tod der Apostelschüler einsetzte, war auch der Gottesdienst verkommen. Vom frühen Niedergang der Christenheit hatte Müntzer bereits in der *Kirchengeschichte* des Euseb gelesen, jetzt wurde der Verfall der Kirche zu einer Erfahrung, die sich dem jungen Pfarrer in Allstedt mehr und mehr aufdrängte. Der „arme gemeyne man" ist von Pfaffen und Mönchen verleitet worden, seinen Glauben auf „eyttel larven" und „abgöttische geberde" in den Kirchen abzustellen.[9]

Müntzer war offensichtlich der Meinung, daß die lateinische Sprache und die rituellen Gebärden der Geistlichen im Gottesdienst bei den Laien den Eindruck hervorriefen, hier sei Magie im Spiel, hier werde

„unter dem hutlin" gespielt. Der Geistliche sollte nicht zaubern, sondern sein Amt „offenbarlich" treiben.[10] Schon im *Prager Manifest* hatte Müntzer sich gegen die äußeren Zeremonien ausgesprochen, mit denen das Volk daran gehindert werde, die lebendige Stimme Gottes zu vernehmen. In Allstedt wird er deutlicher und kündigt eine radikale Änderung an: „Es wirt sich nicht lenger leiden, das man den Lateinischen worten wil eine kraft zuschreiben, wie die zaubrer thun, und das arme volgk vil ungelarter lassen aus der kirchen gehen dan hyneyn, so ye Got gesagt hat (...), das alle auserwelte von Got gelert werden sollen".[11] Das Grundanliegen der Allstedter Gottesdienstreform ist also, die lateinischen Texte, wie sie im Gottesdienst gesungen und gelesen wurden, in die Sprache des Volkes zu übertragen und auf diese Weise die Voraussetzung dafür zu schaffen, daß die Gewissen der Menschen von dem veräußerlichten Ritus weggerissen und auf das Wort Gottes gelenkt werden. Mit dem Gottesdienst verfolgt der neue Seelsorger die Absicht, die Bürger zur Gotteserkenntnis zu führen und im Glauben zu festigen. Er will nicht, daß sie „so grob und unvorstendig wie ein hackebloch bleyben."[12] Der Seelsorger wird zum Erzieher des Volkes.

Auf den ersten Blick mutet diese Liturgiereform recht konservativ an, denn am Inhalt der Texte änderte sich nur wenig; außerdem wurde der gregorianische Gesang, d.h. der einstimmige Choral, beibehalten. Das brachte Müntzer auch bald Kritik aus Wittenberg ein: die deutsche Sprache eigne sich nicht für die Gregorianik, und im übrigen sei alles nur das Nachäffen einer verwerflichen Liturgie. Luther paßte die ganze Richtung nicht, und er sorgte dafür, daß der gregorianische Choral keinen Eingang in den protestantischen Gottesdienst fand.[13] Nur vereinzelt war die Allstedter Liturgie eine Weile noch hier und da im Gebrauch, auch das eine oder andere Lied, das Müntzer übersetzt hatte.

Müntzer ließ das *Deutsche Kirchenamt*, d.h. die Ämter der großen Feste im Kirchenjahr: Advent, Weihnachten, Karfreitag, Ostern und Pfingsten, schon 1523 im Druck erscheinen, ebenso die *Deutsch-evangelische* Messe. Erläutert wurde sein liturgisches Verständnis in der *Ordenung und rechenschafft des Tewtschen ampts zu Alstet.*[14] So ist es möglich, sich ein genaues Bild von der Eigenart dieser Reform zu verschaffen: Zunächst werden die Gesänge eingedeutscht, nicht immer wörtlich, wie Müntzer schon in der Vorrede zum Buch „disser lobgesenge" anmerkte, sondern oft „mehr nach dem sinne dan nach den worten."[15] Besonders viel lag Müntzer an den Psalmgesängen, die von einer tiefen geistlichen Erfahrung durchdrungen waren. Sodann werden die biblischen Texte nicht mehr stückweise, wie einst, sondern in zusammenhängenden Sinnabschnitten zu Gehör gebracht. Und schließlich wird die Gregorianik, die früher nur der Klerus singen konnte, eine

Herrschaftsliturgie also, zu einer einstimmigen Volksliturgie umgestaltet. Jetzt ist die ganze Gemeinde am gottesdienstlichen Geschehen beteiligt, niemand steht mehr teilnahmslos da, jedermann wird in das Mysterium des Gottesdienstes einbezogen.

Das ist überhaupt die Absicht, die hinter dieser Reform steht: dem Klerus wird das Privileg des liturgischen Amtes genommen, mit dem das Volk beherrscht wurde, und dem Volk wird ein Weg eröffnet, die „Ankunft des Glaubens" im Abgrund der Seele vorzubereiten und zu erwarten. Besonders deutlich erklärt Müntzer diese mystisch-anagogische Absicht im Anschluß an das *Sanctus*. Der Mensch „sol und muß wissen, das Got in ym sey, das er yn nicht außtichte odder außsinne, wie er tausent meilen von ym sey, sonder wie himel und erden vol, vol Gottis seint, und wie der vatter den son in uns on unterlaß gebiret, und der heilige geist nit anders dan den gecreutzigten in uns durch hertzliche betrubniß ercleret."[16] Das erinnert an den Heilsprozeß, wie er im Geist der mystischen Frömmigkeit schon im *Prager Manifest* beschrieben worden war. Das Kirchenjahr, so Müntzer in seiner *Ordnung und Berechnung*, ist mit dem Heilsprozeß verbunden: die Verheißung und der Grund des Heils im Advent und an Weihnachten, die Anfechtung und Betrübnis am Karfreitag, die Aufrichtung des Verzweifelten an Ostern und die Ausgießung des Heiligen Geistes an Pfingsten. Das äußere Heilsgeschehen, das der Gottesdienst vergegenwärtigt, wird mit dem Heilsprozeß im Inneren des Menschen gleichgeschaltet. So nimmt die Liturgiereform die Impulse auf, die bereits das Prager Programm zum Ausdruck brachte: Antiklerikalismus und mystische Frömmigkeit. Hier setzte sich die bereits beobachtete Tendenz fort, die äußeren Heilstatsachen im Modus ihrer inneren Aneignung zu deuten. Dadurch wurde die traditionelle Liturgie von Grund auf verändert; so gesehen war ihre Reform alles andere als konservativ. Sie fügte sich in das radikal-reformatorische Programm ein. Müntzers Gottesdienst war eine Sensation in Allstedt und zog Besucher aus der Umgebung scharenweise in die Stadt. Einheimische und Auswärtige drängten sich gelegentlich in den Gassen vor St. Johannis, um den neuen Gottesdienst selber zu erleben. Müntzer war der erste, noch vor den Wittenbergern führte er eine Gottesdienstreform in diesem umfassenden Sinn durch; er ist zum „Vater des evangelischen Gottesdienstes und Gemeindeliedes" geworden.[17]

Es war sicherlich nicht nur der Gottesdienst, der die Menschen anzog, sondern auch Müntzers Predigt. Sie verfolgte die Aufgabe, die Liturgie zu erläutern und den Weg zum Glauben zu beschreiben. Um dieses Thema kreisten auch die ersten allgemeinen Schriften, die er in Allstedt verfaßte: Der *Sendbrief an die Brüder zu Stolberg* und zwei kleinere theologische Traktate.

Über die Situation in Stolberg ist kaum etwas bekannt, nur soviel, daß die Reformation dort voranschritt. Graf Botho von Stolberg blieb zwar dem alten Glauben treu, duldete aber reformatorische Aktivitäten in seiner Stadt. Offensichtlich waren einige Bürger, die Müntzer nahestanden, ungeduldig geworden und suchten nach Wegen, die Reformation auf gewaltsamere Weise voranzutreiben. Vielleicht war es sogar schon zu Unruhen in der Stadt gekommen, von denen Müntzer gehört hat. Mitte Juli 1523 griff er zur Feder und warnte „seine lieben bruder", einen „unfuglichen auffrur" vom Zaune zu brechen.[18] Hastiges Vorgehen paßte nicht zu dem ruhigen Gang seiner kirchlichen Reformen und der guten Wirkung, die sie über Allstedt hinaus entfalteten.

Dieser Sendbrief ist in zwei Fassungen überliefert, einer allgemeineren handschriftlichen und einer spezielleren, drängend-besorgteren Form, die im Sommer oder Herbst 1523 im Druck ausging. Es gibt zu denken, daß Müntzer, dessen revolutionärer Lebensabschnitt sich bald deutlicher abzeichnen wird, seine publizistische Tätigkeit mit einer Warnung vor Aufruhr eröffnet. Er wollte für die Herrschaft Christi, die auf Erden erwartet wurde, eine sichere Grundlage schaffen. Nichts sollte überstürzt oder auf eine oberflächliche Weise ins Werk gesetzt werden. „Das warhafftige regiment Gottes geht warhafftig mit freuden an, wan die außerwelten erst sehen, was Got in yhn durch sein werck yn erfarunge des geystes erfinden lest."[19] Die Auserwählten müssen alles Vertrauen auf Weltliches aufgeben, in der „armut des geystes" das tiefste Leid, sogar das „bitter widerspyl des glaubens" erfahren. Wer nicht gegen den Glauben geglaubt, gegen die Hoffnung gehofft und gegen die Liebe Gottes gehaßt hat, meinte Müntzer, könne nicht ermessen, was der Christenheit schadet und was ihr nützt. Die Herrschaft Gottes wird nur anbrechen, wenn die Seele der Menschen bereit ist, ein „stul Gotis zu sein".[20] Solange die Menschen aber keine Anstalten treffen, ihr Leben zu bessern, wird Gott dem Wüten der Tyrannen stattgeben und sich nicht drängen lassen, seine Herrschaft zu errichten. Seine Herrschaft beginnt im Inneren oder, wie es bereits in Zwickau hieß, im „Reich des Glaubens, das in uns ist".[21] Müntzer warnte seine Anhänger nicht nur aus taktischen Gründen vor Aufruhr, weil er zu dieser Zeit jeden politischen Konflikt vermeiden wollte, vielmehr spielten auch theologische Überlegungen eine Rolle. Das Regiment Christi kann nur in Menschen „angehen", die sich einer existentiell tiefgreifenden Läuterung unterzogen und dem göttlichen Geist geöffnet haben: „dan kumpt der Herre und regert vnde stösth dye tyrannen zu bodem."[22] So wächst mystische Frömmigkeit mit eschatologischer Erwartung zusammen; und so deutet sich auch an, wie neue Herrschaft überhaupt entstehen wird. Der *Sendbrief an die Brüder zu Stolberg* ist ein Dokument, das vor einem Aufruhr warnt, der dem Gesetz dieser Welt folgt, und das einen Herrschaftswechsel in Aussicht stellt, der sich nach dem Gesetz des göttlichen Geistes jetzt schon in jedem einzelnen Menschen vorbereitet. Eines Tages wird dieser Geist den ganzen „umbkreiß der erden“ mit einem Regiment ausstatten, das „von keinem pulversacke umbgestossen mag werden.“[23] Müntzer gelang ein wahres Kunststück: Die Warnung vor lokalem Aufruhr verwandelte er unter der Hand zur Ankündigung einer universalen Revolution. Solange nicht zu revolutionärer Aktion aufgerufen wurde, klang alles noch einigermaßen verhalten. Die Brisanz dieses Sendschreibens wurde erst allmählich spürbar, nach und nach, als konkrete Konflikte mit der weltlichen Obrigkeit heraufzogen und zu eindeutigen Stellungnahmen zwangen.

Der erste Konflikt ließ nicht lange auf sich warten. Ernst Graf von Mansfeld verbot seinen Untertanen, zu den evangelischen Gottesdiensten nach Allstedt zu laufen, und Müntzer legte Protest dagegen ein; doch als die Lage sich für die Untertanen nicht besserte, beschimpfte er den Grafen von der Kanzel und forderte ihn auf, sich mit den Ordinarien des Bistums nach Allstedt zu begeben, um vor aller Öffentlichkeit zu beweisen, daß seine „lere adder ampt ketzers sey“; sollte das aber nicht gelingen, werde er ihn als einen „bosenwicht und schalk und buben, turken und heyden achten.“[24] So berichtete Müntzer später dem Kurfürsten, der Graf indessen behauptete, noch unverschämter angegriffen worden zu sein. Er fühlte sich beleidigt und forderte den Amtmann und den Rat zu Allstedt auf, den Prediger in Gewahrsam zu nehmen, damit er nicht auf die Idee käme, sich einem Strafverfahren zu entziehen. Beide lehnten dieses Ansinnen ab, stellten sich hinter ihren Prediger und gaben ihm die Gelegenheit, dem Grafen in einem Begleitschreiben noch einmal ins Gewissen zu reden. Müntzer drehte den Spieß um: nicht er, sondern der Graf selber stehe unter Anklage. Er habe nämlich den „schlussel der kunst Gots“ weggenommen: „Der schlussel aber der kunst Gottes ist der, das man dye leuthe domit regire, das sye Got lernen alleyne forchten“.[25] In diesem Zusammenhang führt Müntzer die klassische Stelle über das Amt der Obrigkeit an: Römer 13. Wenn eine weltliche Obrigkeit ihren Untertanen verbietet, das Evangelium zu hören, verstößt sie gegen ihren göttlichen Auftrag, den Menschen einen Zugang zu dem Prozeß zu verschaffen, der zum Heil führt. „Kunst Gottes“ ist ein anderer Begriff für diesen der mystischen Frömmigkeit nachempfundenen Heilsweg. So ordnet Müntzer die Obrigkeit in sein theologisches Anliegen ein. Auch der Graf ist ein „knecht Gottes“ wie der Prediger, allerdings hat er nur eine Funktion am Anfang des Heilswegs wahrzunehmen, „eyn anfangk der rechten christlichen weysheyt“ aber ist die Gottesfurcht. Wer diesen Anfang verhindert, will selber gefürchtet werden und erhebt sich über Gott, dem allein die Ehre gebührt. Der Dualismus von Menschenfurcht und Gottesfurcht ist der Keim, aus dem Müntzer bald sein Widerstandsrecht gegen die Obrigkeit entwickeln wird. Für ihn steht hier die Reformation auf dem Spiel; er droht und wehrt ab: Falls der Graf nicht nachgibt, werde er, der Allstedter, viel ärger mit ihm umgehen als Luther mit dem Papst. Selbstbewußt unterzeichnet Müntzer diesen Brief als ein „verstorer der unglaubigen".[26] Ergänzt wurden die Schreiben von Amtmann, Rat und Müntzer an den Grafen noch durch einen Brief von Simon Haferitz, dem Prediger in der Altstadt, der ähnlich unversöhnlich wie sein Kollege in der Neustadt reagierte. Allstedt stand geschlossen hinter Müntzer: ein Bollwerk der Reformation in einer altgläubigen Umgebung.

Auch am Hof des Kurfürsten fand Ernst von Mansfeld kein Gehör. Er berief sich zwar auf das jüngste Mandat des Reichsregiments vom März 1523, das alle gottesdienstlichen Neuerungen in den Städten und Territorien unter Strafe stellte, scheiterte aber an der geschickt geführten Reformationspolitik des Kurfürsten. In Allstedt änderte sich nichts; Amtmann und Rat wurden lediglich angewiesen, ihrem Prediger das feierliche Versprechen abzunehmen, nicht mehr beleidigende Reden zu führen. Freilich erweckte die Reformation in dieser Stadt jetzt auch das Interesse des Hofes, zumal offenbar geworden war, daß es bei der Anstellung des Predigers nicht korrekt zugegangen sei. Müntzer glaubte sich aber der Unterstützung durch den Hof sicher und erläuterte dem Landesherrn in einem Brief vom 4. Oktober 1523 die in Allstedt begonnene Erneuerung der „armen ellenden erbarmlichen christenheyt" und seine Sicht der Händel mit Ernst von Mansfeld. Vieles klang allgemeinreformatorisch, beispielsweise „das dye christenheit aus dem munde des wutenden lewen nicht muge errettet werden, es sey dan, das man das lauthere reyn wort Gottes erforer thu, abwende den scheffel adder dekkel, do es myt vorbergt ist, (...) und das man offliche handele dye biblisse warheit vor aller welt (...) dem kleynen und dem grossen darvon protestir (...), nicht anderst dan Christum den gekreuzygten vorzuhalten der welt (...), darvon zu singen und zu predigen unvorstollen und unvordrislich."[27] Daran konnte der Kurfürst, wenn er sich einmal entschieden hatte, die Reformation auf vorsichtige Weise zu fördern, nichts Anstößiges finden. Aufhorchen mußte er indessen bei dem apokalyptischen Szenario, das Müntzer an die Wand malte: Sollte die Obrigkeit den Lauf des Evangeliums aufhalten, werde ihr das Schwert genommen, dem „ynbrunstigen volke" gegeben und der „fride aufgehaben werden von der erden."[28] Hier tauchte das erste Mal der Gedanke von der Volkssouveränität auf und verband sich mit der mystischen Frömmigkeit und der apokalyptischen Erwartung zu einer bedrohlichen

Perspektive für diejenigen, die sich der Allstedter Reformation widersetzten. Da die Erwartung des Weltendes, in Gestalt von Gericht und Verheißung, den Zeitgenossen aber vertraut war, brauchte der Kurfürst sich auch an dieser Stelle nicht herausgefordert zu fühlen. Er antwortete nicht auf diesen Brief, ließ Müntzer jedoch gewähren, sich weiterhin zu einer „eysernen mauren der dorftigen" aufzuwerfen.[29] Allstedt als Bollwerk der Reformation in einer altgläubigen Umgebung konnte dem Kurfürsten zunächst noch recht sein.

In dieser Situation entstanden die beiden Traktate *Von dem getichten*

Protestation odder empietung Tome Müntzers võ Stolberg am Hartzs seelwarters zu Alstedt seine lere betreffende/ vnnd tzum anfang von dem rechten Christen glawben/ vnnd der tauffe. 1524

Horstu welt ich predige dir Jesum Christũ den gecreutzigtẽ zum newen Jare/ vñ dich vñ mich mit ym/ gefelt dirs/ nym es auff/ so nicht verwirffes.

Abb. 13. Die „Protestation und Erbietung" Thomas Müntzers. Titelblatt, 1524

glawben und *Protestation odder empietung.* Sie entsprangen der Absicht, das eigene Programm vor aller Welt erstmals im Zusammenhang zu erläutern, ohne einen Konflikt zu schüren, der das Begonnene sogleich wieder in den Strudel der Zerstörung hätte ziehen müssen. So konzentrierte Müntzer sich darauf, den Zugang zur „Kunst Gottes" zu beschreiben, und sparte die apokalyptischen und obrigkeitskritischen Argumente bewußt aus. Die antiklerikale Polemik hielt sich in Grenzen, die Wittenberger Reformatoren, die zunehmend ins Kreuzfeuer der Kritik gerieten, wurden nicht offen angegriffen, alles war wohlbedacht und moderat im Ton.

Müntzer hat sich in Briefen an Ernst von Mansfeld und den Kurfürsten erboten, öffentlich Rechenschaft von seinem Glauben abzulegen; dazu wurde er indirekt auch schon im Juli 1523 von Luther aufgefordert, der den Allstedter Amtmann Hans Zeiß in einem Gespräch bedrängt hatte, sich dem Einfluß Müntzers zu entziehen und dafür zu sorgen, daß dieser nach Wittenberg käme, um sich dort zu verantworten und belehren zu lassen. Doch auf Gespräche im „Winkel" ließ Müntzer sich nicht ein. Nachdem die Arbeit an der Gottesdienstreform im Sommer 1523 abgeschlossen war, nutzte er vielmehr die Gelegenheit, die theologischen Grundlagen seines Programms im Druck zu verbreiten, wozu er möglicherweise auch gedrängt worden war. Er wollte den Schaden zur Sprache bringen, unter dem die Christenheit litt, und den „grund" aufzeigen, auf dem die „warhafftige cristenheit" ruht, „die vorsehen ist zum ewigen leben".[30] Die Ursache für den Verfall der Christenheit sah Müntzer im „gedichteten" oder „eingebildeten" Glauben. Das ist der Glaube, der von „außen" her angenommen wird und die Menschen in der Illusion wiegt, fromm zu sein und gottgefällig zu leben, in Wahrheit aber verlogen und geheuchelt ist, da er sich auf ein äußerliches, kreatürliches Zeugnis stützt, das nichts Wirkliches schaffen kann. Wirklich ist allein der Glaube, der in der Tiefe der menschlichen Seele entsteht, nachdem alle Einbildung in Anfechtung und Leid, in der Erkenntnis des Unglaubens gar zunichte wurde, so daß nichts anderes als nur das Verlangen nach dem wahren Glauben übrig blieb, der als Senfkornglaube dann kräftig zu wachsen beginnt. Auf diese Weise wird der Schein, unter dem die Christenheit leidet, zerstört und von innen her überwunden: So gelangt man durch die „erglastung (= Aufstrahlen) Gotis im liecht zum liechte".[31] Der Schein, der blendet und täuscht, wird überwunden von dem Licht, das allein Ausdruck des zwischen Gott und Mensch entstehenden Einvernehmens ist. So nahm Müntzer die Vorstellung von der *unio mystica* auf, dem Einssein mit Gott.

Ohne die Wittenberger Reformatoren zu nennen, wandte er sich mit dem *Gedichteten Glauben* doch gegen sie; zumal der Anlaß zu dieser

Schrift elf Fragen gewesen sein könnten, die ihm der kurfürstliche Hofprediger Georg Spalatin, ein Vertrauter Luthers, zur Beantwortung vorgelegt hatte: Es genügt nicht, den Glauben auf die Verheißung der Heiligen Schrift zu gründen, es genügt auch nicht, sich das Leiden Christi zugute zu halten und eigenem Leid aus dem Wege zu gehen. Die Schrift ist vielmehr ein zweischneidiges Schwert: Sie tötet den „gedichteten Glauben", bevor sie ihre Kraft entfaltet, den angefochtenen Menschen auch zu trösten. Und das Leiden Christi wird nur verstanden, wenn der Mensch dem leidenden Herrn gleichförmig wird, d. h. im Leiden nachfolgt und die Hölle durchlebt, die auch er durchlitten hat. Müntzer predigte den „bittern" und nicht den „sußen" Christus.[32] Auf menschliche Weise, faßte Müntzer diesen Traktat zusammen, kann der Mensch sich den Sinn der Heiligen Schrift nicht erschließen: „er muß erwarten, das sie yme eröffnet werde mit dem schlussel Davidis auff der keltern, do er zuknyrschet wirt in alle seiner angenomen weiße, das er also armgeystig wirt, das er gar keinen glauben bey yme befindet dan allein, das er gerne wolt recht glewben. Das ist dann der glaube, der so cleine wirt wie ein senffkorn. Do muß der mensch sehen, wie er das werck Gottis erdulde, das er von tag zu tag zunheme yn der erkentniß Gotis. Do wirt der mensche allein von Got gar mit eynander und von keiner creaturn gelarth, was alle creaturn wissen, ist yme eine bittere galle, nachdem das es ist eine vorkarte weyße, fur welcher Got alle seine außerwelten behuthe und erretthe, nachdem das sie darein gefallen sein."[33]

Ausführlicher und prägnanter, noch schärfer gegen die Wittenberger gerichtet, erläuterte Müntzer sein Programm im anderen Traktat *Protestation oder Erbietung.* Auch diese Schrift ist in der zweiten Hälfte des Jahren 1523 entstanden und zu Beginn des folgenden Jahres im Druck erschienen. Möglicherweise ist sie sogar dem *Gedichteten Glauben* vorausgegangen. Siegfried Bräuer vermutete kürzlich aus guten Gründen, daß im November 1523 ein Lehrgespräch zwischen den Allstedter Predigern auf der einen Seite und Georg Spalatin und Johann Lang aus Erfurt auf der anderen stattgefunden habe, als der Kurfürst vorübergehend auf dem Schloß weilte. Müntzer könnte mit der *Protestation,* ähnlich wie mit dem *Prager Manifest* einst, Rechenschaft über seine Lehre abgelegt und gleichzeitig seiner Weigerung Ausdruck verliehen haben, sich an abgeschiedenem Ort vernehmen zu lassen, worauf er am Ende der Schrift mehrmals eingeht. Möglicherweise sind die erwähnten Fragen Spalatins und der Traktat vom *Gedichteten Glauben* erst nach dem Lehrgespräch entstanden, in dem offensichtlich noch keine Klärung der strittigen Fragen erzielt werden konnte.[34]

Müntzer wurde nicht müde zu erklären, daß die Rechtfertigungsbotschaft der Wittenberger die Menschen zu religiöser Oberflächlichkeit und moralischer Wirkungslosigkeit verführe; und er ließ keinen Zweifel daran, daß die Wittenberger Reformation, wenn sie nicht in ein „besser weßen"[35] geführt werde, auch nur ein Meilenstein auf dem Weg der Christenheit ins Verderben sei. In dieser Schrift erläutert Müntzer nicht nur das Glaubensverständnis, sondern äußert sich auch über die rechte Auffassung von der Taufe. Mit der Einführung der Kindertaufe, d.h. dem Vollzug des Sakraments an Unmündigen, Unbelehrbaren, ist der „eingang zur christenheit zum vihischen affenspiel" geworden.[36] Die Menschen dürfen sich nicht auf den äußeren Buchstaben der Heiligen Schrift verlassen, schrieb Müntzer, sie dürfen ihr Vertrauen genauso wenig auf die äußerliche Wirkung der Taufzeremonie setzen. Die Taufe wird nur richtig verstanden, wenn erkannt wird, daß sie ins „ynnerliche wesen"[37] des Heils führt. Wie einst das Fegefeuer oder die Liturgie wird auch das Sakrament verinnerlicht. Müntzer ist in Allstedt noch nicht zur Praxis der Erwachsenentaufe übergegangen, aber gerade diese Schrift war es, die bald in besonderem Ansehen bei denjenigen stand, die die Glaubens-, Bekenntnis- oder Erwachsenentaufe in Zürich einführten.[38]

So ging ein Jahr in Allstedt zu Ende, in dem Müntzer ruhig wirken und die Reformation nach eigenen Vorstellungen weit voranbringen konnte. In diesem Jahr gründete er auch einen eigenen Hausstand. Er heiratete Ottilie von Gersen, eine entlaufene Nonne. Vielleicht befand sich diese Frau unter jenen Nonnen, die dem Kloster von Wiederstedt im Juni 1523 entflohen waren und auf dem Schloß Unterschlupf und Schutz fanden. Daß ein Geistlicher heiratete, erregte in dieser Zeit noch einiges Aufsehen, sollte Müntzer aber eine dieser Nonnen geehelicht haben, dann mußte dies für die altgläubige Umgebung eine besonders große Herausforderung gewesen sein. Doch in der Stadt war die Reformation fest verwurzelt. Amtmann, Rat und Bürgerschaft standen hinter ihrem Prediger. Sie hatten die Angriffe des Mansfelder Grafen gemeinsam abgewehrt, der Amtmann hatte die Aufforderung Luthers zurückgewiesen, sich von Müntzer zu trennen, und alle hatten höchstwahrscheinlich auch einvernehmlich beschlossen, die Abgaben an das Nonnenkloster Naundorf einzubehalten und eine Armenfürsorge in der Stadt aufzubauen. Die Äbtissin legte allerdings Klage beim Kurfürsten ein, und die Allstedter mußten ihren Verpflichtungen wieder nachkommen.[39] Trotz dieses Rückschlags begann die Reformation dennoch, allmählich auch politisch und sozial Gestalt anzunehmen. Müntzer hat die Chancen, die Allstedt bot, auf wirkungsvolle Weise genutzt.

IX.

Fürsten, Volk und Widerstand

Als Allstedter Bürger nach der Niederlage der Bauern 1525 bei Frankenhausen verhört wurden, sagten sie aus, daß sich einst dreißig Personen zur Mittagszeit im Stadtgraben getroffen und einen geheimen Bund geschlossen hätten. Weiter wußten die Verhörten zu berichten, daß Hans Reichart, ein ehrbarer Bürger, ihnen damals eine Formel vorgesprochen und alle nach dem Schwur in eine Liste eingeschrieben habe. Die Mitglieder dieses Bundes hatten sich verschworen, „bei dem evangelio zu stehen, monchen und nonnen kein zins mehr zu geben und dieselben helfen vorstoren und vortreiben“.[1] Die Quellen schweigen darüber, zu welchem Zeitpunkt der Bund geschlossen wurde. Vieles spricht jedoch dafür, ihn mit den mansfeldischen Händeln im Sommer 1523 und dem Beschluß in Verbindung zu bringen, dem Kloster zu Naundorf alle Abgaben zu verweigern.[2] Möglicherweise war Müntzer der Initiator dieses Bündnisses, ein Mitglied war er aber nicht. Da für die nächste Zeit keinerlei auffällige Aktionen in Allstedt überliefert sind, muß man annehmen, daß die Bundesgenossen im Verborgenen wirkten und ihre Aufgabe darin sahen, den Prediger zu unterstützen und notfalls gegen Angriffe in Schutz zu nehmen. So war dieser Bund wohl weniger eine konspirative Organisation, die auf einen politischen Umsturz hinarbeitete, als vielmehr eine Bruderschaft, die sich auf entschlossene Weise für die Reformation einsetzte und jetzt schon zu verwirklichen trachtete, was das Evangelium gebot: „das sie bruder sein sollen vnd sich lieben wie die bruder“.[3] In Allstedt könnte man auf eine Idee gekommen sein, die sich den Unzufriedenen bald auch in anderen Gegenden wie selbstverständlich nahelegte: Die Bauern schlossen sich zu „Christlichen Vereinigungen“ zusammen und beschlossen eine „Bundesordnung“, sie standen dem Evangelium bei und richteten „brüderliche Liebe“ auf – oft allerdings schon mit deutlicher revolutionärer Absicht, in Allstedt war es noch nicht soweit. In dieser Stadt sollte zunächst nichts überstürzt werden. Vielleicht war das der eigentliche Grund für die Heimlichkeit des Bundes und für sein Zögern, sogleich an die Öffentlichkeit zu treten.

Unterdessen war Müntzer rührig und setzte seine Überzeugungs- und Erziehungsarbeit fort. Bürger und Bauern, selbst Knappen aus dem mansfeldischen Kupferbergbau strömten herbei und sahen die „fleissigen, unvordroßnen gottisknechte teglich die biblien treiben mit syngen, lesen und predigen".[4] So entstand sehr bald ein weiter Abstand zu den „Zeremonien" und „Geberden" des alten Gottesdienstes. Immer mehr störte die Anhänger Müntzers das Wirken der Mönche und Nonnen in der näheren und weiteren Umgebung. Der antiklerikale Impuls, der dieser neuen Frömmigkeit zugrunde lag, drängte zur Tat, sobald sich irgendwo das „abgöttische" und „teuflische" Wesen des Klerus zeigte. Vielleicht war es auch so, daß nach einem konkreten Streit mit dem Klerus geradezu gesucht wurde, um die neue Frömmigkeit von ihrem antiklerikalen Entstehungsimpuls her in Allstedt weiter zu festigen, wo die klerikale Front längst zusammengebrochen war und ihre herausfordernde Wirkung einzubüßen drohte. Ein Dorn im Auge war den Bürgern vor allem die Kapelle zu Mallerbach in einem Wald nahe der Stadt, eine Wallfahrtsstätte mit einem wundertätigen Marienbild, das Gläubige von nah und fern anzog. Von Zeit zu Zeit rückten nachts einige Bürger aus, möglicherweise die Genossen des geheimen Bundes, und schüchterten den alten Klausner ein, der diese Kapelle betreute. Sie bedrohten ihn und gingen bald dazu über, das Kirchengerät zu plündern oder zu zerstören. Der Klausner zog sich zurück, und die Nonnen zu Naundorf, denen diese Kapelle gehörte, ließen das kostbare Gerät, das noch vorhanden war, in Sicherheit bringen. So stand das Gebäude schließlich leer und verwahrloste. Müntzer nannte es in seinem *Bekenntnis* eine Spelunke.[5] Eines Tages, es war Ende März 1524, zogen einige Allstedter während des Gottesdienstes dorthin, um dem „teufel zu Mallerbach" vollends den Garaus zu machen.[6] Sie warfen die Bilder hinaus, so berichtete Müntzer später aus der Sicht des hinzugeeilten Augenzeugen, und steckten alles in Brand.[7] Das war nicht der „exzessive Akt blinden Eifers", wie Walter Elliger meinte,[8] sondern eine wohlbedachte antiklerikale Aktion. Auch anderswo konnte ein Bildersturm in eine Feuersbrunst übergehen. Hier war nicht der blindwütige Zorn des Volkes am Werk, kein Vandalismus, hier wurde vielmehr ein neues, weithin sichtbares Zeichen gegen den Klerus gesetzt. Der Teufelskult, wie Müntzer es sah, wurde mit dem Ritual eines Purgatoriums ausgemerzt. Mit dem Sturm auf die Mallerbacher Kapelle geriet ein Prozeß in Gang, in dessen Verlauf sich das volle Ausmaß der Reformation, die Müntzer vorschwebte, zeigen sollte. Die altgläubigen Obrigkeiten fahndeten fieberhaft nach den Brandstiftern, konnten aber, zur Beruhigung von Amtmann und Rat, keinen Allstedter Bürger überführen. Daraufhin legte die Äbtissin des Naundorfer Klosters Beschwerde beim Kurfürsten ein und verlangte die Verurteilung der Übeltäter. Der Kurfürst, vorsichtig wie immer, holte erst einmal Erkundigungen in Allstedt

Abb. 14. Kurfürst Friedrich der Weise. Holzschnitt von Erhard Schoen, 1524.

selbst ein, um sich ein genaues Bild von den Vorgängen zu machen. Amtmann, Schultheiß und Rat antworteten gemeinsam auf die Beschuldigungen. Sie wiesen alle Schuld von sich und verdächtigten umgekehrt die Klosterleute, selber den Brand gelegt zu haben, um ihn auf diese Weise den frommen Leuten zu Allstedt in die Schuhe schieben zu können, verbunden mit der Absicht, die Reformation in der Stadt zu verunglimpfen und schließlich zu zerstören. Alles wollten die „frombde leut" ertragen, hieß es, nur nicht, daß die Ordensleute „das evangelium ketzerei heissen" und der Kurfürst denjenigen zum Recht verhelfe, die das Evangelium ins Unrecht setzten.[9] Das war eine deutliche Sprache, eine Antwort, die den Hof doch sehr an die Reaktion der Allstedter auf die mansfeldischen Händel erinnern mußte. Der Spieß wurde einfach umgedreht.

Der Kurfürst mißtraute dieser Antwort und übertrug den Fall dem Hof zu Weimar, der ohnehin für die thüringischen Gebiete zuständig war. Herzog Johann, Bruder und Mitregent des Kurfürsten, bestellte Amtmann, Schultheiß und Rat zu einem Verhör am 9. Mai 1524 nach Weimar und ordnete an, die Brandstifter innerhalb von zwei Wochen zu verhaften und zur Rechenschaft zu ziehen. Die Allstedter waren aufgebracht und taten alles, um die Ermittlungen zu behindern. Müntzer spottete zu Pfingsten auf der Kanzel über den „alde grawbart", den Kurfürsten, der „sso vil weysheyt in seynem koppe" habe „als Ich in meynem hindersten". Auch Simon Haferitz mischte sich ein. Er rief die Bürger sogar auf, ihrem Fürsten abzusagen und sich selber einen neuen Herrn zu wählen.[10] Müntzer und die Allstedter Ratsherren beteuerten zwar später, so etwas weder gesagt noch gehört zu haben; höchstwahrscheinlich war ihnen alles nur in den Mund gelegt worden, um sie bei Hofe zu denunzieren; aber dennoch werden die Prediger mit ihrem Unmut nicht hinter dem Berge gehalten und manches deutliche Wort gesprochen haben. Die Situation war kritisch. Die ermittelnden Behörden befürchteten sogar Aufruhr und Empörung im Volk, wenn es zu voreiligen Verhaftungen käme, nur um den Hof zufrieden zu stellen. Sie baten um eine Fristverlängerung für ihre Ermittlungen. Unter einem besonderen Druck stand Hans Zeiß, der Amtmann des Herzogs. Er war dem evangelischen Gottesdienst, wie er in Allstedt gefeiert wurde, zugetan und mit Müntzer freundschaftlich verbunden. Andererseits mußte er den Auftrag des Hofes erfüllen und gegen einige Anhänger Müntzers vorgehen.[11] Da der Kurfürst vom Reichsregiment argwöhnisch beobachtet wurde, bestand er auf korrekter Amtsführung, sobald sich die Untertanen auf eigenwillige Weise über die Regeln politischer Behutsamkeit hinwegsetzten und die Reformationspolitik des Hofes in Bedrängnis brachten. Am 11. Juni 1524 ließ der Amtmann nach einigem Zögern den Ratsherrn Ciliax Knauth verhaften, der unter den Verdacht der Brandstiftung geraten war, und auf dem Schloß in den Stock legen.[12] Das trug nicht gerade dazu bei, die erregte Atmosphäre in der Stadt zu beruhigen. Ganz im Gegenteil: Rat und Bürger rückten eng um ihren Prediger zusammen und wandten sich in einem energischen Schreiben an den Herzog. Sie erinnerten ihn an seine obrigkeitliche Pflicht, die Frommen zu schützen und die Gottlosen zu strafen. „Weil aber nu der ganzen welt kunt ist, das monche und nonnen abgottische menschen seint, wie mugen sie dan von frumen christlichen fursten vortediget werden mit billigkeit"?[13] Der Obrigkeit wurde zwar nicht die Loyalität aufgekündigt, wohl aber auf die Grenzen fürstlicher Gehorsamsforderung hingewiesen. Man demonstrierte kommunale Geschlossenheit und begründete die Weigerung, Brüder der Verhaftung zuzuführen.

Dieser Brief entstand in einer prekären Situation. Der Amtmann hatte zahlreiche Bauern aus den Dörfern aufgeboten, um den Widerstand zu brechen, der bei weiteren Verhaftungen zu erwarten war. Über das ländliche Aufgebot hatte er in mühevollem Werben auch Einvernehmen mit dem Schultheiß erzielt, bevor der Rat, am 13. Juni auf das Schloß befohlen, davon in Kenntnis gesetzt werden sollte. Doch der Plan war in der Stadt ruchbar geworden. Müntzer läutete die Sturmglocke, und die Bürger liefen zusammen. Sie hatten sich in diesen Tagen eine militärische „Ordnung" gegeben und mit mancherlei Kriegsgerät, Gabeln und Forken, bewaffnet; Männer und Frauen waren erschienen, um den bevorstehenden Angriff auf das Evangelium abzuwehren. Sie setzten durch, daß der Rat unter Zusicherung freien Geleits auf das Schloß zog, und verhinderten mit ihrem Auflauf schließlich die bevorstehenden Verhaftungen. Der Amtmann gab seinen Plan auf und reiste zum Bericht nach Weimar. Dort erwirkte er auch die Einwilligung des Hofes, den gefangenen Ratsherrn vorläufig wieder freizulassen. So war die Gefahr erst einmal gebannt. Kurz darauf reiste Zeiß auch nach Lochau, um Friedrich dem Weisen zu berichten und ihn zu bitten, das Naundorfer Kloster zu einem weniger belastenden Umgang mit den Allstedtern zu bewegen. Auch sollte Müntzer Gelegenheit erhalten, seine Lehre in einem öffentlichen Verhör zu verteidigen. Nur so konnte Zeiß sich eine Lösung der Probleme in Allstedt vorstellen. Alles andere müßte zur Empörung der Bürger oder zum Schaden des Klosters führen; doch dafür könne er die Verantwortung nicht übernehmen.[14] Der Kurfürst wollte sich die Bitte um ein Verhör noch überlegen, den Allstedtern teilte er jedoch mit, daß er weiterhin auf einer rückhaltlosen Aufklärung der Mallerbacher Affäre bestehe.[15]

Müntzer hatte sich in diesen Tagen zurückgehalten, um so deutlicher trat die Gemeinde in den Vordergrund. Rat und Bürgerschaft standen fest zusammen und waren entschlossen, ihre kommunale Reformation zu verteidigen – notfalls mit Waffengewalt. Sicherlich war es Müntzer, der diese Einigkeit gestiftet hatte, er lieferte dem Rat auch die entscheidenden Argumente für den selbstbewußten Widerstand gegen alle Obrigkeiten, die den neuen Glauben verfolgten oder eine Verfolgung duldeten. Diese kommunale Solidarität zu festigen, war das Ziel jener Tage. Gleichzeitig suchte er nach einer Gelegenheit, der kursächsischen

Obrigkeit ausführlich zu erklären, welche Rolle von ihr im Kampf um die Reformation erwartet werde. Das wurde um so dringender, als ihm nicht verborgen geblieben war, wie sehr Luther seinen Einfluß auf den Weimarer Hof, vor allem auf den Kurprinzen Johann Friedrich verstärken konnte.

Eine Gelegenheit, auf die Obrigkeit einzuwirken, bot sich, als Herzog Johann mit seinem Sohn Johann Friedrich am 1. Juli 1524 auf einer Durchreise nach Halberstadt in Allstedt über Nacht blieb. Dort werden sich beide über die Verhältnisse in der Stadt unterrichtet und Müntzer wird sie möglicherweise über Zeiß gebeten haben, vor ihnen predigen zu dürfen.[16] Die Antwort fiel positiv aus. Müntzer sollte nach ihrer Rückkehr, am 13. Juli, angehört werden. So konnte er hoffen, den Wittenberger Einflüsterungen entgegenzuwirken. Gewöhnlich wird die Meinung vertreten, die Fürsten hätten Müntzer zu einer Probepredigt aufs Schloß befohlen, da seine Anstellung bisher noch überhaupt nicht rechtskräftig vollzogen war. Doch die Tätigkeit eines Predigers vom Inhalt seiner Verkündigung abhängig zu machen, hätte sich die kursächsische Obrigkeit nicht angemaßt. Ihre Kirchenpolitik beruhte ja gerade auf dem Prinzip, sich nicht in die geistlichen Belange der Kirche einzumischen. Daß der Obrigkeit das Anhören dieser Predigt mehr oder weniger abgetrotzt worden war, zeigt die Tatsache, wie schnell die fürstliche Reisegesellschaft am nächsten Morgen gleich nach dem Gottesdienst aufbrach und Müntzer ohne Echo und Stellungnahme zurückließ. Ihm wurde nur bedeutet, eventuelle Druckschriften vorher zur Genehmigung vorzulegen. Außerdem: wäre es tatsächlich um eine angeforderte Probepredigt gegangen, hätte Müntzer sich wohl vorsichtiger geäußert und ein weniger verfängliches Thema gewählt. Doch er wich dem zentralen Problem jener aufgewühlten Tage nicht aus, sondern machte es zum Gegenstand seiner Predigt, auch auf die Gefahr hin, auf taube Ohren zu stoßen oder den Unwillen der Fürsten vollends heraufzubeschwören. Müntzer war soweit, er suchte eine Entscheidung. Er wollte wissen, ob er mit der kursächsischen Obrigkeit im Kampf um die Reformation am Ende der Tage rechnen könne oder nicht.

Zunächst las Müntzer das zweite Kapitel aus dem Buch des Propheten Daniel und versetzte die Zuhörer, die beiden fürstlichen Herrschaften, den Kanzler, einige Hofbeamte und den Amtmann, an den Hof König Nebukadnezars in Babylon. Dort herrschte große Aufregung. Der König war von einem Traum heimgesucht worden, der ihn über alle Maßen erschreckt hatte, dessen Inhalt ihm aber entfallen war. Er ließ Traumdeuter, Wahrsager und Zauberer zu sich kommen, doch sie konnten ihm nicht helfen. Sie ließen ihn sogar wissen, daß sein Ansinnen, einen Traum zu deuten, ohne ihn selbst zu kennen, töricht sei. Da wurde der König zornig und befahl, alle Wahrsager und Weisen des Landes umzubringen. So wurde auch nach Daniel gesucht, einem Weisen aus Israel, der sich mit seinen Gefährten in babylonischer Gefangenschaft befand. Daniel wandte sich im Gebet an seinen Gott, und ihm wurde der Traum des Königs offenbart. Beherzt ging er an den Hof und erreichte, daß der Befehl zur Ausrottung aller Weisen wieder aufgehoben wurde. Er berichtete dem König von der Offenbarung, die nur Gott den Menschen zuteil werden lassen könne, und brachte ihm den Traum wieder in Erinnerung. Der König habe eine große Statue gesehen: der Kopf sei aus Gold gewesen, Brust und Arme aus Silber, der Bauch und die Lenden aus Erz, die Schenkel aus Eisen, die Füße aus Eisen und Ton. Dann habe sich ein Stein gelöst und sei gegen die Füße geschlagen, habe sie zerschmettert, und die Statue sei in sich zusammengefallen. Aus dem Stein aber sei ein großer Berg geworden, der bald die ganze Erde ausfüllte. Das war der Traum. Von der Autorität der Traumoffenbarung bestätigt, ließ Daniel die Auslegung folgen. Er deutete die Statue auf die großen Königreiche dieser Welt, die auf das Reich Babylons folgen, alle aber eines Tages zerschlagen und vernichtet würden. Doch im Unheil, so fuhr Daniel fort, kündige sich bereits das Heil an: „Aber zur Zeit solcher Königreiche wird der Gott des Himmels ein Königreich aufrichten, das nimmermehr zerstört wird; und sein Königreich wird auf kein ander Volk kommen. Es wird alle diese Königreiche zermalmen und verstören; aber es selbst wird ewiglich bleiben" (Dan. 2,44). Nebukadnezar fiel auf sein Angesicht und betete Daniel an, ließ ihm Speise- und Brandopfer darbringen und sprach: „Es ist kein Zweifel, euer Gott ist ein Gott über alle Götter und ein Herr über alle Könige, der da kann verborgene Dinge offenbaren, weil du dies verborgene Ding hast können offenbaren" (Dan. 2,47). Daniel wurde zu Ehren gebracht, er wurde ein Fürst über Babylon und Ratgeber am Hofe des Königs.

Dieser Text bot Müntzer die Möglichkeit, Grundzüge seines theologischen Programms zu erläutern und sein Verhältnis zur weltlichen Obrigkeit, ausführlicher und genauer als bisher, zu bestimmen. Die Stichworte waren: göttlicher Geist und irdische Macht.

Der Prediger setzte mit einer Beschreibung der Situation ein, dem Zerfall der Christenheit. Was Daniel einst in prophetischer Voraussicht angedeutet hatte, begann sich allerorten einzustellen: das letzte Reich verfiel. Und Müntzer ließ keinen Zweifel daran, daß die „faulen, nachlessigen diner" der Kirche, die Weisen, die doch nichts wissen, für den Schaden verantwortlich seien. Kaum war das Wort Gottes ausgesät, haben sie das Unkraut wuchern lassen.[17] Sie haben den Schafen Christi die „rechte Stimme" geraubt und den Gekreuzigten zu einem „lauttern fantastischen götzen" gemacht,[18] alles mit dem Schein der Heiligkeit überzogen und über den Irrtum der Kirche hinweggetäuscht. Wie der Eckstein von den Bauleuten, wurde der Geist Christi von den Regenten verworfen und den Gelehrten verspottet, so daß niemand die Seligkeit erlangen konnte, die dem menschlichen Geist doch allein durch den Geist Gottes mitgeteilt wird. Vorwurfsvoll fragte der Prediger seine fürstlichen Zuhörer: „Ja ein abgöttischer, höltzener pfaff und ein grob tolpelisch und knuttelisch volk, wilchs doch das allergeringste urteil von Got nit beschlissen kan. Ist das nit ein jamer, sunde und schande"?[19] Müntzer eröffnete seine Predigt mit einem antiklerikalen Paukenschlag und rechtfertigte den neuen Gottesdienst in Allstedt: er dient dazu, den Irrtum der Kirche allen bewußt zu machen, die sich den Pfaffen und Gelehrten anvertraut haben. Nicht Pfaffen und Gelehrte werden den Schaden von der Christenheit abwenden, sondern allein diejenigen, die in der Furcht Gottes stehen und mit Weisheit „von oben hernidder" erfüllt sind. Sie werden die „unaußsprechliche boßheyt" strafen und Rache an den Gottlosen üben.[20] Das war in dieser Predigt ein erster, fast noch verborgener Hinweis darauf, daß die mystische Frömmigkeit, zu der im neuen Gottesdienst erzogen wurde, eine Quelle weltverändernden Handelns sei.

Der Stein, der die Weltreiche zerschlug, wurde in dieser Predigt zum Symbol für den Geist Christi. Doch wurden nicht Angst und Schrecken, die der anrollende Stein hätte auslösen müssen, zum Thema des einleitenden Abschnitts, sondern umgekehrt Spott und Hohn, Leichtfertigkeit und Widerspenstigkeit, mit denen diesem Geist begegnet wurde. Christus war zum „fußhadder" geworden, einem Lumpen, auf dem jedermann seine Füße abtrat, sein Geist zu einem „spotvogel".[21] Im Grunde war der Niedergang der Christenheit die Geschichte des Widerstands gegen den Geist Christi. Darum kreisten die Gedanken zunächst – sie standen eher in einem assoziativen als in einem interpretativen Verhältnis zur biblischen Vorlage.

Sodann griff Müntzer das Thema der Träume und Offenbarungen auf. Der Traum Nebukadnezars war ein biblisches Beispiel dafür, wie Gott sich den Menschen in Träumen offenbart; und mit weiteren Beispielen unterstrich Müntzer die Bedeutung, die Träume und Offenbarungen allgemein haben. Er wußte, daß sein Offenbarungsverständnis ins Gerede gekommen war und aus diesem Grunde einer besonders sorgfältigen Erörterung bedurfte.

Müntzer hatte das Heil des Menschen auf den Geist Gottes gegründet. Nicht die Heilige Schrift, sondern der göttliche Geist war einzig verläßliche Autorität. Die Schrift war Müntzer wichtig, da sie Zeugnis ablegte von dem Weg zum Heil, aber sie war nicht dieser Weg selbst.

Müntzer dachte im Traditionsgefälle der augustinischen Spannung von „Geist und Buchstabe“ und trennte den geistlichen Bereich streng vom kreatürlichen: Das Heil erwächst aus dem Geist, nicht aus der Schrift, da diese ihrem Wesen nach kreatürlich sei. Der Geist ist Urheber der Schrift und deshalb wichtiger als sie. Diese Auffassung konnte in der *Ausgedrückten Entblößung* zu einer extremen Aussage führen: „Wenn eyner nu seyn leben lang die biblien wider gehöret noch gesehen het, kündt er woll für sich durch die gerechten lere des geystes eynen unbetrieglichen christenglauben haben, wie alle die gehabt, die one alle bücher die heylige schrifft beschrieben haben. Und er were auch auffs höchst versichert, das er solchen glauben vom unbetrieglichen Got geschöpfft und nit vom abgekunterfeyten des teufels oder eygener natur eyngezogen hette“.[22] Müntzer will nicht die Schrift abwerten, sondern nur diejenigen tadeln, die sich durch einen fragwürdigen Umgang mit ihr um die lebendige Kommunikation mit Gott bringen, Heilsgewißheit auf einer Illusion aufbauen und die ihnen anvertrauten Menschen in falscher Sicherheit wiegen. Zu diesem Bemühen, Heilsgewißheit auf eine verläßliche Autorität zu gründen, gehört die Forderung nach Offenbarung, Gesichten und Träumen. Dabei geht es eigentlich nicht um Inhalte göttlicher Offenbarung, die über die Schrift hinausführen, sondern nur um die lebendige Kommunikation zwischen Gott und Mensch, um den höchsten Grad an Unmittelbarkeit.

Allerdings pflegt Müntzer keinen leichtfertigen Umgang mit Träumen und Gesichten. Er warnt vielmehr vor dem Teufel, der hier einreissen und die „salbe des heilgen geistes“ verderben könne. Deshalb empfiehlt er auch, darauf zu achten, daß „das werck der gesichte“ nicht „rausser quelle durch menschliche anschlege, sonder einfaltig herfliesse nach Gottis unvorrücklichem willen“.[23] Dieser Vorbehalt, der bereits formelhaften Ausdruck im Mittelalter gefunden hatte, soll andeuten, daß Träume, Visionen und Offenbarungen nicht für sich stehen, nicht frei wuchern und nicht zu ekstatischer Absonderlichkeit führen, sondern in die Ordnung des Heilsprozesses fest eingebunden sind. Sie erhalten ihre Bedeutung von der Funktion her, die sie für das Aufgehen des göttlichen Wortes im „Abgrund der Seele“ haben. Besonders in Trübsal und Leid ist auf Träume zu achten. Sie sind ein Notbehelf in schwieriger Zeit. „Wann aber der mensch das klare wort Gottis in der selen nicht vornummen hatt, so muß er gesichte haben“.[24] Auf diese „bildreiche weyse“, wie Müntzer sagt, kommt es zu partieller Erkenntnis, in ihrem vollen Umfang geht die Erkenntnis von Gott indessen im Seelengrund auf. Dieses Traumverständnis ist fest in das mystische Heilskonzept eingebunden. So erklärt sich, daß Müntzer eine mittlere Position einnimmt: zwischen der Traumverachtung Luthers und den

Abb. 15. Das Ende der Welt ist nahe. Aus „Ein newe außlegung. Der seltsamen wunderzaichen vnd wunderpürden, so ein zeyther im reich, als vorpoten des Almächtigen Gottes“ von Joseph Grünpeck. Titelholzschnitt, 1507

„gantz vorfluchten, vorgifftigen mönchtrewme“, die der Teufel benutzt, um seinen Willen in dieser Welt durchzusezten.[25] Müntzer vermeidet ganz bewußt extreme Einstellungen zur Traumproblematik und versucht, als bedachtsamer Theologe zu erscheinen.

Doch außer der mystischen hat dieses Traumverständnis noch eine apokalyptische Dimension. Müntzer wähnt sich in der Endzeit und erinnert an die Weissagung des Propheten Joel, wonach Gott seinen Geist am Ende der Tage über alles Fleisch ausgießen wird und „unser söne und töchter sollen weyssagen und sollen trewme und gesichte haben".[26] Diejenigen, die in einer lebendigen Kommunikation mit Gott stehen, nehmen die „voranderung der weldt" wahr, wie sie sich gerade vollzieht. Ihnen ist offenbart, wie notwendig eine „treffliche unuberwintliche zukünfftige reformation" sei.[27] Doch die Auserwählten, wie Müntzer die Gläubigen nennt, nehmen die Veränderung der Welt nicht nur wahr, sie sind auch aufgerufen, daran mitzuwirken. Allerdings tut sich hier ein Widerspruch auf: Wie sollen die Menschen, die in sündhafter Furcht vor den Kreaturen gehalten werden, ein Werk aufnehmen, das eigentlich nur aus dem Geist der Gottesfurcht, also nach der Befreiung von Kreaturenfurcht, in Angriff genommen werden könne? Nimmt man mit Sigmund Freud an, daß im Traum diejenigen Gedanken freigesetzt werden, die aus der öffentlichen Kommunikation verdrängt wurden, dann lassen sich die Träume als geeignete Mittel verstehen, den Widerspruch von Kreaturen- und Gottesfurcht zu überwinden. Die Träume bereiten den Menschen vor, seinem eigentlichen, von Gott bestimmten Wunsch nach Befreiung zu folgen und sich für dessen Erfüllung auch einzusetzen. Träume werden zur Quelle und zum Antrieb gesellschaftlichen Handelns.

So erweisen die Träume sich aber auch als ein Angriff auf die bestehende Gesellschaftsordnung, in der Müntzer eine Verkehrung der göttlichen Ordnung sah. In der gegenwärtigen Gesellschaft wird Angst und Schrecken verbreitet, Furcht vor Menschen und Kreaturen, nicht aber vor Gott. Die Ordnung der Kreaturenfurcht muß von einer Ordnung der Gottesfurcht abgelöst werden. In Träumen, die von der Überwindung der Kreaturenfurcht im Inneren des Menschen künden, wurde die Auflehnung gegen eine Ordnung des Unrechts und der Unfreiheit vorbereitet und vorweggenommen. Das Offenbarungsverständnis Müntzers, das zeigt sich hier noch deutlicher als in dem *Sendbrief an die Brüder zu Stolberg,* war im Ansatz eine Theorie revolutionärer Veränderung der bestehenden gesellschaftlichen und politischen Verhältnisse. Hier ging es um mehr als nur das Urteil über eine theologische Erkenntnislehre oder Händel zwischen Luther und ihm; hier ging es auch um die Sache der weltlichen Obrigkeit. Nebukadnezar ließ sich von Daniel beraten, der heidnische Potentat vertraute sich einem Weisen aus Israel an. Ohne einen klugen, geistbegabten Berater würden auch die Fürsten zu Sachsen ihren endzeitlichen Auftrag nicht erkennen und erfüllen können. Wie die Wahrsager und Gelehrten einst versagten, würden jetzt auch „bruder mastschwein und bruder sanffteleben" in Wittenberg, die so gar nichts von göttlichen Offenbarungen hielten, versagen. Mit diesem Wink versuchte Müntzer, sich seinen fürstlichen Herren selber als „newer Daniel" zu empfehlen.[28]

Zunächst hatte Müntzer über den Zerfall der Christenheit geklagt, dann über sein Offenbarungsverständnis gesprochen, schließlich folgten Ausführungen zum Amt der Obrigkeit. Die Weltreiche liefen ihrem Ende zu. Der Stein war gewachsen, wie der babylonische König einst geträumt hatte, und gerade im Begriff, die irdische Macht in ihrer schwächsten Epoche zu treffen. Die Weltreiche der Babylonier und Assyrer, der Griechen und Römer waren untergegangen, lange schon währte das letzte Reich, das durch ein Gemisch aus Eisen und Ton symbolisiert wurde, die „zertrennte" Welt: ein Reich, in dem Pfaffen und Regenten sich die Herrschaft teilten, sich wie Aale und Schlangen auf einem Haufen verunkeuschten und nicht in der Lage waren, ihre Interessen und Pflichten auf ein Ziel, das Reich Gottes auszurichten.[29] Noch war es für die sächsischen Fürsten nicht zu spät, die Seiten zu wechseln, der Vergänglichkeit irdischer Macht zu entrinnen und sich, im biblischen Bilde gesprochen, auf den „Eckstein" zu stellen, wie der Apostel Petrus einst, d.h. mit ernster Entschiedenheit Gottes Gerechtigkeit zu suchen und die Sache des Evangeliums tapfer in Angriff zu nehmen. Das göttliche Reich werde zwar allein von Gott heraufgeführt werden, sagte Müntzer den Fürsten, aber nicht ohne die Hilfe der „mittler", die das Schwert führen: „Lieber, gebt uns keyne schale fratzen vor, das die krafft Gotis es thun sol an ewr zuthun des schwerts, es möcht euch sunst in der scheyden vorrusten".[30] An anderer Stelle erwähnt Müntzer, daß die Auserwählten einst das gelobte Land nicht durch das Schwert, sondern durch die Kraft Gottes erobert hätten, „aber das schwerdt war das mittel, wie uns essen und trincken ein mittel ist zu leben. Also nötlich ist auch das schwerdt, die gotlosen zu vertilgen".[31]

Auf die Seite des Evangeliums zu treten, bedeutete, sich schützend vor diejenigen zu stellen, die sich von innen her, in Trübsal und Leid dem göttlichen Geist zuwandten, und diejenigen zu strafen, die sich dem Werk Gottes in ihrer Seele widersetzten und andere daran hinderten, zum Glauben zu kommen. So legte Müntzer die berühmte Obrigkeitsstelle in Römer 13 aus. Auch Luther bezog sich auf diese Stelle, deutete sie aber anders. Für ihn war die Obrigkeit von Gott eingesetzt, um die Guten zu schützen und die Bösen zu strafen, d.h. um ein Zusammenleben der Menschen zu ermöglichen. Die Obrigkeit hatte eine Aufgabe allein im weltlichen Bereich wahrzunehmen, im geistlichen jedoch nichts zu vermelden. Hier herrschten göttlicher Geist, Liebe und Barmherzigkeit, dort Recht, politische Vernunft und das Schwert. Der Aufgabenbereich der Obrigkeit war eingeschränkt, ihre Autorität dafür aber unumstößlich.

Niemand hatte das Recht, der Obrigkeit den Gehorsam zu verweigern, nicht einmal, wenn diese ihrer säkularen Pflicht nicht ordnungsgemäß nachkam. Einer pflichtvergessenen Obrigkeit durfte zwar ins Gewissen geredet, ihr jedoch kein Widerstand entgegengesetzt werden. Luther kannte kein Widerstandsrecht – anders Müntzer.[32] Er meinte, daß sich die Obrigkeit selber um ihre Existenz bringt, wenn sie die Frommen nicht schützt und die Gottlosen nicht straft, die Übeltäter leben läßt, denn „ein gottloser mensch hat kein recht zcu leben, wo er die frumen vorhindert".[33] Sollte die Obrigkeit ihre Pflicht verletzen, wird ihr das Schwert genommen werden.[34] Dabei berief Müntzer sich auf Daniel 7,27, wo von der Übergabe der Herrschaft an das „Volk des Höchsten" die Rede ist. Mit eigenen Worten sprach Müntzer noch nicht davon. Das tat er erst ein wenig später, als die Situation sich in Allstedt weiter zuspitzte. Unmißverständlich hatte er sich aber zum Widerstandsrecht geäußert, und er fand ebenso drastische Worte für das Schicksal, das einer uneinsichtigen Obrigkeit droht. Die sächsischen Fürsten, meinte er, sollten den Obrigkeiten, die sich der Reformation in den Weg stellten, den Frieden anbieten, d.h. sie auffordern, sich in die Ordnung Gottes einzufügen. Sollten sie sich dieser Aufforderung aber widersetzen, möge man sie „erwürge(n) on alle gnade".[35] Das sind deutliche Worte; offen bleibt nur noch, wer dieses martialische Urteil vollstrecken soll. Luther hatte das Widerstandsrecht mit Römer 13,1 und 2 abgelehnt: „Jedermann sei untertan der Obrigkeit, die Gewalt über ihn hat. Denn es ist keine Obrigkeit ohne von Gott; wo aber Obrigkeit ist, die ist von Gott verordnet. Wer sich nun der Obrigkeit widersetzt, der widerstrebt Gottes Ordnung; die aber widerstreben, werden über sich ein Urteil empfangen". Ungehorsam und Widerstand gegen die Obrigkeit hätte Ungehorsam und Widerstand gegen Gott bedeutet. Müntzer hatte das Widerstandsrecht mit Röm. 13,3 und 4 begründet: „Denn die Gewaltigen sind nicht den guten Werken, sondern den bösen zu fürchten. Willst du dich aber nicht fürchten vor der Obrigkeit, so tue Gutes, so wirst du Lob von ihr haben. Denn sie ist Gottes Dienerin dir zugut. Tust du aber Böses, so fürchte dich; denn sie trägt das Schwert nicht umsonst; sie ist Gottes Dienerin, eine Rächerin zur Strafe über den, der Böses tut". Solange die Obrigkeit sich wie eine „Dienerin Gottes" verhält, d.h. der Ordnung Gottes fügt, kann sie mit dem Gehorsam der Untertanen rechnen, sobald sie gegen ihre Pflicht verstößt, muß ihr widerstanden werden. Aus dem Widerstandsrecht folgt eine Widerstandspflicht. Eike Wolgast hat recht, wenn er schreibt, daß Müntzer mit dieser Predigt alle „herkömmlichen Vorstellungen" zerstörte und das „Normen- und Rechtsgefüge seiner Zeit" sprengte, außerdem ein religiös begründetes Interventionsrecht gegen die altgläubigen Herrschaften verkündigte, „das gegen die Rechtsordnungen und Landfriedensgebote verstieß".[36] Müntzer hatte seinen Fürsten zugemutet, einen revolutionären Standpunkt einzunehmen.

Das war eine kühne Predigt, die kühnste vielleicht, die eine Obrigkeit in Deutschland je hören mußte. Die Reaktion darauf blieb zunächst aus; Müntzer wollte einer vorschnellen Entscheidung des Hofes zuvorkommen, indem er noch am selben Tag seine dringende Bitte um ein öffentliches Verhör wiederholte, gleichzeitig sicherte er dem Hof zu, seine Schriften in Zukunft vor einer Veröffentlichung vorzulegen. Diese Predigt ließ er allerdings, ohne eine Erlaubnis einzuholen, unter einem harmlosen Titel im Druck erscheinen: *Auslegung des andern Unterschieds Danielis, gepredigt auffm Schloß zu Allstedt vor den tätigen teuren Herzögen und Vorstehern zu Sachsen durch Thomas Müntzer, Diener des Wort Gottes.* In die Geschichte ist diese Ansprache als *Fürstenpredigt* eingegangen. Angenehm war es den hohen Herren allerdings nicht, daß Müntzer ihre Gefälligkeit, ihn anzuhören, vor aller Welt ausplauderte; sie mußten befürchten, für eine Sache vereinnahmt zu werden, die sie nicht unterstützten.

Nach dem fürstlichen Besuch kehrte keine Ruhe mehr in Allstedt ein. Der katholische Ritter Friedrich von Witzleben überfiel auf dem Gebiet des Allstedter Amtes seine Untertanen, die auf dem Weg zum Gottesdienst in die Stadt waren. Anschließend griff er die Bauern seiner Grundherrschaft in Schönwerda an und setzte ihnen arg zu, einige wurden ins Gefängnis geworfen, andere konnten nach Allstedt entkommen. Auch sonst füllte sich die Stadt mit Flüchtlingen aus der altgläubigen Umgebung. Herzog Georg von Sachsen hatte den Druck auf seine Untertanen verstärkt und die Reformwilligen in Sangerhausen in schwere Bedrängnis gebracht. Til Banse, ein Prediger der Gemeinde und Mitglied im Allstedter Bund, wurde festgenommen. Müntzer tröstete die *Gottesfürchtigen* zu Sangerhausen, stärkte ihnen den Rücken, rief sie aber noch nicht zu aktivem Widerstand auf. Er wollte nicht, daß sie der Obrigkeit einen Vorwand zu hartem Durchgreifen boten, und mahnte sie, sich vorerst in ihr Schicksal zu fügen; er versicherte ihnen aber, daß Gott seine Auserwählten nicht verläßt und „thuet die rache zu rechter zeyt".[37] Gleichzeitig redete er der Sangerhausener Obrigkeit ins Gewissen und drohte, er werde die Leute nicht mehr länger davon abhalten, sie zu belästigen, falls sich nicht alles zum Besseren wende. „Ich wils der ganzen welt clagen, das yr wollet dye brumflygen seyn, dye dem heyligen geyst seyne salbe besmeyssen".[38]

Die bedrückte Lage in Sangerhausen behandelte Müntzer einigermaßen behutsam; offensichtlich wollte er dem Weimarer Hof keinen

Anlaß bieten, einen negativen Schluß aus der *Fürstenpredigt* zu ziehen, sondern sich selbst als besonnenen Ratgeber empfehlen. Er wartete noch ab und hielt sich mit seinen revolutionären Argumenten zurück. Die Obrigkeit wurde kritisiert, weil sie sich anmaßte, das geistliche Leben der Untertanen zu beeinträchtigen; und die Verfolgten wurden ermahnt, der weltlichen Güter zu entsagen, Gott zu fürchten und ihm allein die „Rache" zu überlassen. Müntzer warnte seine Anhänger zwar vor Aufruhr, gab aber die Hoffnung auf eine universale Revolution nicht auf. Sein theologisches Konzept ließ ihm die Freiheit, auf taktische und seelsorgerliche Anforderungen flexibel zu reagieren.

Inzwischen verschlechterte sich die Lage in Allstedt. Die altgläubigen Obrigkeiten forderten die Auslieferung ihrer flüchtigen Untertanen, und der Amtmann sah keine rechtlichen Möglichkeiten, dieses Begehren abzulehnen. Aufs höchste verunsichert, wandten die Flüchtlinge sich an Müntzer und fragten ihn, was für ein Evangelium eigentlich in Allstedt gepredigt werde, wenn man bereit sei, die leidensbereiten Christen „also ganz gemmerlich auf dye fleischbank" zu opfern.[39] Müntzer setzte sich für die Flüchtlinge beim Amtmann ein und machte in mehreren Briefen unmißverständlich klar, daß der allgemeine Landfriede erstmals durch Friedrich von Witzleben zu Schönwerda aufgehoben worden sei und die Auslieferungsabkommen zwischen den Ämtern nicht mehr gelten könnten, wenn Menschen um ihres Glaubens willen verfolgt würden. Die Obrigkeiten hätten Recht und Ordnung selber aufgelöst und seien für alle Empörung verantwortlich: So muß man sie erwürgen wie die Hunde, und ihre Gewalt wird in kurzer Zeit dem „gemeinen volk" gegeben werden.[40] Hier ist Müntzer wieder ganz in seinem revolutionären Element.

Die bedrängte Lage zwang ihn jedoch nicht nur zu verbaler Radikalität, sondern auch zum Handeln. Am 24. Juli hielt er eine Predigt über den Bund, den König Josia und die Ältesten Israels einst mit Gott geschlossen hatten, und rief zu einem ähnlichen Bündnis unter den Allstedtern auf. Sie sollten sich zusammenschließen, um die Auserwählten vor den Anschlägen der tyrannischen Obrigkeiten zu schützen. Nach dem Gottesdienst zog die Menge in den Ratskeller und trug sich in die neue Bundesliste ein. Jetzt stand der Bund jedem offen, der sich bereiterklärte, das Evangelium zu verteidigen. Bürger und mansfeldische Bergknappen verschworen sich zuhauf und errichteten eine „nothwere" gegen die Gottlosen.[41] Dieses Mal trug sich auch Müntzer in die Bundesliste ein, und am Nachmittag standen die Allstedter, Männer, Frauen und Mädchen, bereits unter Waffen.

Am Tag nach dem denkwürdigen Ereignis im Ratskeller lud Müntzer nicht nur den Amtmann, sondern auch den Kurfürsten ein, dem Bund beizutreten. Die Worte, mit denen er sie einlud, sind aufschlußreich und werfen ein bezeichnendes Licht auf den Charakter dieses Bündnisses. Um „allem argen" zuvorzukommen, das durch die Vernachlässigung der obrigkeitlichen Pflichten entsteht, müssen die Landesherren „mit yrem eygen volk pflicht und eyde der heydenschaft vorwandelen in eynen getreulichen bund gotliches willes".[42] Die Landesherren werden also aufgefordert, das von der weltlichen Ordnung bestimmte Verhältnis zu den Untertanen zugunsten einer neuen Beziehung aufzugeben, die allein geistlich geprägt ist und dazu dient, die Gottlosen einzuschüchtern und ihrem Wüten Einhalt zu gebieten. Der neue Bund ersetzt die alte Rechtsordnung; er ist eine revolutionäre Institution, die erste organisatorische Konsequenz aus der revolutionären „Theorie".

Der Amtmann schickte die Briefe Müntzers nach Weimar und bat den Herzog, eine öffentliche Disputation einzuberufen, um allmählich zu einer Lösung in diesem turbulenten Reformationsstreit zu kommen. Der Herzog reagierte erstaunlich schnell und befahl Müntzer, den Amtmann, den Schultheiß und zwei Ratsherren zu einem Verhör nach Weimar. Dieses Verhör fand am 31. Juli und 1. August 1524 statt und endete mit einer Entscheidung, die Müntzer erst nach seiner Rückkehr in Gegenwart des Rates und der Bürger vom Amtmann eröffnet wurde: Die Druckerei, die er sich zugelegt hatte, sollte geschlossen und der Bund aufgelöst werden, außerdem sollten die Brandstifter der Mallerbacher Kapelle ihre gerechte Strafe erhalten.[43] Müntzer reagierte auf diese Entscheidung heftig und enttäuscht. Offensichtlich war die Atmosphäre während der Verhandlungen bei Hofe so, daß er nicht ganz ohne Hoffnung auf einen günstigen Ausgang des Streits wieder abgereist war. Enttäuscht war Müntzer, daß die Ratsmitglieder ihn beim Verhör im Stich gelassen hatten, und verärgert war er darüber, daß er nun keine Möglichkeit mehr hatte, auf den inzwischen erschienenen *Sendbrief* Luthers *wider den aufrührerischen Geist zu Allstedt* öffentlich zu antworten. Der Bund löste sich auf, ohne daß es zu Unruhen gekommen wäre, und die Druckerei wurde geschlossen. Viele rückten von ihrem Prediger ab, vor allem der Amtmann. Er schrieb ein wenig später, als er Müntzer allerdings nicht mehr in die Augen sehen mußte: „Aber es ist offentlich, das er ganz auffruerisch ist. Solt es lang gewert habe vnd hett statt gehabt, so hett er das volck an die obrigkeit gehetzt, das es muhe ynd arbeit worden were. Dan er hat, als mir glewblich gesagt ist, dem bergvolck im mansfeltischen lande so grawsamliche schrifft getan und getrost, das sie keck sein sollen: er wolle mit ine ire hende auss dem blut der tirannen waschen ... Das volck ist mit seyner lere gantz vergift".[44] Müntzer hatte erkennen müssen, daß es dem Rat und der Bürgerschaft in dieser prekären Situation mehr um das politische

Abb. 16. Andreas Bodenstein, genannt Karlstadt.
Einziges bekanntes Porträt

als um das religiöse Wohlergehen der Stadt gegangen ist. Aufgebracht über Luthers Brief, der den ganzen Streit zuspitzte, wandte Müntzer sich noch einmal an den Kurfürsten, warb um Verständnis für das Volk und bat ihn, ihm eine öffentliche Antwort auf den „schantbrief" des Wittenbergers nicht zu verwehren. Die Lage war ausweglos; ob Müntzer aus Trotz oder aus Angst vor einer Verhaftung reagierte oder nur, um einer ehrenrührigen Entlassung zuvorzukommen, ist nicht zu erkennen, auf jeden Fall entwich er in der Nacht vom 7. auf den 8. August „über des stetlins mawer heymlich", wie Hans Zeiß dem Kurfürsten mitteilte.[45] Ein Goldschmied aus Nordhausen, der einer Familie aus Mühlhausen entstammte,[46] begleitete ihn.

Im Entwurf eines Abschiedsbriefes an die Allstedter schrieb Müntzer sich den Ärger von der Leber. Er fühlte sich von den Ratsherren verraten und den Bürgern getäuscht: „Ir wolt dye gerechtigkeyt Gottis und wege seynes heyligen bundes erkunden wye eyn volk, das grosse lust darzu hette, und yhr wisset dach vil zu guter massen, wye yhr mich aufs creuze hattet dargegeben".[47] Ausgerechnet diejenigen hatten ihm die Gefolgschaft versagt, mit denen er am weitesten gekommen war. Er war verletzt und begann zu schimpfen: „Ruret, lyben herren, lasset den dreck wol stincken", brach er aus ihm heraus: „Ich hoff, yhr werdet eyn feyn bier draus brauen, yhr sauft doch gerne den unflat".[48] Das steht, wie gesagt, in einem Entwurf, abgeschickt hat Müntzer eine gemäßigtere Fassung, entschieden und hart in der Sache, aber nüchtern im Ton.[49] Später zeigte sich, daß er in Allstedt doch nicht vergessen war, zuhauf liefen ihm Bürger und Bauern aus dem Amt zu, um in die Schlacht gegen die fürstlichen Heere zu ziehen. Die Fürsten hatten sich ihm versagt, die Bürger in Allstedt ihn im Stich gelassen; auch ein Bündnis mit der Gemeinde Karlstadts in Orlamünde war nicht zustande gekommen.[50] Wollte Müntzer der Verheißung des Propheten treu bleiben, daß die Gewalt am Ende dem Volk gegeben werde, mußte er versuchen, die augenblickliche Verärgerung zu überwinden und sich anderswo nach einem Volk umzusehen, das bereit wäre, die Herrschaft in einem neuen Reich anzutreten. Es dauerte nicht lange, schon nach wenigen Tagen erreichte die Allstedter ein Brief aus Mühlhausen. Müntzer bat sie, ihm seine inzwischen mit Hilfe eines kommunalen Druckkostenzuschusses in der Allstedter Druckerei fertiggestellten Kirchenämter nachzuschicken, „dan das volk ist wilfertig, solchs anzunemen".[51]

X.

Letzte Gegensätzlichkeit

Als in Allstedt über den Untergang der Weltreiche gepredigt wurde, hielt Martin Luther sich noch im Hintergrund. Er hatte sich bisher nicht öffentlich in die Auseinandersetzungen um Müntzer eingeschaltet, sie aus der Ferne aber aufmerksam verfolgt, nicht erst in den letzten Monaten, als die Situation sich zuspitzte und der Weimarer Hof bemüht war, die Reformation in ruhigere Bahnen zu lenken, sondern bereits vorher. Schon während der Streitigkeiten in Zwickau begegneten die Wittenberger ihrem Kämpfer vor Ort mit Argwohn und ermahnten ihn, pfleglich mit dem humanistischen Gegner umzugehen. Auch von den Querelen in Erfurt und Nordhausen wird Luther gewußt haben, schließlich, mit mancherlei Nachrichten von Georg Spalatin versorgt, von den Gesprächen, die mit den Predigern im Herbst 1523 und Frühjahr 1524 auf dem Allstedter Schloß geführt wurden.[1] Doch Luther rührte sich nicht. Offensichtlich hoffte er, die Turbulenzen würden sich von allein legen.

Auch Müntzer ging einem Konflikt mit dem Wittenberger aus dem Weg; er suchte sogar seine Nähe. Im Juli 1523 versuchte er, den „aufrichtigen" Mann mit einem ausführlichen Schreiben noch auf seine Seite zu ziehen, rechtfertigte zwar das Vorgehen gegen Egranus in Zwickau, rückte aber von den dortigen Propheten ab, die in Wittenberg inzwischen auf Widerstand gestoßen waren. Außerdem legte er sein Offenbarungs- und Geistverständnis so dar, daß er alles Anstößige vermied und die Übereinstimmung seiner Verkündigung mit dem Wortlaut der Heiligen Schrift betonte. Auch zeigte er sich gelehrig und entgegenkommend: „Hierbei bin ich nicht so anmaßend, daß ich nicht durch dein höheres Zeugnis berichtigt und belehrt werden sollte, damit wir gemeinsam den Weg der Liebe beschreiten".[2] Viel lag ihm daran, die „alte Liebe" zu erneuern; Luther ging auf dieses Werben jedoch überhaupt nicht ein, um so mehr muß es Müntzer verletzt haben, als Hans Zeiß, der im Juli 1523 ein gutes Wort für ihn einlegen sollte,[3] unverrichteter Dinge aus Wittenberg zurückkehrte und erzählte, daß Luther nicht mit sich reden ließe, es sei denn, Müntzer kröche im Winkel zu Kreuze und der Amtmann sage sich von seinem Prediger los. Noch in den kleineren Schriften, die im Herbst und Winter 1523 entstanden waren, brachte Müntzer seine Kritik an der Wittenberger Theologie nur indirekt zum Ausdruck. Erst allmählich bahnte sich eine Konfrontation an, die viel dazu beitrug, daß sich die Wolken über Müntzer zusammenzogen und sein Werk in Blitz und Donner unterging.

Müntzer wurde vom *Brief an die Fürsten zu Sachsen von dem aufrührerischen Geist* in Allstedt überrascht. Das geschah kurz nach der *Fürstenpredigt,* als er noch gute Gründe hatte, auf eine gütliche Einigung mit dem Hof zu hoffen. Dieser Brief wird den Herzog veranlaßt haben, den Allstedter am 1. August zu einem Verhör nach Weimar vorzuladen und ihn in die Schranken zu weisen.

Dieser Brief ist höchstwahrscheinlich in der ersten Julihälfte entstanden, die *Fürstenpredigt* war Luther noch nicht bekannt. Er hat die revolutionäre Konsequenz der Müntzerschen Lehre also vorausgeahnt oder schon hinter den Ereignissen um die Mallerbacher Kapelle, die ihm zu Ohren gekommen waren, vermutet. Wahrscheinlich hat er auch die Korrespondenz Müntzers mit dem Kurfürsten und dem Herzog vom Oktober 1523 und Juni 1524 gekannt. Bereits am 18. Juni hatte Luther sich in einem Schreiben an den Kurprinzen abfällig über den „Satan von Allstedt" geäußert und darüber geklagt, daß Müntzer sich weigere, sich einem Verhör in Wittenberg zu stellen, stattdessen einen Auftritt anstrebe, bei dem auch die Heiden dabei sein sollten.[4] Was Müntzer in der *Protestation oder Erbietung* gefordert hatte, ein Gespräch vor großer Öffentlichkeit, wurde Luther jetzt noch einmal von Hans Zeiß bestätigt. In diesen Tagen könnte der Reformator sich schon mit dem Gedanken getragen haben, eine Schrift gegen Müntzer vorzubereiten; und als er erfuhr, daß die Fürsten bereit seien, den unmöglichen Prediger in Allstedt auch noch anzuhören, wird er sich beeilt haben, endlich an die Öffentlichkeit zu treten und dem zögerlichen Verhalten des Hofes ein Ende zu bereiten. Müntzer hat von diesem Pamphlet in den letzten Julitagen Kenntnis erhalten, als er an seiner *Ausgedrückten Entblößung* schrieb. Die Handschrift, die er dem Weimarer Hof als Zensurexemplar am 1. August übergab, enthielt schon versteckte Hinweise, aber noch keine Replik auf den Angriff aus Wittenberg.[5] Bitter beklagte Müntzer sich dann am 3. August bei Friedrich dem Weisen, daß Luther „so grymmig und heslich einher platzt als ein prechtiger tyranne on alle bruderliche vormanung";[6] darüber hinaus bat er den Kurfürsten, ihm eine Antwort auf diesen „schantbrief" zu gestatten, und machte das erste Mal deutlich, daß er inzwischen jede Hoffnung auf ein Zusammenwirken mit dem Reformator verloren habe: „Ich predige eynen solchen christenglauben, der mit dem Luther nit einstimpt".[7] Nicht er, sondern Luther hat den Zwist im reformatorischen Lager zu einem apokalyptischen Kampf erweitert, zu einem Kampf des Teufels gegen die Verkündigung des göttlichen Wortes. Das Pamphlet beginnt mit einer grundsätzlichen Erwägung: „Das glück hat allwege das heylig Gottes wort, wenns auffgeht, das sich der Satan dawidder setzt mit aller seyner macht. Ernstlich mit der faust und freveler gewallt. Wo das nicht helffen will, greyfft ers mit falscher zungen, mit yrrigen geystern und lerern an, auff das, wo ers mit gewallt nicht kan dempffen, doch mit list und lügen unterdrücke. Also thet er ym anfang, da das Evangelion zum ersten ynn die wellt kam, greyff ers gewalltiglich an durch die Juden und Heyden, vergos vil bluts, und machte die Christenheyt voll merterer. Da das nicht helffen wollt, warff er falsche propheten und yrrige geyster auff, und macht die wellt voll ketzer und secten, bys auff den Bapst, der es gar mit eyttel secten und ketzerey, alls dem letzten und mechtigsten Antichrist gepürt, zu poden gestossen hat".[8] So ging es in der Kirchengeschichte zu, meinte Luther, und so ist es am Ende der Tage: Der Teufel bietet alle Kräfte auf, um das Wort Gottes anzugreifen, zunächst die Gewalt der Fürsten und Könige, des Kaisers und des Papstes; und da das Toben und Wüten dieser Herrschaften nicht zum Erfolg führte, fährt der Satan noch in die falschen Propheten und irrigen Geister, in diesen letzten Tagen in den Prediger zu Allstedt, der nun drauf und dran sei, die Gewalt des Pöbels gegen das Wort Gottes und die weltliche Obrigkeit zu führen, „das sie gedechten, welltliche oberkeyt zu stürmen, und selber herrn ynn der wellt zu seyn".[9] Diesem „Unfug", bedrängte Luther seine Fürsten, müßten sie ein Ende setzen und dem Aufruhr, der allenthalben drohe, zuvorkommen.

Luther verzichtete darauf, sich theologisch genauer mit Müntzers Lehre zu befassen, um so ausführlicher ging der Reformator auf den Geist ein, der kein Halten kennt und mit Fäusten dreinschlägt, auch auf die Weigerung dieses Geistes, sich in Wittenberg einer Prüfung zu unterziehen. Luther machte es sich leicht. Mit derber Ironie gab er Müntzers vertraulichen Umgang mit der Stimme Gottes der allgemeinen Lächerlichkeit preis. Der Wittenberger fragte nicht nach dem Ursprung dieser Geistlehre im biblischen Zeugnis und in der Frömmigkeit der Kirche, auch nicht nach der möglichen Berechtigung einer neuen Geistlehre angesichts der geistlosen Zustände in der Christenheit, sondern verurteilte sie von ihrer revolutionären Konsequenz her: ein Geist, der die Welt in Blut ertränken wird, kann nicht göttlicher, muß teuflischer Geist sein.

Daß der Geist Müntzers vom Teufel sei, glaubte Luther auch an der Weigerung erkennen zu können, sich dem prüfenden Gespräch in Wittenberg zu stellen. Der göttliche Geist habe nichts zu verbergen, er trotze mutig den Feinden, gibt Luther zu verstehen. Was wäre aus der Reformation geworden, wenn er selber nicht dem Papst und dem Kai-

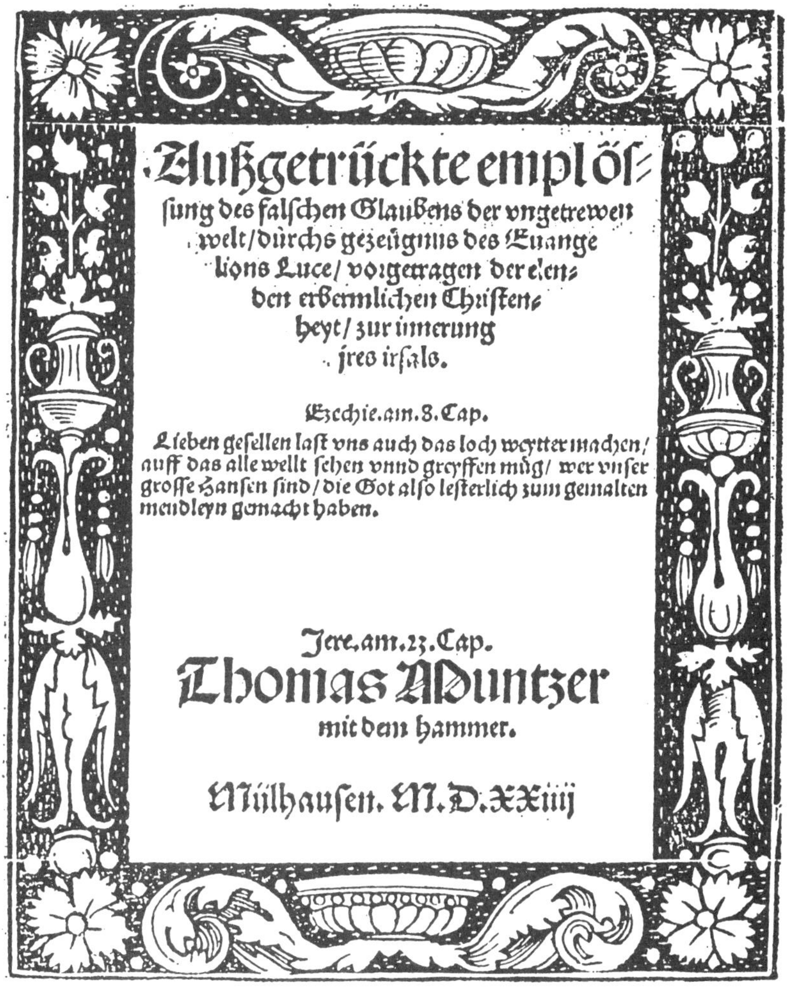

Außgetrückte emplöſ-
ſung des falſchen Glaubens der vngetrewen
welt/durchs gezeügnus des Euange-
lions Luce/ vorgetragen der elen-
den erbermlichen Chriſten-
heyt/ zur innerung
jres irſals.

Ezechie.am.8.Cap.
Lieben geſellen laſt vns auch das loch weytter machen/
auff das alle wellt ſehen vnnd greyffen müg/ wer vnſer
groſſe Hanſen ſind/ die Got alſo leſterlich zum gemalten
mendleyn gemacht haben.

Jere.am.23.Cap.
Thomas Müntzer
mit dem hammer.

Mülhauſen. M.D.XXiiij

Abb. 17. Die „Ausgedrückte Entblößung" von Thomas Müntzer. Titelblatt, 1524

ser die Stirn geboten hätte. Müntzer jedoch wolle sich einer solchen Gefahr nicht aussetzen. Über die tieferen Gründe, warum sein Gegner ein öffentliches Forum im Streit der Meinungen forderte, dachte Luther nicht nach. Müntzer war nämlich davon überzeugt, daß niemand Richter in einem Gespräch unter Kontrahenten sein könne, der von vornherein Partei, ja, selber der Grund des Übels sei, das bekämpft werden müsse. Wer weiß, daß die meisten Religionsgespräche der damaligen Zeit in Wirklichkeit keine freien, sondern schon in ihrem

Ergebnis vorentschiedene Disputationen waren, kann Müntzer ein realistisches Urteil in dieser Angelegenheit nicht absprechen.

Aber auch die übrigen Vorwürfe, die Luther gegen den Allstedter erhob, die Aushöhlung der Sakramente beispielsweise, sind nur ungenau zur Sprache gebracht worden und zeugen keinesfalls von einer sachlichen Auseinandersetzung mit einem Andersdenkenden. Luther steuerte mit großen Schritten auf das Ziel zu, Müntzer das Handwerk zu legen; und das konnte nur gelingen, wenn sich der Grund des Aufruhrverdachts schon als Aufruhr selbst darstellen ließ – im Rahmen einer Theologie, die den Kampf um das Evangelium als den endzeitlichen Kampf zwischen Gott und Satan begriff, war das nicht schwer.

Luther hatte sein Ziel, Müntzer in Allstedt auszuschalten, mit einem Schlag erreicht. Der Hof zu Weimar mußte handeln, wollte er die Wittenberger Reformation nicht aufs Spiel setzen und die eigene Autorität nicht untergraben. Doch Müntzer kam einer politischen Entscheidung zuvor: Er ergriff die Flucht und verließ das Herrschaftsgebiet seiner Fürsten – eigentlich erstaunlich, wie unauffällig und wenig spektakulär eine apokalyptische Schlacht ihr Ende fand.

Doch Müntzer gab nicht auf. Zunächst bemühte er sich, die noch in Allstedt geschriebene, aber höchstwahrscheinlich erst danach in eine neue Form gegossene *Ausgedrückte Entblößung des falschen Glaubens* zu veröffentlichen. Die Fassung, die in Nürnberg bei Hans Hergot gedruckt wurde, ist mit dem Zensurexemplar, dem *Gezeugnis des erstenn Capitels des Euangelions Luce,* nicht identisch. Sie ist ausführlicher und an manchen Stellen auch eindeutiger und schärfer, sie legt das erste Kapitel des Lukasevangeliums so aus, daß die Grundlinien der eigenen reformatorischen Lehre deutlich hervortreten. Im Hinblick auf den Verzicht Luthers, sich um die Theologie des Gegners ernsthaft zu bemühen, war die Veröffentlichung der *Ausgedrückten Entblößung* ein glücklicher Einfall; sie wollte „mit erweysung christlicher meisterschaft" die durch „schmachbücher" verunsicherte Gemeinde wieder aufrichten[10] und eine geplante Erwiderung auf das Wittenberger Pamphlet theologisch vorbereiten: nämlich die *Hochverursachte Schutzrede.* Wer in dieser Rede nur gehässige Polemik sieht und theologischen Tiefgang vermißt, sei darauf verwiesen, daß diese beiden Schriften zusammengehören: Theologie hier und Polemik dort.

Die Situation hatte sich geklärt, und Müntzer brauchte keine Rücksicht mehr auf die Wittenberger Reformatoren zu nehmen. Hatte er sich bisher nur gelegentlich und stets verdeckt gegen die Rechtfertigungslehre und das Schriftverständnis Luthers gewandt, konnte er jetzt offen ansprechen, was ihn störte. Noch nannte er Luther nicht beim Namen, aber wer Ohren hatte zu hören, wußte, daß alle Argumente eindeutig gegen Wittenberg gerichtet waren. Das Interesse an den Pfaffen und Mönchen war in den Hintergrund getreten, um so heftiger setzte Müntzer sich jetzt mit den Gelehrten auseinander. Grundsätzlich blieb jedoch alles beim Alten, der antiklerikale Affekt beherrschte auch weiterhin die Szene. Hatte er zunächst dem altgläubigen Klerus gegolten, wurde er bald auf die humanistische und utraquistische Geistlichkeit übertragen, jetzt erreichte er auch die Theologen des neuen Glaubens: Sowohl die Alten als auch die Neuen verhinderten die Ankunft des Glaubens und nähmen dem gemeinen Mann jede Möglichkeit, in ein unmittelbares Verhältnis zu Gott zu treten. Der altgläubige Klerus verstellte den Blick auf Gott mit Zeremonien und Menschensatzungen, die Gelehrten mit dem Buchstaben der Heiligen Schrift, die sie allein meinten richtig auslegen zu können. Müntzer erneuerte ein biblisches Feindbild und schimpfte über die „Schriftgelehrten“ in Wittenberg. Um zu unterstreichen, wie gefährlich dieser akademische Klerus inzwischen geworden war, fügte er hinzu: „Da wöllen sie vil erger mit irem lestern aller leut maul verstopffen: denn der tölpel, der babst, mit seinen butterbuben“.[11] Aus der Sicht Müntzers hatte sich die theologische Front nicht verändert, sondern nur verstärkt. Noch einmal erläuterte er sein Verständnis vom Glauben, von der Schrift, vom Heiligen Geist und von weltlicher Obrigkeit. Die theologischen Grundannahmen änderten sich nicht; in der neuen Situation trat nur manches deutlicher hervor, am auffälligsten die revolutionäre Einstellung zur weltlichen Obrigkeit, nachdem die Fürsten sich der ihnen zugedachten Rolle im Kampf um das Reich Gottes versagt hatten.

Müntzer wollte mit dieser Schrift den „falschen Glauben“ aufdekken, „auff das alle welt sehen und greyffen mug, wer unser grosse hansen sind, die Got also lesterlich zum gemalten mendleyn gemacht haben“, er wollte es mit Autorität und Kraft tun: „mit dem hammer“.[12] Falsch ist der Glaube, der aus der Schrift geschöpft wird, meinte Müntzer, denn die Schrift gibt nur Zeugnis vom Weg zum Glauben, aber nicht den Glauben selbst. Wer die Schrift zur Quelle des Glaubens macht, wie es die Wittenberger tun, leitet zu einem von außen angenommenen, autoritär vermittelten Glauben an, jedoch nicht zu dem Glauben, der aus der Belehrung durch den göttlichen Geist im „Abgrund der Seele“ fließt. Die Schrift wird zwar abgewertet, nicht aber entwertet, wie Luther im *Brief an die Fürsten* seinem Gegner unterstellte. Vielmehr müsse sich der durch den Geist Bekehrte vor der Schrift verantworten, aber das Heil teile sie nicht mit. Unter dem Eindruck des lutherischen Schriftverständnisses fühlte sich Müntzer zu einer extremen Aussage veranlaßt: „Wenn eyner nu seyn leben lang die biblien wider gehöret noch gesehen het, kündt er woll für sich durch die gerechten lere des geystes eynen unbetrieglichen christenglauben haben, wie alle die gehabt, die one alle bücher die heylige schrifft beschriben haben".[13] Müntzer will sicherstellen, daß der Auserwählte ganz und gar unabhängig sei von einem Medium und von denjenigen, die es verwalten: Nicht im *sola scriptura,* sondern im unmittelbaren Wirken des göttlichen Geistes kommt der reformatorische Gnadencharakter des Heils zum Ausdruck; nur so erlangt der Mensch Gewißheit darüber, „das er solchen glauben vom unbetrieglichen Got geschöpfft und nit vom abgekunterfeyten des teüfels oder eygener natur eyngezogen hette".[14] Die Heilige Schrift hat Bedeutung unter dem Gesichtspunkt ihrer Verinnerlichung; nur wenn Gott mit seinem Finger ins Herz der Menschen schreibt, wie es im *Prager Manifest* hieß,[15] verflüchtigt sich der illusionäre Schein des Heils, den der Schriftglaube erzeugt, und wird die Vernunft des Menschen, die stets darauf aus ist, sich Gottes zu bemächtigen, außer Kraft gesetzt.

Nachdem er den falschen Glauben bloßgestellt hat, beschreibt Müntzer noch einmal den Prozeß, in dem der Glaube im Menschen entsteht: von der ersten Verwunderung über die anfängliche Bewegung des göttlichen Geistes, die „Furcht Gottes" und das Zerbrechen von Sünde in Not und Leid, von der Leere und „Langweil", von der Gelassenheit, in der der menschliche Wille verharrt, bis zur „Ankunft des Glaubens" und Vergottung des Auserwählten. Immer wieder kommt Müntzer darauf zu sprechen – in einem Taumel geradezu von Worten und Begriffen, biblischen Belegen und Bildern. Alle Argumente ergeben sich daraus und kehren dorthin zurück: „Es muß ein yeder die kunst Gotes, den rechten christenglauben nit durch stinckenden athem teüfflischer schrifftgelerten überkummen, sonder durchs ewige, krefftig wort des vatters im sun mit erleutherung des heyligen geysts und also erfüllet werden in seyner selen in die lenge, in die weyte, in die breyte, in die tieffe, in die höhe, Ephe. 3 cap".[16] Hier regiert die Sprache der mystischen Tradition; sie gibt dem Kern der theologischen Vorstellungen auch den Inhalt. Alles kreist, wie Müntzer es früher ausdrückte, um das „heuptstück der seligkeit".[17] Was er im *Prager Manifest* andeutete und in den kleinen theologischen Schriften von 1523 fortführte, steht auch im Zentrum seines Denkens in der Zeit, als er genötigt war, aus der allgemeinen reformatorischen Bewegung auszuscheren und eigene Wege zu gehen, gegen Wittenberg und gegen die weltliche Obrigkeit. Die *Ausgedrückte Entblößung* verfolgt im Grunde nur das eine Ziel, die „Ankunft des Glaubens" in dieser veränderten Situation noch einmal zur Sprache zu bringen.

Die „Schriftgelehrten" widersetzen sich der „Ankunft des Glaubens"; daran besteht für Müntzer kein Zweifel. Sie sind nicht bereit, ihre

Begierden zu zügeln, ihr Wohlleben aufzugeben und ihren Reichtum zu opfern. Sie sind „Zärtlinge", die das Leiden fliehen und Christus nicht „gleichförmig" werden wollen; sie machen aus dem Mann am Kreuz ein „gemaltes Männlein" und hängen die Seligkeit daran; sie verspotten den Heiligen Geist und bringen das Volk um den „anfang der unaufhörlichen weyßheyt".[18] Sie sind „taglöner", die um des Lohnes willen predigen, und „böse tröster",[19] denn sie ersparen dem Volk das Leiden, das doch notwendig ist, um den Schleier des „gedichteten" Glaubens zu zerreißen und den Empfang des göttlichen Geistes vorzubereiten, der allein das Heil bringt. Die Wittenberger werden mit Vorwürfen überschüttet, immer wieder bricht es aus Müntzer heraus, auf eindrucksvolle Weise faßt er die Vorwürfe noch einmal zusammen: „Es schwatze ein yeder vom glauben, was er wil; den wollüstigen ehrgeitzigen ist gantz und gar nichts zu glauben, denn sie predigen, das sie selber nicht versucht haben. Darumb spricht Christus Johan. 10: die schaff sollen nicht hören die stymm der frembdlingen. Der glaub ist in frembd und sie im, dann das heyl ist weyt von in, psal. 118. Derhalben sind sie auch thier des bauchs, Phil. 3. Sie predigen, was sie wöllen, dennoch suchen sie den bauch. Oho, den zu erhalten, nemen sie gern rote gülden mit grosser andacht. Sie dörfften kaum das hundert teyl, dennocht wöllen sie unser evangelisten seyn. Darumb hat ihre lere auch keyn krafft, Mathei. am 7., im end desselbigen capitels. Ir lere will gantz und gar nicht inß werck, denn zur freyheyt des fleyschs. Darumb vergifften sie dem heyligen geyst die heyligen schrifft. Man höret zu etlichen zeytten sie wol auff der rechten ban eynher tretten, es weret aber nit lang. Es kan sich niemand irer bessern, denn ir lere ist gestolen, Jeremie am 23. ca. Darumb gehet niemant dadurch in seyn hertz".[20] Müntzer ist wütend und verbittert, auch enttäuscht: alles hat in Wittenberg so verheißungsvoll begonnen – und endet jetzt ohne merkliche Besserung der Menschen und Verhältnisse. Mit dieser Beobachtung steht er nicht allein da, er gehört zu denjenigen, die einer weitverbreiteten Enttäuschung über die moralische Wirkungslosigkeit der lutherischen Reformation ihre Sprache liehen.

Diese Enttäuschung wird schließlich auf eine Ursache zurückgeführt: die Wittenberger hatten nichts getan, um die „welt" zu überwinden, „die im hertzen vill tausentfaltiger dann außwendig" ist,[21] und sind auf diese Weise zu Repräsentanten der „Welt" geworden, d.h. des Abfalls von Gott. So spricht Müntzer im Titel dieser Schrift vom falschen Glauben der „ungetreuen Welt" oder an anderer Stelle von der falschen Auslegung, die die „gantz unsinnige, phantastische welt" hervorbringt, wenn sie beides nebeneinander duldet: Gott zu fürchten und die unvernünftigen Regenten, die Gottes Wort nicht annehmen, in Ehren zu halten.[22] Wer sich der „Welt" hingibt, kann nicht zum Glauben führen, er kann den Glauben auch nicht beurteilen. Das ist der eigentliche Grund, der Müntzers Weigerung erklärt, sich im Winkel zu Wittenberg einer Prüfung zu unterziehen; es ist nicht eigentlich der Winkel, sondern die Macht der Inkompetenz, der Müntzer sich nicht aussetzen wollte.

Die Front, die gegen Müntzer aufzieht, ist massiv: es sind nicht nur die Wittenberger, sondern auch die Fürsten, die sich der „Ankunft des Glaubens" in den Weg stellen und das Volk in Abhängigkeit, Angst und Not halten. Seit der Mensch von Gott zu den Kreaturen gefallen ist, d.h. seit dem Sündenfall, muß der Mensch die Kreatur mehr fürchten als Gott, besonders aber fürchtet der Mensch die Obrigkeit, die eingesetzt ist, „nicht umb der forcht des gutten wercks, sondern umb der hengerischen forcht des bösens".[23] Die Fürsten sind „hencker und büttel", sie haben nur die Bösen in ihre Schranken zu weisen und zu strafen: „da ist ihr gantzes hantwerck".[24] Wo sie das aber nicht tun, vielmehr die Gottlosen begünstigen oder gewähren lassen und die Untertanen „stöcken, plöcken, schinden und schaben",[25] haben sie sich selber um ihre Existenzberechtigung gebracht. Gott hat sie in seinem Grimm über die gefallene Kreatur gesetzt, jetzt kann er sie in seinem Zorn über ihre Komplizenschaft mit den Bösen wieder absetzen, zitiert Müntzer Hosea 13,11.[26] Interessant ist, daß der Angriff auf die weltliche Obrigkeit hier nicht aus dem Geist der Apokalyptik geführt wird, sondern aus dem Geist der Mystik. Wer den Kreaturen verfällt, kann sein Schwert nicht für das Reich Gottes ziehen, das im Inneren der Menschen zu wachsen und sich auf diese Weise auf Erden zu verbreiten beginnt. Wer den Kreaturen verfällt und die kreatürliche Ordnung aufrechterhält, muß weichen. Im Anschluß an das Magnificat (Luk. 1) heißt es: „Da muß das groß dem kleinen weychen und vor im zu schanden werden. Ach westen das die armen, verworffnen pauren, es were in gantz nütz. Gott verachtet die grossen hansen, alls den Herodem und Caipham, Hannam, und nam auff zu seynem dienst die kleynen, als Mariam, Zachariam und Elysabeth. Denn das ist Gottes werck; er thut auff den heutigen tag nit anderst".[27] So bestätigt Müntzer noch einmal den revolutionären Wechsel der Herrschaft. Er fällt nicht mehr hinter sein Allstedter Urteil über die weltliche Obrigkeit zurück. Die Fürsten haben ihre Rolle im Kampf um das Reich Gottes verspielt, und die Gewalt wird dem Volk gegeben werden. Das Urteil wird sogar verschärft: die Fürsten haben im Reich Gottes überhaupt nichts mehr zu suchen. Sie sind gerichtet und erledigt.

Müntzer hat die Obrigkeit abgeschrieben und wendet sich besonders intensiv dem Volk zu. Er begegnet ihm liebevoll, aber nicht unkritisch; auch das Volk ist schuld am Elend der Christenheit; es hat sich den

Pfaffen und Schriftgelehrten anvertraut und ist „ein stummer götz" geworden, es weiß von Gott weniger als ein „eychenbloch und kiselsteyn",[28] und umgekehrt: es hat die Pfaffen nicht gefordert und muß sich jetzt nicht wundern, wenn der Klerus immer mehr verfällt und den Weg zum Glauben versperrt: „Drumb wie das volck ist, so ist der pfaff".[29] Das klingt nicht schmeichelhaft, aber doch vertraut Müntzer auf die Lernbereitschaft des „gemeinen Mannes" und entschuldigt die „grobe" Art damit, daß das Volk vor lauter Sorge um die Nahrung von Grundherren und Fürsten an die kreatürliche, Angst erzeugende Ordnung gebunden wurde und keine Zeit und Kraft mehr hatte, sich Gott zuzuwenden: „es kan vor dem wucher und vorm schoß und zinsen niemandt zum glauben kumen".[30] So werden die sozialkritischen Töne in Müntzers Schriften allmählich stärker. Sie verselbständigen sich aber nicht, sondern bleiben auf die „Ankunft des Glaubens" bezogen.

Was dem Volk not tut, ist ein „neuer Johannes", der ihm mit allem Ernst ins Gewissen redet, sich von den Gottlosen abzusondern und die Christenheit zu erneuern. Die Zeit der Ernte ist da, und das „evangelion Math. 8 wirt vil höher inß wesen kumen denn zu den zeytten der aposteln".[31] Hatte Müntzer sich den Fürsten einst als „neuer Daniel" empfohlen, gibt er sich dem Volk jetzt als „neuer Johannes" zu erkennen, in der Nachfolge des Täufers, der „figur aller prediger".[32] Wie der Vorläufer Jesu versteht Müntzer sich als Prediger in der Wüste, als Verkünder des göttlichen Reiches, das auf Erden entstehen wird.

Nach der *Ausgedrückten Entblößung* konnte Müntzer endlich auf den *Brief an die Fürsten* antworten und mit Luther ins Gericht gehen. Den Plan einer Erwiderung hatte er noch in Allstedt gefaßt, und in den nächsten Wochen dachte er über die Konzeption, die Argumente und den Stil der Gegenschrift nach. Alles ist überlegt, tiefgründige Anspielungen und phantasievolle Assoziationen wechseln einander ab. Die Affekte sind kontrolliert und die Bilder seiner Sprache stecken voller Symbole. Nirgends gleitet Müntzer in die „Niederungen einer Schmähschrift" ab.[33] Natürlich ist die Antwort auf ein polemisches und verletzendes Pamphlet kein vornehmer Traktat; doch selbst wenn Müntzer ausfällig wird, sind seine Beschimpfungen noch geistvoll und nicht ohne Stil. So etwas entsteht nicht im Eifer des Gefechts.

Müntzer wird die Wochen nach seiner Ankunft in Mühlhausen genutzt haben, um diese Replik niederzuschreiben, letzte Hand hat er vielleicht sogar erst in Nürnberg angelegt, wohin er sich nach seiner Vertreibung aus der thüringischen Reichsstadt in den letzten Septembertagen begeben hatte. Auf einen späteren Zusatz deutet beispielsweise die Erwähnung der Konfrontation zwischen Luther und Anhängern Karlstadts in Orlamünde. Dieses Ereignis hatte sich zwar schon in den

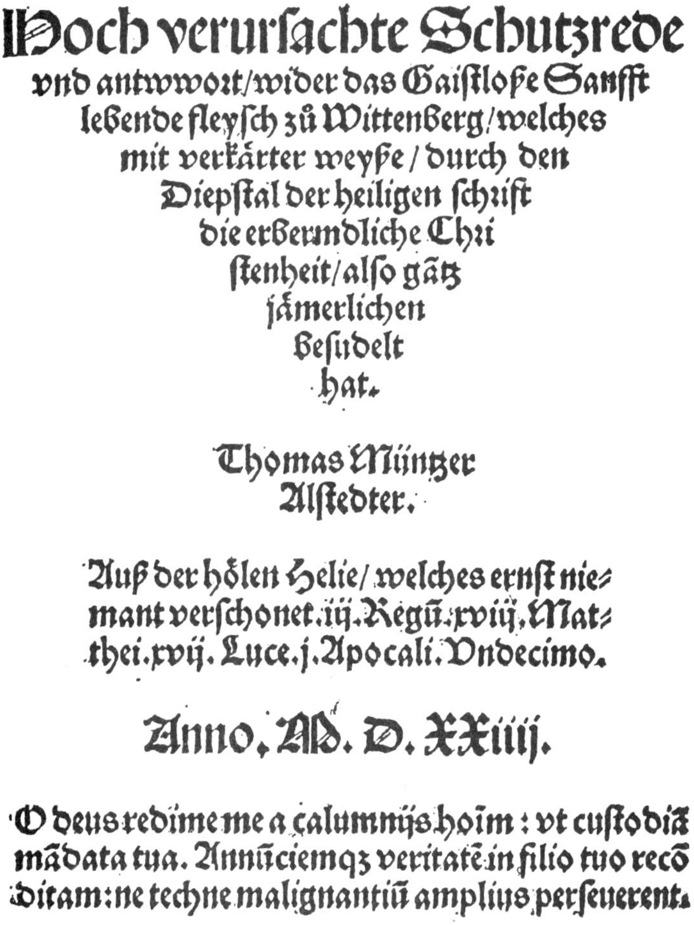
Hoch verursachte Schutzrede
vnd antwwort/wider das Gaistlose Sanfft
lebende fleysch zů Wittenberg/welches
mit verkårter weyße/durch den
Diepstal der heiligen schrifft
die erbermdliche Chri
stenheit/also gåtz
jåmerlichen
besudelt
hat.

Thomas Müntzer
Alstedter.

Auß der hölen Helie/welches ernst nie=
mant verschonet. iij. Regū. xviij. Mat=
thei. xvij. Luce. j. Apocali. Undecimo.

Anno. M. D. XXiiij.

O deus redime me a calumnijs hoim: vt custodiā
mādata tua. Annūciemqz veritatē in filio tuo recō
ditam: ne techne malignantiū amplius perseuerent.

Abb. 18. Die „Hochverursachte Schutzrede“ von Thomas Müntzer. Titelblatt, 1524

letzten Augusttagen zugetragen, vermutlich hat Müntzer davon aber erst in Nürnberg von Martin Reinhardt, einem Prediger aus Jena und Verteidiger Karlstadts, erfahren und die Gelegenheit noch schnell genutzt, Luther mit einem weiteren Beispiel ins Zwielicht zu rücken.[34]

Vielleicht ist Müntzer auch jetzt erst das Motto eingefallen, das er seiner Schrift voranstellte: „Auß der hölen Helie, welches ernst niemant verschonet“.[35] Wie der Prophet Elia sich in einer Höhle versteckt hielt, nachdem er zum tödlichen Schlag gegen die Baalspriester ausgeholt hatte, befand sich auch Müntzer auf der Flucht und mußte sich vor seinen Verfolgern verbergen. Die Schrift erschien ohne Ortsangabe, um den Drucker nicht in Gefahr zu bringen. Mit dem Motto konnte Müntzer den Ort wenigstens auf beziehungsreiche Weise ersetzen und andeuten, daß seine Mission (unbekümmert um die Chronologie im Wirken des Propheten) noch nicht beendet sei. Er beginnt mit einer Drohgebärde, die zu erkennen gibt, was der Leser eigentlich zu erwarten hat: die bevorstehende Vernichtung der Gottlosen.

Hochverursachte schutzrede und antwort wider das gaistloße, sanfftlebende fleysch zu Wittenberg, welches mit verkärter weyße durch den diepstal der heiligen schrift die erbermdliche christenheit also gantz jämerlichen besudelt hat"[36] – so lautet der Titel, den Müntzer seiner Erwiderung gab. Dieser Titel atmet den Geist antiklerikaler Polemik: der geisterfüllte, asketische Prediger hier, und der geistlose wohllebende Reformator dort. Luther hatte gegen den aufrührerischen *Geist* zu Allstedt geschrieben, Müntzer wandte sich gegen das „sanftlebende" *Fleisch* zu Wittenberg. Das ist mehr als eine oberflächliche Replik, das ist bereits ein erster Hinweis auf den tiefgründigen Widerstreit von Geist und Fleisch, der in dieser Welt tobt und im Sieg des Geistes enden wird.

Dieser Geist spricht auch aus der Widmung der Gegenschrift. Luther hatte seinen Brief an die „durchleuchtigsten hochgebornen Fürsten und Herren" gerichtet; Müntzer schlägt einen anderen Ton an. Er wendet sich dem „durchleüchtigsten, erstgebornen fürsten und allmechtigen herren Jesu Christo" zu, „dem gütigen könig aller könige, dem tapfern hertzogen aller gelaubigen, meinem gnädigsten herrn und getrewem beschirmer, und seiner betrübten ainigen brawt, der armen christenhayt".[37] Damit sollte nicht die Obrigkeit getroffen werden, sondern der Wittenberger Reformator, der Ruhm und Ehre dem Gottessohn vorenthält, der sie allein für sich in Anspruch nehmen kann; und ebenfalls in Umkehrmanier fährt Müntzer fort: „Nachdem dein heyliger geyst vor den gnadlossen lewen, den schrifftgelerten, allezeit sölich glück gehabt, das er müste der allerergste teüffel sein, Joh. 8, wiewol du in one masse von anbegin hast, Johann. 3, und alle außerwölte haben in von deiner völle uberkommen, Joh. 1, und er in inen also wonet".[38] So hat Müntzer in schnellen Wendungen den Punkt erreicht, der ihn am meisten schmerzte: die Verteufelung des ihn erfüllenden Geistes durch Luther.

Müntzer setzt sich zur Wehr und dreht den Spieß um: nicht er, sondern der Wittenberger ist der „Erzteufel", der die Menschen ins Verderben führt. Mit diesem Urteil rückt Müntzer aber nicht gleich heraus, er zögert noch, als gälte es Hemmungen zu überwinden, Luther mit gleicher Münze heimzuzahlen. Müntzer häuft Argument auf Argument, fügt Beobachtung an Beobachtung, bevor er den „Vater Leisetritt", den „Doktor Lügner", den „armen Schmeichler", die „geschickte Schlange", das „gottlose Wittenbergische Fleisch", den „Wittenbergischen Papst" zum „Erzkanzler" des Teufels, ja, zum „Erzteufel" selbst befördert. Hinrichs meinte, die Teufelsvorstellung sei Müntzer eigentlich fremd und nur von seinem Gegner aufgedrängt worden;[39] doch genau betrachtet, liegt sie in der Konsequenz der antiklerikalen Argumentation, die Müntzers Polemik beherrscht. Bereits im *Prager Manifest* warf er den altgläubigen Geistlichen vor, daß ihr „Anfang" vom Teufel sei, „welcher yn yren hertzen grund unde bodem vorterbet hat"; er habe sie geweiht und sei ihr rechter „vater", sie seien „luter teuffel".[40] Hatte sich der antiklerikale Affekt inzwischen aber allmählich von des „teuffels pfaffen" auf die Wittenberger Gelehrten verlagert, mußte Müntzer auch Luther in die Teufelsfront einreihen. Selbst dafür stand ein biblischer Beleg bereit. Jesus hatte den Juden verwehrt, Gott ihren Vater zu nennen, und verwies sie auf ihren eigentlichen Vater, den Teufel; die Juden hinwiederum schlugen zurück und verdächtigten Jesus, vom Teufel besessen zu sein. Wiederholt kam Müntzer auf diesen Bericht aus dem 8. Kapitel des Johannesevangeliums zurück; er wollte sagen, was sich zwischen dem Gottessohn und den Schriftgelehrten einst ereignet hatte, fände in seiner Zeit eine Zuspitzung. Die Fronten hatten sich geklärt, die Anhänger Satans waren gegen die Nachfolger Christi auf den Plan getreten, Luther gegen Müntzer. Zwischen beiden gab es keine Gemeinschaft, auch keine Kompromisse, beide standen sich in „letzter Gegensätzlichkeit" gegenüber.[41]

Luther hat dieser Gegensätzlichkeit zweifellos eine apokalyptische Schärfe verliehen, die apokalyptische Argumentation Müntzers hält sich dagegen in Grenzen. Sie kommt eigentlich nur indirekt zum Ausdruck, wenn man, wie Hinrichs beobachtete, dem apokalyptischen Zusammenhang der Bibelbelege nachgeht, aus denen Müntzer sein „Scheltregister" aufbaute: Der Löwe, der Drachen, die keusche babylonische Frau.[42] Das sind in der Tat apokalyptische Metaphern. Doch das sind im Vergleich zur Argumentation, die von antiklerikalen Impulsen und mystischen Vorstellungen geprägt ist, auffallend wenige Stellen. So läßt sich, gegen Hinrichs gerichtet, die Behauptung nicht aufrecht erhalten, daß der Dissens zwischen Luther und Müntzer letztlich im Hinblick auf eine gewaltsame Veränderung der menschlichen Lebensverhältnisse in unterschiedlichen Anschauungen vom Weltgericht wurzele.[43] Müntzer hat das große Gericht tatsächlich als geschichtsimmanentes Ereignis aufgefaßt, während Luther mit dem Jüngsten Tag den Abbruch der Geschichte schlechthin erwartete, angesichts dessen jedes religiös motivierte Bemühen um eine Verbesserung der menschlichen Gesellschaft unsinnig sei. Aber die Argumente, die zu dieser Gegensätzlichkeit führen, entstammen bei Müntzer nicht in erster Linie dem Traditionsgut der Apokalyptik. Der Schlagabtausch zwischen den Kontrahenten wird auf unterschiedlichen Ebenen geführt: der endzeitlich-universalen bei Luther und der mystisch-individuellen bei Müntzer. Das gibt der Gegensätzlichkeit ihre unerbittliche Schärfe. Im Grunde stehen die Gegner einander verständnislos gegenüber, sie reden aneinander vorbei.

Lug und Trug, Doppelzüngigkeit und Hinterlist, Begehrlichkeit und Scheinheiligkeit – diese negativen Tugenden herrschten in der Gemeinschaft des Teufels, meinte Müntzer, und ließen sich auf Schritt und Tritt auch im Verhalten Luthers beobachten. Aus zahlreichen Beispielen, die Müntzer aufführte, sollen hier nur einige, besonders markante herausgegriffen werden. *Zunächst* ist es die Geschichte von den beiden Vögeln, die nach der Sintflut aus der Arche Noahs flogen, um nach einem Zeichen des Lebens auf der Erde zu suchen. Der „schwarze Kolkrabe", der zuerst davonflog, kehrte nicht zurück. Er hatte sich auf ein Aas gesetzt, sich vollgeschlagen und den Auftrag vergessen. Er fand nicht Leben, sondern Tod. Anders war es mit der „weißen Taube"; sie kehrte mit einem Ölzweig zurück, einem Zeichen des Bundes, den Gott mit den Menschen schließen wollte, einem Zeichen neuen Lebens. Der Kolkrabe wurde auf Luther gedeutet, die Taube, das Symbol des Heiligen Geistes, bezog Müntzer offensichtlich auf seine eigene Person. Die frühe Reformation, die Luther so verheißungsvoll begonnen hatte, wurde der Begehrlichkeit geopfert, dem Hang zu luxuriösem Leben und Behaglichkeit.[44] Luther befand sich, wie Müntzer meinte, auf dem Weg ins Verderben.

Ein *anderes* Beispiel ist der Ratschlag, den Luther seinen Fürsten gab, Müntzers Predigt gewähren zu lassen, dagegen aber alle obrigkeitliche Macht aufzubieten, um seinem aufrührerischen Wesen das Handwerk zu legen. Müntzer dünkte dieser Ratschlag in höchstem Grade scheinheilig. Hätte Luther ihn wirklich ernst gemeint, wäre er einem Streitgespräch in aller Öffentlichkeit nicht aus dem Weg gegangen, der Überwindung des Wortes durch das Wort, und er hätte sich nicht dafür eingesetzt, das öffentliche Wirken des Gegners in Wort und Schrift zu unterbinden.[45]

Und schließlich ein *drittes* Beispiel: der Auftritt Luthers vor Kaiser und Reich in Worms. Der Wittenberger schien Müntzer längst nicht so mutig gewesen zu sein, wie Luther im *Brief an die Fürsten* behauptet habe. Zu sehr hatte der Reformator sich in den Händen der Reichsstände befunden, als daß er es sich hätte leisten können, die Zumutung eines Widerrufs nicht abzulehnen.[46] Sicherlich hat Luther in Worms nicht auf Befehl der Fürsten gehandelt, und er hat sich anders verhalten, als die Reichsstände es von ihm erwarteten, aber Müntzer hat dennoch zu Recht darauf hingewiesen, daß es einen engen Zusammenhang zwischen dem Wort des Reformators und den politischen Erwartungen der romkritischen Stände gab. Selbst wenn Luther den Obrigkeiten gelegentlich ins Gewissen redete, schrieb Müntzer, war er bei der nächsten Gelegenheit doch wieder bereit, ihnen böhmische Geschenke zu machen, d.h. ihnen die Kirchengüter zu überlassen, die nach Auflösung der geistlichen Herrschaften frei geworden waren.[47] Müntzer legte seinen Finger auf eine schwache Stelle. Mochte Luther die Trennung von geistlichen und weltlichen Belangen behaupten, solange er sich aber in der Abhängigkeit von den Fürsten befand und auf ihren Schutz angewiesen war, mußte diese Trennung eine Illusion sein. Die bald einsetzende Entwicklung der reformatorischen Bewegung zu einer Fürstenreformation hat Müntzer Recht gegeben, zumindest aber – falls das zu stark ausgedrückt ist – gezeigt, daß seine Kritik nicht an den Haaren herbeigezogen war.

Neben diesen und weiteren Beispielen gibt es in der *Schutzrede* nur zwei Themen, die ausführlicher erörtert werden: das Verständnis des göttlichen Gesetzes und die Unterscheidung von Aufruhr und „füglicher" Empörung. Müntzer wiederholt seine schon früher geäußerte Auffassung, daß das Gesetz nicht durch das Evangelium aufgehoben sei, sondern im Heilsprozeß erst noch seine Wirkung entfalten, fordern, strafen und ins Leiden führen müsse, bevor das Evangelium trösten und der Heilige Geist den Menschen ganz erfüllen könne. Damit wendet Müntzer sich gegen den „Hauptartikel" des Reformators, die Rechtfertigungslehre, und stellt ihr sein „heuptstück der seligkeit" entgegen. Hier wird noch einmal deutlich, daß die Kontroverse zwischen beiden Männern tatsächlich aus einer fundamentalen „Gegensätzlichkeit" erwachsen ist. Das Gesetz entfaltet seine revolutionäre Brisanz nicht, wie Hinrichs meinte, weil es sich als „absolutes Naturrecht" an die Vernunft des Menschen wendet und über den religiösen Bereich hinaus auch im Politischen auf die Wiederherstellung der ursprünglichen Schöpfungsordnung durch die Tat drängt – als „Recht des Urstandes, mit seiner Abwesenheit von Staat und Besitz, Justiz und Zwang".[48] Ein solches Naturrecht ist Müntzer fremd, er ist theologisch weitaus stärker in Gedankengängen der mittelalterlichen Mystik verwurzelt, wenn er davon spricht, daß die Nachfolger Christi das Gesetz genauso erfüllen müßten, wie ihr Meister es getan habe. Nicht die Bedeutung des Naturrechts macht die *Schutzrede* zu einer eminent revolutionären Schrift, sondern das „heuptstück der seligkeit", in dem das Gesetz nur eine begrenzte, die Sünde abtötende Aufgabe zu erfüllen hat, in dem insgesamt jedoch, in Gesetz und geisterfüllendem Evangelium, die Grundlage für eine „Gegenwelt" gelegt wird. Genau betrachtet, kommt die revolutionäre Wirkung dieses Hauptstücks in dieser Schrift gar nicht so stark zum Ausdruck wie in der *Fürstenpredigt* und in der *Aus-*

gedrückten Entblößung. Gleichwohl spricht Müntzer doch von Aufruhr und Empörung, nicht zuletzt deshalb, weil Luther ihm den „aufrührerischen Geist" zum Vorwurf machte. Müntzer weist diesen Vorwurf weit von sich. „Wer hye ein rayn urtayl haben wil, der muß den auffruhr nit lieben, auch muß er füglicher empörung nit feyndt sein; er muß ein gantz vernünfftiges mittel halten, sonst muß er meine lere anderst zu vil hassen oder zu hoch lieben nach seiner gelegenheyt, des ich nymmermer begern wil".[49] Müntzer liegt viel daran, sich besonnen zu geben. Im Aufruhr sieht er den Egoismus und das Chaotische eines Aufstandes; damit will er nichts zu tun haben. Ihm geht es vielmehr um eine „fügliche Empörung", den berechtigten Widerstand gegen eine gottlose, tyrannische Obrigkeit, und um das Engagement für das göttliche Reich, in dem Gerechtigkeit, Brüderlichkeit und Freiheit herrschen werden. So mündet seine *Schutzrede* in die oft zitierte Verheißung: „das volck wirdt frey werden und Got will allayn der herr daruber sein".[50] Dem Volk, das jetzt schon auf dem Wege zur Freiheit ist, fällt die Aufgabe zu, das Schwert zu führen und Recht zu sprechen. Es herrscht kein Willkürrecht, wie Luther kritisierte, sondern revolutionäres, von der Gesamtheit der Gemeinde wahrgenommenes Recht; und mit aller Entschiedenheit stellt Müntzer klar: nicht das Volk, sondern die Fürsten selbst sind der Ursprung aller Empörung, sie „machen das selber, daß in der arme man feyndt wirdt".[51] Wenn das Volk also nicht der Ursprung des Aufruhrs ist, so ist es der legitime Inhaber obrigkeitlicher Gewalt und Verwalter des göttlichen Rechts. Die Gegensätzlichkeit zwischen Luther und Müntzer zeigt sich auch hier. Der eine hat eine Position eingenommen, die auf dem Feld politischer und sozialer Auseinandersetzungen letztlich die Autorität der weltlichen Obrigkeit stärkt, der andere denkt aus der Perspektive derjenigen, die gerade unter dieser Autorität leiden, sich aufbäumen und eine Besserung ihrer Lage von der Herrschaft Gottes auf Erden erwarten. Eine Vermittlung war zwischen diesen Positionen nicht mehr möglich. Es blieb bei schroffer, letzter Gegensätzlichkeit.

XI.

„Ewiger Bund" und „Ewiger Rat"

Thomas Müntzer hatte sich in Allstedt nicht offiziell verabschiedet; er habe seiner „sach gelegenheyt halben mussen uber land zyhen", ließ er Rat und Amtmann wissen – mehr nicht. Niemand wußte zunächst, ob er vorhatte, zurückzukehren oder für immer fortzubleiben. Herzog Johann beschäftige sich noch Ende August mit den Allstedter Wirren und schlug dem Kurfürsten vor, eine große Disputation nach Weimar einzuberufen, auf der Luther, Melanchthon, Karlstadt, Strauß und Müntzer miteinander um den Charakter der Reformation streiten sollten. So hoffte er, Müntzer überwinden und mit guten Gründen entlassen zu können, ohne einen Aufruhr zu schüren.[1] Doch dieser Plan wurde nicht ausgeführt. Müntzer hielt sich bereits in den Mauern einer Reichsstadt auf und traf erste Anstalten, die Stadt für sein Programm zu gewinnen.

Als die ersten Boten der Reformation in der Stadt auftauchten, hatte Mühlhausen den Höhepunkt seiner wirtschaftlichen und politischen Entwicklung schon überschritten. Die Handelsströme, die sich einst in dieser Reichsstadt am Rande des Südharzes kreuzten, hatten sich andere Wege gesucht. Nicht mehr Erfurt, sondern Leipzig zog die Waren an. Der Handel ging zurück, und das Handwerk begann für mancherlei Krisen anfällig zu werden. Von überlokaler Bedeutung war im späten Mittelalter nur noch das Tuchgewerbe. Mit ihrer weiten Stadtflur und einem ausgedehnten ländlichen Territorium von siebzehn Dörfern trug die Reichsstadt, die mit 7500 Einwohnern zu den größten Städten Mitteldeutschlands zählte, ansonsten den Charakter einer Ackerbürgerstadt. Viele Bürger und Handwerker besaßen Höfe und Grundeigentum auf dem Lande und konnten den wirtschaftlichen Rückgang in Handel und Gewerbe durch die Einnahmen aus landwirtschaftlicher Arbeit oder Grundrenten teilweise wenigstens auffangen. Angehörige der Unterschicht verdingten sich als Tagelöhner auf dem Felde. Wem das aber nicht gelang, der sank vollends ab und verarmte. Viele sahen sich gezwungen, die Stadt zu verlassen und ihr Glück woanders zu suchen. Das Verlagsgewerbe war in dieses Gebiet noch nicht in bemerkbarem Maße eingedrungen, so daß die Zunfthandwerker davon nicht bedroht waren; für die arbeitslosen Einwohner wurden allerdings auch keine neuen Erwerbsquellen erschlossen. Der wirtschaftliche Glanz des hohen Mittelalters war erloschen.

Auch politisch ging es bergab. Die Reichsstadt war nicht mehr in der Lage, sich aus eigener Kraft gegen anrückende Feinde militärisch zu behaupten; sie mußte die sächsischen Fürsten und den Landgrafen von Hessen um Schutz bitten und dafür das Bündnis mit den benachbarten Städten Erfurt und Nordhausen auflösen. Das reichsstädtische Selbstbewußtsein war empfindlich getroffen.

Außerdem nahmen in dieser Zeit die Spannungen zwischen Rat und Bürgerschaft zu. Das Bürgertum war zwar aus den Zunftkämpfen zu Beginn des 15. Jahrhunderts gestärkt hervorgegangen, so daß der aus insgesamt 32 Mitgliedern bestehende Rat fortan je zur Hälfte mit Patriziern und Handwerksmeistern besetzt wurde, aber nicht allen Zünften war es gelungen, die Ratsfähigkeit für ihre Mitglieder zu erlangen. Darüber hinaus erfolgte keine freie und turnusmäßig durchgeführte Wahl, die neuen Ratsherren wurden vielmehr je nach Bedarf durch Kooptation aus den Geschlechtern einer dünnen Oberschicht ergänzt. So regierte in Mühlhausen eine Ratsoligarchie, die sich nicht in die Karten schauen ließ, den eigenen Vorteil, wo er sich bot, durchaus nutzte und allmählich zu einer schweren wirtschaftlichen Belastung für die Einwohner wurde. Außerdem war der Besitz zwischen der Innenstadt und den politisch rechtlosen Vorstädten ungleich verteilt. Dietrich Lösche hat errechnet, daß die Bewohner der Vorstädte etwa 30% aller Steuerpflichtigen stellten, aber nur 7% des Gesamtvermögens in der Stadt besaßen. Die Stadtarmut zählte in der Innenstadt 33% der dort lebenden Bevölkerung und in den Vorstädten 42% der dortigen Bewohner. Der Kleinbesitz betrug 32%.[2] Gemeinsam mit den sich häufenden Beschwerden gegen den Rat bargen auch diese Verhältnisse genug Zündstoff für einen gesellschaftlichen Konflikt, der sich jeden Augenblick entladen konnte.

Zu Spannungen kam es auch zwischen den Bürgern und dem Klerus. In zahlreichen Reichsstädten war das geistliche Regiment zurückgedrängt worden, in Mühlhausen war das nicht der Fall. Hier herrschte der Deutsche Ritterorden mit zwei Kommenden. Er übte das Patronat über alle Gemeindekirchen aus und bestimmte das kirchliche Leben, war allerdings auch in die „weltlichen Händel“ der Stadt tief verwikkelt. Außerdem gab es noch drei Klöster, die teilweise, wie der Ritterorden, beträchtliches Grundeigentum in der Stadt und auf dem Lande angesammelt hatten. Darüber hinaus unterhielten Klöster aus der dörflichen Nachbarschaft einige Höfe in der Stadt, die nicht der Besteuerung unterlagen, sogenannte Freihöfe. Gegen die schlechte geistliche Versorgung und die unzureichende Betreuung der Armen richteten sich die Klagen der Bürger. Sie stießen sich an dem liederlichen Lebenswandel des Klerus und der Steuerfreiheit, die dem Orden und den Klöstern gewährt wurde. Gelegentlich kam es auch zu Ausschreitungen gegen einzelne Geistliche.

Das Herrschafts- und Sozialgefüge Mühlhausens war brüchig geworden. Ein möglicher Sturm aus religiösem Protest und sozialer Bewegung konnte dieses Gefüge schnell zum Einsturz bringen.

Der Sturm, der über Mühlhausen aufziehen sollte, kündigte sich an, als entlaufene Mönche 1522/23 durch die Stadt zogen und das Volk gegen die Geistlichkeit aufwiegelten. Selbst die weltliche Obrigkeit wurde angegriffen und vor den Richterstuhl der Heiligen Schrift zitiert. Diese Mönche predigten in den Häusern der Handwerker oder unter freiem Himmel; das Volk lief ihnen zu und nahm die Kampfworte der Reformation begierig auf. Besonders viel Anklang fand Heinrich Pfeiffer, ein ehemaliger Mönch, der seine Kutte abgelegt und sich unter den gemeinen Mann gemischt hatte. Er stammte aus Mühlhausen, war 1521 aus dem Zisterzienserkloster Reifenstein auf dem Eichsfeld ausgetreten und kehrte nach einigen propagandistischen Streifzügen in seine Vaterstadt zurück. Offensichtlich gelang es ihm, in kurzer Zeit eine reformfreundliche Stimmung in der Stadt zu erzeugen, denn bald mußte der Rat den Deutschen Orden ermahnen, die Geistlichen dazu anzuhalten, in den Vorstädten das Wort Gottes „rein und lauter" verkündigen zu lassen. Außerdem war der Rat von den Pfarrleuten zu St. Nikolai „samptlich in einer grossen menge" im Rathaus bedrängt worden, was ihn schließlich im August 1523 dazu veranlaßte, den Landkomtur des Ordens aufzufordern, endlich die freie Pfarrstelle an dieser Kirche zu besetzen, da sonst die Gefahr bestünde, daß die Gemeinde sich selber einen Geistlichen suchen würde.[3] So geriet der Rat unter den Druck der aufgebrachten Bevölkerung. Doch er hatte schon vorher Schwierigkeiten sich durchzusetzen, als es darum ging, streng gegen die abtrünnigen Mönche vorzugehen, wie es das geistliche Gericht zu Erfurt verlangte. Viele Bürger hatten sich in der großen Marienkirche untereinander verschworen, die neuen Prediger und das Evangelium in der Stadt gegen kirchliche und obrigkeitliche Eingriffe zu verteidigen. Außerdem wählten sie einen vierzigköpfigen Bürgerausschuß und eine Vertretung von acht Bürgern, die „Achtmänner". Diese verlangten ein Mitsprache- und Kontrollrecht gegenüber dem Rat und stellten ihre Beschwerden in 54 Artikeln zusammen. Der Rat ging nur halbherzig darauf ein und versuchte, die Verhandlungen hinauszuzögern. Darauf reagierte die Bürgerschaft im Juli 1523 mit einem bewaffneten Aufstand und zwang den Rat zur Annahme ihrer Forderungen, die im sogenannten Rezeß ausgehandelt worden waren. Begleitet wurde dieser Aufstand von einem

Sturm auf die Klöster und Ordenshäuser, deren Vorräte geplündert und verteilt wurden.

Die Forderungen der Aufständischen bewegten sich im Rahmen der geltenden Verfassung. Sie wollten der erweiterten Bürgerschaft ein Mitspracherecht sichern, die Härten der obrigkeitlichen Verwaltungs- und Rechtspraxis mildern, den Zinsfuß senken und die Reformation einführen. Der Rat war in seiner bedrängten Lage zu Zugeständnissen bereit. Es kam ihm durchaus gelegen, die Privilegien der Klöster einzuschränken, so schwer es ihm andererseits fiel, sich die Macht in der Stadt fortan mit den Achtmännern teilen zu müssen. Der Rezeß kam im wesentlichen dem nichtratsfähigen Zunfthandwerk zugute, die Armen und die Vorstädter gingen leer aus. Allerdings verhandelte der Rat über die praktischen Schritte, die dem Rezeß zu folgen hatten, sehr langsam und ließ die Zeit für sich arbeiten. Tatsächlich gelang es ihm auch, einen großen Teil der Bürger, darunter mehrere Achtmänner und Mitglieder des Bürgerausschusses, davon zu überzeugen, daß der Reichsstadt von der Reformation Gefahr drohe. Ende August glaubte der Rat, wieder Herr der Lage zu sein, ließ Heinrich Pfeiffer und den abtrünnigen Benediktinermönch Matthäus Hisolidus als Aufrührer ausweisen und dachte nicht mehr daran, die Reformation einzuführen. Doch unter der Oberfläche gärte es in der Bürgerschaft weiter. Im Dezember kehrte Pfeiffer zurück, nachdem Herzog Johann zu Weimar sich für ihn eingesetzt hatte, und predigte in der Nikolaikirche. Immer wieder kam es in den folgenden Monaten zu spektakulären Aktionen. In der Divi-Blasii-Kirche wurde der Ordenspriester von Frauen mit Messern bedroht und verjagt, nachdem ihm zuvor ein Mönch in St. Kilian den Kelch aus der Hand gerissen und das Abendmahl in beiderlei Gestalt ausgeteilt hatte. Im Juni 1524 drangen schließlich einige Bürger in die Kirche des Predigerordens ein und inszenierten einen wüsten Bildersturm. Es war also auch in Mühlhausen so, daß die antiklerikale Agitation den Gedanken an die Reformation wachhielt und ihre Einführung vorbereitete.

Das war die Situation bei Müntzers Ankunft. Man weiß nicht, was ihn überhaupt bewogen hatte, seine Schritte gerade in diese Stadt zu lenken. Vielleicht hatte er von der antiklerikalen Agitation Pfeiffers gehört und gehofft, in Mühlhausen eine für seine reformatorischen Ideen günstige Atmosphäre zu finden. Vielleicht hatte er auch nur eine Stadt gesucht, die es ihm ermöglichte, sich dem Bannkreis seiner Fürsten zu entziehen. Ob ihm sein Ruf als radikaler Reformator schon nach Mühlhausen vorausgeeilt war, läßt sich nicht mehr feststellen. Müntzer wurde jedenfalls von den Anhängern Pfeiffers freundlich begrüßt und fand schnell soviel Resonanz, daß er auch hier beschloß,

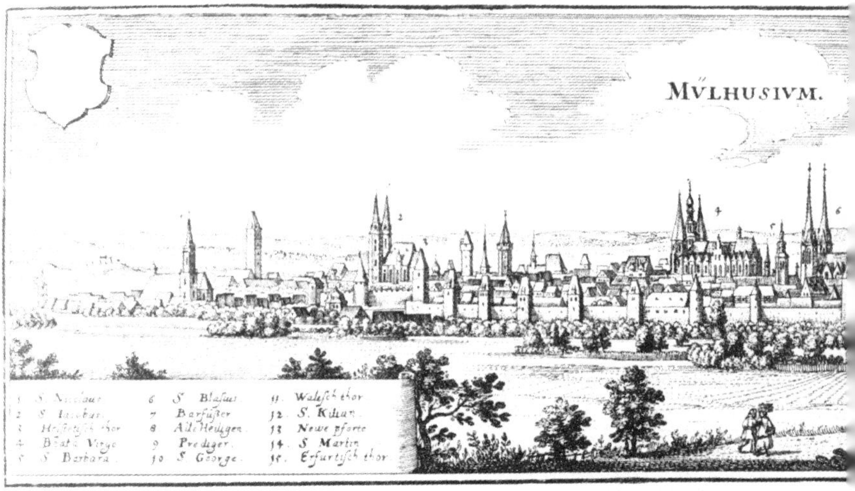

Abb. 19. Stadtansicht von Mühlhausen in Thüringen um 1645. Kupferstich von Matthäus Merian

wie zuvor in Allstedt, mit einer Reform des Gottesdienstes zu beginnen und die Bürger auf den wahren Weg des Glauben zu führen.

Der Kampf gegen die altgläubige Geistlichkeit, der Ernst mystischer Frömmigkeit und der Eifer apokalyptischer Weltveränderung: diese Grundzüge seiner Predigt vermochten die Bevölkerung dieser Stadt tiefer zu erregen und für die Ziele der Reformation stärker einzunehmen, als es bisher der Fall war. Selbst Luther, der den Rat zu Mühlhausen vor dem Allstedter gewarnt hatte, konnte nichts ausrichten, auch der Bruder des sächsischen Kurfürsten nicht. Müntzer machte sich über die Wirksamkeit seiner Predigt zwar keine Illusionen und klagte, daß „Die leuthe zu Molhausen seynt langsam“,[4] da ihm aber sehr viel Volk nachlief, beobachtete er die Spannungen in der Stadt genau und suchte nach einem Anlaß, über die Predigt hinaus auch kirchenpolitisch wieder alles in Bewegung zu bringen.

Für einen solchen Anlaß sorgte der Rat selbst. Er ließ einen Kürschner ins Gefängnis werfen, der während einer feucht-fröhlichen Hochzeitsfeier einen der beiden Bürgermeister beleidigt hatte. Die Verhaftung am 19. September verstieß gegen den Rezeß und löste Empörung unter den Bürgern aus. Die Achtmänner befreiten den Gefangenen, und die Bürgermeister flohen über Nacht, weil sie fürchteten, von der aufgebrachten Menge erschlagen zu werden. Stadtwappen, Siegel und Torschlüssel nahmen sie mit, ein Akt, den die aufsässige Bürgerschaft als besondere Beleidigung ihres städtischen Selbstbewußtsein empfinden

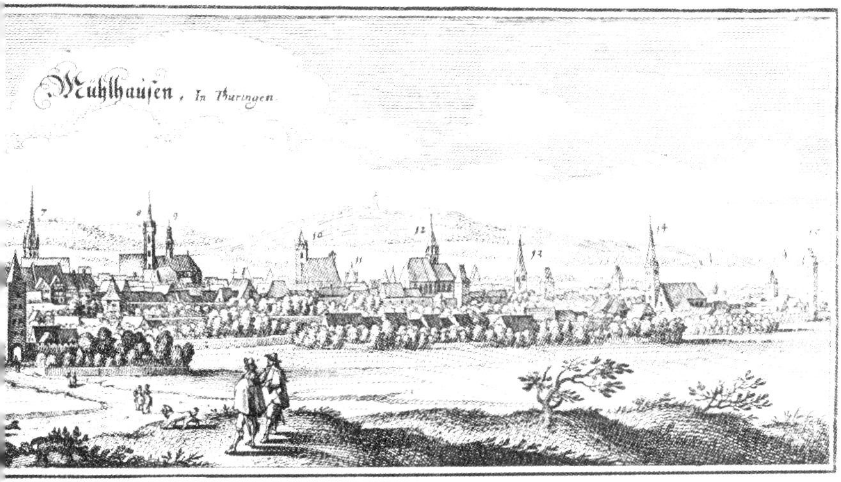

mußte. Nun kam ein Prozeß in Gang, der auf eine grundlegende Veränderung der Verfassungsorgane abzielte. Es begann damit, daß Müntzer und Pfeiffer ihre Anhänger um sich sammelten und zur Stadt hinauszogen. Vielleicht wollten sie mit einem solchen Demonstrationszug, dem ein blankes Schwert und ein rotes Kreuz vorangetragen wurde, gegen das Verhalten der Bürgermeister protestieren. Möglicherweise stand aber noch eine andere Absicht dahinter: es könnte bei dieser Gelegenheit der „Ewige Bund" gegründet worden sein, ein Schutz- und Kampfbündnis gegen die Gottlosen. Zweifellos war der Allstedter Bund das Muster für diesen neuen Zusammenschluß. Die Unauflöslichkeit des neuen Bundes wurde jetzt deutlich signalisiert: „ewig" sollte er dieses Mal währen. Ansonsten sind die Nachrichten über ihn dürftig, nicht einmal das Datum steht fest, so daß der Bundesschluß auch bei anderer Gelegenheit zustande gekommen sein könnte; überliefert ist nur die Kopie einer Bundesliste, in die sich über zweihundert Personen eingetragen hatten, kaum Bauern, in der Mehrzahl Bewohner der Innenstadt, die meisten verfügten nur über einen kleinen Besitz oder waren ohne Vermögen. Man weiß ebenfalls, daß Heinrich Pfeiffer als „Feldkaplan" eingetragen war, das deutet auf den militärischen Charakter des Bundes hin, auch andere militärische Chargen waren vorgesehen; und man kennt die Losung: „Das Wort Gottes bleibe ewiglich".

In der Turbulenz dieser Vorgänge, inmitten der Ratskrise, waren die *Elf Artikel* entstanden, die von drei Vorstädten, einem Stadtviertel und der Leineweberzunft vorgestellt wurden. Sie wollten den alten Rat absetzen und einen neuen wählen, „auf daß Gottes Gerechtigkeit und Billigkeit vorangehe und alle falsche Gewalt und Eigennutz zurückbleibe".[5] Die Ratsmitglieder sollten auf Lebenszeit gewählt und von der Gemeinde besoldet werden, ihr aber auch jederzeit zur Rechenschaft verpflichtet sein. Ähnliches hatte auch Müntzer in seinem Brief an die „Kirche zu Mühlhausen" vorgeschlagen; er wird an dieser hitzig geführten Verfassungsdiskussion teilgenommen haben. Offensichtlich sah man keinen anderen Weg, die Errungenschaften des Rezesses zu sichern, als den Rat auszuwechseln und den neuen auf eine breitere Legitimationsbasis zu stellen. Dazu kam es jedoch nicht. Der Rat hatte über den Angriff auf die Obrigkeit entrüstete Bauern aus der Umgebung zusammengezogen, um sie notfalls gegen die Bürger aufzubieten, und zwei neue Bürgermeister gewählt. Die Opposition setzte sich zwar zur Wehr und versuchte, in einem spektakulären Auszug aus dem Felchtaer Tor alle Gegenkräfte zu mobilisieren, sie unterlag aber, als es dem Rat gelungen war, die Bürger zusammenzurufen und ihnen den Huldigungseid abzunehmen. Als die Stadtviertel und Kirchspiele in dieser Situation schließlich über das Verbleiben der Prediger befragt wurden, äußerten sich die meisten negativ, so daß der Rat freie Hand hatte, Müntzer und Pfeiffer am 27. September 1524 auszuweisen.

Beide lenkten ihre Schritte zunächst nach Bibra und suchten dort den Buchführer Hans Hut auf, der ihnen wohl schon in Mühlhausen begegnet war und dessen Name sich in der Liste des „Ewigen Bundes" findet. Beide Prediger wollten Schriften, die sie verfaßt hatten, zum Druck bringen und sich die Erfahrung des Buchführers zunutze machen. Doch der weitere Weg läßt sich nicht mehr restlos aufklären: ob alle drei nach Nürnberg aufbrachen, wo sie eine Druckerei für ihre Bücher zu finden hofften, oder nur Pfeiffer und Hut, während Müntzer sich zunächst noch woanders aufhielt und erst später in Nürnberg eintraf, irgendwann zwischen Ende Oktober und Mitte Dezember. Günter Vogler hat erst kürzlich wieder vor Augen geführt, welche Rätsel die spärlich fließenden Quellen aufgeben und wie wenig eine Anwesenheit Müntzers in der Stadt an der Pegnitz mit Sicherheit überhaupt erwiesen werden könne.[6] Dennoch sprechen manche Hinweise dafür, daß nicht nur Pfeiffer, sondern auch Müntzer vorübergehend in Nürnberg war und Hut die *Ausgedrückte Entblößung* in der Werkstatt des Hans Hergot zum Druck bringen konnte. In Nürnberg angekommen, begann Pfeiffer sogleich damit, Streitgespräche in den Gassen zu führen und vielleicht auch auf den Plätzen zu predigen. Schnell erregte er den Unmut des Rates. „Winkelprediger", zumal sie im Geruch standen, schon in einer anderen Reichsstadt einen Aufstand gegen die Obrigkeit angezettelt zu haben, wurden hier nicht geduldet. Pfeiffer wurde auf das Rathaus bestellt und mußte die Stadt unverrichteter Dinge noch vor Sonnenuntergang verlassen.

Wann Müntzer in Nürnberg eintraf, weiß man nicht. Einige meinen Anfang Oktober, andere nehmen Mitte Dezember an.[7] Auf jeden Fall war er gut beraten, nicht von sich Reden zu machen und unerkannt zu bleiben. Er verfolgte vor allem die Absicht, die *Hochverursachte Schutzrede* zum Druck zu bringen. Dabei mußte er behutsam vorgehen, da die *Ausgedrückte Entblößung* kurz vor ihrer Auslieferung in der Werkstatt des Buchdruckers Ende Oktober bereits entdeckt und vom Rat beschlagnahmt worden war.[8] Hut hatte eine Entschädigung für die verauslagten Druckkosten erhalten, die Schrift jedoch war aus dem Verkehr gezogen worden. Einhundert Exemplare waren aber bereits auf dem Wege nach Augsburg und auf diese Weise dem Zugriff des Rats entzogen. In dieser Situation mußte Müntzer Vorsicht walten lassen. Es wäre ein leichtes gewesen, schrieb er an den befreundeten Christoph Meinhard in Eisleben, einen „aufruhr zu machen", da die Situation dafür sehr günstig sei: „Der handwerksleute schweis schmeckt inen sües, sües, gedeiet aber zur bittern galle. Es wird da kein bedenken oder spiegelfechten helfen, die warheit mus erfur. Es hilft sie nicht das getichte annemen des evangelii. Die leute sind hungerig, sie müssen und wollen essen, wie Amos sagt, auch Matth. 5."[9] Mit diesen Worten spielte Müntzer offensichtlich auf die aufmüpfige Haltung des „gemeinen Mannes" an, der sich zu regen begann und den Rat in Bedrängnis brachte.[10] Der Rat war alarmiert, und so war es gar nicht einfach, in dieser lutherfreundlichen, aber in Unruhe versetzten Stadt noch einen Drucker zu finden, der bereit gewesen wäre, eine solche brisante, gegen den Wittenberger Reformator gerichtete Schrift zu veröffentlichen. Wäre Müntzer gar öffentlich in Erscheinung getreten, hätte er sein Manuskript erst recht aufs Spiel gesetzt. Schließlich ging Hieronymus Höltzel, schon immer ein unbequemer Zeitgenosse und mutiger Verleger, auf dieses Abenteuer ein. Die *Schutzrede* wurde gedruckt, durch Zufall aber entdeckt, als der Rat nach einer Abendmahlsschrift Andreas Karlstadts fahnden ließ.[11] So haben nur wenige Exemplare der *Schutzrede* den Weg in die Öffentlichkeit gefunden.

Sicherlich hat Müntzer in jenen Tagen auch vertrauliche Gespräche geführt und um Verständnis für seine theologischen Überzeugungen geworben. Der Personenkreis, in dem er verkehrte, ist aber unbekannt; doch höchstwahrscheinlich gehörte der Rektor der Lateinschule zu St. Sebald, Hans Denck, dazu, in dessen Schriften man an zahlreichen Stellen auf die Spuren Müntzers stößt.[12]

Der Unerkannte reiste weiter, ob vor oder nach dem Debakel mit seinem großen Pamphlet gegen Luther, weiß man nicht. Denck hatte dem neuen Freund wohl geraten, sich zu Johannes Oecolampad und Ulrich Hugwald nach Basel zu begeben und mit ihnen die Lage der Reformation im Reich zu besprechen. Sie wiederum regten ihn an, in den Hegau und Klettgau weiterzuziehen, das Aufstandsgebiet der Bauern am Oberrhein, und selber in Augenschein zu nehmen, welche Bewegung sich dort erhob. Er hielt sich mehrere Wochen in Grießen auf, ohne allerdings historisch wirklich greifbare Spuren zu hinterlassen.

Pfeiffer war schon im Dezember nach Mühlhausen zurückgekehrt und konnte, nachdem seine bewaffneten Anhänger das Rathaus belagert und den Rat in die Knie gezwungen hatten, wieder in der Nicolaikirche predigen. Die Stimmung in den Dörfern war umgeschlagen und hat wohl wesentlich dazu beigetragen, daß Pfeiffer in der Stadt wieder Fuß fassen und das Achtmännerkollegium die Gelegenheit nutzen konnte, das Stadtrecht auf eine biblische Grundlage zu stellen, eine neue Gerichtsordnung zu erlassen und die Klöster aufzuheben. In den ersten Wochen des neuen Jahres wurden Bilder und Klöster gestürmt, Mönche, Nonnen und der Deutsche Orden vertrieben und die Reformation offiziell eingeführt.

Vielleicht hatte Müntzer von diesem Umschwung in Mühlhausen gehört und sich deshalb wieder auf den Weg gen Norden begeben. Im Februar tauchte er in Fulda auf. Möglicherweise war er dort in städtische Unruhen verwickelt und vorübergehend unerkannt in Haft. Kurz darauf kehrte er nach Mühlhausen zurück. Hier wurde er mit offenen Armen empfangen und von denen „zu St. Nicolaus, Peter und Jörgen“,[13] von Gemeindegliedern also und nicht vom Rat, zum Pfarrer an der Marienkirche in der Neustadt bestellt. Bald darauf bezog er das Haus der Deutschherren. Noch standen allerdings nicht alle Bürger hinter ihm. Das zeigte ein kleiner Vorfall, der sich ereignete, als die Prediger am 9. März zu einer Musterung vor der Stadt aufgerufen hatten, um die Bevölkerung auf einen möglichen Angriff feindlicher Söldner militärisch vorzubereiten. Mehr als zweitausend Personen waren herausgerückt, Städter und Bauern. Müntzer inspizierte die Wehrwilligen hoch zu Roß, hielt eine geharnischte Feldpredigt gegen Kaiser und Fürsten und forderte diejenigen auf, die Hand zum Schwur zu erheben, die bei Gott stehen wollten. Das war eine Szene, mit der man auch die Geburtsstunde des „Ewigen Bundes“ historisch in Verbindung bringen konnte, wie Tom Scott es tat.[14] Der Hauptmann fiel dem Prediger ins Wort und wies ihn in seine Schranken: Prediger gehörten auf die Kanzel und nicht ins Feldlager. In der Erregung, die bald um sich griff, kam es nicht mehr zum geforderten Schwur. Die Menge kehrte in die Stadt zurück, einige Anhänger Müntzers randalierten und stürmten das noch nicht aufgelöste Nonnenkloster St. Maria Magdalena.[15]

Ein wenig später verhandelten Müntzer und Pfeiffer, vielleicht auch die Achtmänner, mit dem alten Rat über die noch nicht verwirklichten

Forderungen der „Elf Artikel". Als diese Verhandlungen aber ergebnislos abgebrochen wurden, versammelten sich die Bürger am 16. März in der Marienkirche und wählten den Rat mit überwältigender Mehrheit ab. Er trat zurück, und einen Tag später wurde ein neuer Rat gewählt und in sein Amt eingesetzt: der „Ewige Rat". Er sollte nicht mehr durch den schnellen Wechsel der Amtszeiten geschwächt werden und durch die jährlichen neuen Kooptationen außer Kontrolle geraten. Doch dieser Rat spiegelte nicht die radikalen Tendenzen in der Anhängerschaft der beiden Prediger wider, zumal unter den sechzehn Personen, aus denen er bestand, vier oder fünf schon dem alten Rat angehört hatten. Die neue Führung repräsentierte vielmehr die Schicht, die mit dem Rezeß den Bürgerkampf für sich entscheiden wollte: die Besitzenden im Kleinbürgertum und im mittleren Bürgertum. Die Vorstädter waren nicht vertreten, nicht die Bauern in den Dörfern und nicht die Armen in der Stadt, auch nicht die beiden tonangebenden Prediger. Allerdings hatte sich auch für diese Schichten etwas geändert. Die Schwurgemeinschaft wurde erweitert, denn alle Einwohner der Stadt, nicht nur die mit Bürgerrecht ausgestatteten, mußten jetzt dem Rat den Gehorsamseid leisten. Darin könnte man einen ersten Schritt zu politischer Gleichheit sehen; man könnte darin – historisch naheliegender – auch den Versuch erkennen, Stabilität durch Konformität wiederherzustellen. Auf keinen Fall war Mühlhausen eine „christliche Demokratie" geworden, wie Günther Franz meinte,[16] denn das Wahlrecht wurde überhaupt nicht neu geregelt, vielmehr wurde der neue Rat wie eh und je von den Wahlbürgern der Stadt gewählt – ungefähr der Hälfte aller Einwohner.

Der „Ewige Rat" war nicht das Vollzugsorgan des „Ewigen Bundes" oder Befehlsempfänger der beiden Prediger. Er war vielmehr das einzige Organ, das die Geschäfte der Obrigkeit mit dem rechten Blick für die politischen, sozialen und religiösen Machtinteressen in der Stadt wahrzunehmen vermochte, ohne dabei zu stark auf die Reibereien achten zu müssen, die zwischen dem alten Rat und einer wachsenden reformgesinnten Bürgerschaft gang und gäbe waren. Dieser Rat war nicht das Ergebnis eines apokalyptischen Rausches, wie man oft meinte, sondern mit politischer Folgerichtigkeit aus sozialen Konflikten erwachsen, die sich mit der Reformationsproblematik vermischt hatten. Dieser Rat war Produkt einer reformatorischen Mehrheit und Garant einer neuen Stabilität in der Stadt. Seine Aufgabe, die er auf herkömmliche Weise weiterhin unter den prüfenden Augen der Achtmänner wahrnahm, bestand im wesentlichen darin, die Reformation nach innen auszugestalten und nach außen zu sichern, das Kirchengut neu zu verteilen und Einsprüche gegen Zins- und Zehntverweigerung abzuwehren, das hieß auch, der Predigt und Agitation Müntzers freien Lauf zu lassen, sie nach Möglichkeit sogar zu unterstützen. Die Dualität von politischer und geistlicher Führung blieb aber institutionell bestehen. Zwar war das Maß an innerstädtischen Konflikten reduziert worden, nicht beseitigt war jedoch die Quelle, aus der neue Konflikte entstehen konnten: die visionäre Predigt von der Errichtung der Herrschaft Gottes auf Erden.

XII.

Schlacht unter dem Regenbogen

Thomas Müntzer schwebte eine Reformation vor, die über Mühlhausen hinausgreifen sollte: sowohl geographisch als auch theologisch. Er wollte die Herrschaft Gottes auf Erden errichten: „das volck wirdt frey werden und Got will allayn der herr daruber sein."[1] Eine Theokratie mußte die Dualität von weltlicher Herrschaft und geistlicher Macht auflösen und die Mauern einer Reichsstadt sprengen. Soweit war es in Mühlhausen noch nicht gekommen. Das brauchte Müntzer aber nicht zu stören, solange der „Ewige Rat" ihn nicht aufhielt, seine weitgespannten Pläne zu verwirklichen.

Eine Gelegenheit, den Blick über die Mauern der Stadt hinauszurichten, bot ihm die besondere Situation, in der Mühlhausen sich befand. Diese Stadt war zwar eine Reichsstadt, politisch war sie aber so schwach geworden, daß sie sich seit geraumer Zeit in die Schutzherrschaft der hessischen und sächsischen Landesherren begeben hatte, um sich ihre verfassungsrechtliche Freiheit zu bewahren. Da die Schutzherren sich gegenseitig in Schach hielten, war Mühlhausen niemals wirklich in Bedrängnis geraten. In dem Augenblick jedoch, in dem das politische System sich in der Stadt veränderte und eine Richtung einschlug, die den umliegenden Territorien gefährlich werden konnte, mußte mit dem Unwillen der Schutzherren gerechnet werden, vielleicht sogar mit einem militärischen Angriff. Besonders Georg von Sachsen war beunruhigt; er haßte die Reformation und war schon gar nicht bereit, sie in ihrer radikalen Form zu dulden. Außerdem hatten ihn die Bürgermeister, die nach Langensalza geflohen waren, aufgefordert, dem Treiben in Mühlhausen ein Ende zu bereiten, sie hatten auch das Reichsregiment in Esslingen eingeschaltet, um den Rat in seine alten Rechte wieder einzusetzen. Die diplomatischen Aktivitäten führten jedoch zu keinem Ergebnis, da der Kurfürst sich scheute, die Reichsfreiheit einer Stadt anzutasten. Bedrohlich aber war die Situation für Mühlhausen allemal. Es mußte sich zum Kampf rüsten und die Musterung fortsetzen, die schon vor der Wahl des „Ewigen Rates" eingeleitet worden war. Müntzer bot den „Ewigen Bund" auf und rüstete ihn mit einer Fahne aus, die eigens angefertigt worden war, um den Zusammenhalt und den Kampfwillen der Auserwählten überallhin sichtbar zu bekunden. Auf dieser weißen Fahne war ein Regenbogen zu sehen, das alttestamentliche Symbol für den Bund, den Gott nach der Sintflut mit den Menschen geschlossen hatte, ebenso die Losung des Bundes und eine Erläuterung: „dis ist das zeychen des ewigen bund gottes, alle, die bey dem Bunde stehen wollen, sollen darundertreten“.[2] Das Volk Gottes wurde in Alarmbereitschaft versetzt. Mehr geschah zunächst nicht. Noch war der Bann nicht gebrochen, noch wurde die Schwelle von Notwehr zu Angriff nicht überschritten. Aus eigenen Stücken hätte Müntzer diesen Schritt vielleicht auch nie gewagt. Wohl hatte er aus seiner mystischen Frömmigkeit revolutionäres Feuer geschlagen, die Bedeutung aber, die er dem Leiden zumaß, ließ ihn vor der äußersten Konsequenz eines militanten Vorgehens zurückschrecken. Der Weg von Empörung und Widerstand zu revolutionärer Militanz war für ihn im Norden ebenso schwer zu finden wie für den „gemeinen Mann“ im Süden. Müntzer wartete auf ein Zeichen, auf die Bewegung, die damit begann, die äußeren Verhältnisse so zu gestalten, wie er sie bisher nur herbeigesehnt und theologisch herbeigedacht hatte.

Im Herbst und Winter 1524/25, als Müntzer Mühlhausen verlassen mußte, verbrachte er auch einige Zeit am Oberrhein, im Aufstandsgebiet des „gemeinen Mannes“. Was Müntzer hier erlebte, ist nicht überliefert, auch nicht, wie intensiv er sich an den Beratungen unter den Aufständischen beteiligte. Walter Elliger meint, daß Müntzer den *Verfassungsentwurf* geschrieben habe, der als Exzerpt unter den Papieren Balthasar Hubmaiers in Waldshut gefunden wurde.[3] Doch mehr als eine Vermutung ist das nicht. Müntzer bekannte zwar, Artikel aus dem Evangelium angegeben und andere geschrieben zu haben, „wye man herschen soll“,[4] aber es deutet kaum etwas darauf hin, daß er den *Verfassungsentwurf* gemeint haben könnte. Eike Wolgast schreibt: „Der wichtigste Teil des ‚Verfassungsentwurfs‘ sind Regelungen zur Wahl eines neuen Herrn – damit bleibt der Verfasser auf einer Stufe stehen, die Müntzer mit der Allstedter Erfahrung, daß alle Obrigkeit gottlos sei, schon hinter sich gelassen hatte.“[5] Dieses Argument überzeugt nicht ganz, da Müntzers Haltung zur weltlichen Obrigkeit nicht grundsätzlicher Natur war, sondern wechseln konnte, je nachdem, wie die Obrigkeit sich gerade zu seiner Lehre und Agitation stellte. Es wäre durchaus denkbar, daß er sich angesichts der Situation, die er im Hegau und Klettgau vorfand, den Bauern zur Verfügung gestellt hat, solche Artikel niederzuschreiben. Doch historisch kommt man über Mutmaßungen nicht hinaus – so oder so. Hier muß ein Problem ungelöst bleiben.[6] Es ist im Zusammenhang mit der Erhebung vielleicht auch nicht so wichtig, welchen Beitrag Müntzer geleistet hat, sondern welche Eindrücke er sammeln konnte. Sicherlich hat er grundsätzliche Übereinstimmung

Abb. 20. Feldarbeit unter Aufsicht. Anonymer Holzschnitt vom Ende des 15. Jahrhunderts

zwischen dem bäuerlichen Vorgehen und den in Allstedt gesammelten Erfahrungen wahrgenommen. Hier wie dort hatte der Widerstand einen kommunalen Zuschnitt, gab es eine antiklerikale und obrigkeitskritische Front und war die Einsicht vorhanden, sich nicht länger von den Herrschaften aufhalten zu lassen, wenn es galt, eigene Vorstellungen von einer Erneuerung der Welt durchzusetzen. Bereits in der *Hochverursachten Schutzrede* klagte Müntzer, wie es ähnlich auch im Süden geschah, daß Bauern und Handwerker bedrückt würden und die Herren das, was mit der Schöpfung allen Menschen zur Verfügung stand, für sich in Beschlag nähmen: „die visch im wasser, die vögel im lufft, das gewechß auff erden muß alles ir sein."[7] Müntzer erkannte auch, daß der „gemeine Mann" seine politischen, rechtlichen und wirtschaftlichen Nöte in einer neuen christlichen Gemeinschaft zu überwinden hoffte. Die theologischen Argumente waren unterschiedlich, Müntzer mußte den mystischen und apokalyptischen Grundton vermissen, aber um so deutlicher nahm er wahr, daß die Bewegung voranschritt, in der eine Welt der Nächstenliebe und Brüderlichkeit entstand. Hier im Aufstandsgebiet hatte Müntzer Bundesgenossen gefunden – und in seinem Denken entstand eine gemeinsame Front zwischen dem Schwarzwald und dem Thüringer Wald. Noch war es aber nicht soweit, erst um Ostern 1525 begann der Aufstand einen stürmischen Verlauf zu nehmen. In Windeseile verbreitete er sich, wie ein Flächenbrand, in nördliche Richtung. Der Oberrhein, der Schwarzwald und das Elsaß, die Ufer des Bodensees, das Allgäu, Franken, das Neckartal und der Odenwald standen in Aufruhr. In der Karwoche erreichte er Fulda, drang ins Werratal ein und bewegte sich nach Thüringen fort, auf Mühlhausen zu. Schlösser gingen in Flammen auf, Klöster wurden geplündert und zerstört: „und will gar kein Gehorsam befunden noch gehalten werden", heißt es in einem Bericht.[8] Ruhe und Ordnung waren gestört; was wohlgeordnet war, löste sich auf. Unruhe und Furcht befielen die Herrschenden. Als die Bewegung sich verstärkte, ein Grundherr und ein Graf nach dem andern, Äbte und Prälaten sich den aufständischen Haufen fügen mußten, schrieb Friedrich der Weise, der sterbenskrank darnieder lag, an seinen Bruder: „Filleicht had man der armen leuten zu solchem aufrure orsache geben und sunderlichen mit vorbittung des word gottes. So werden die armen in fil wege von uns weltlichen und gaistlichen oberkaiten beschwerd. Got wend sein zcorn von uns. Wil es got also haben, so wird es also hinaus gehen, das der gemein man regiren sal. Ist es aber sein gottlicher wille nicht und das es zu seinem lobe nicht vorgenommen, wird es bald anders. Lassent unds got bitten umb vorgebung unser sund und ims haimsetzen, er wird es alles fein nach seim willen und lobe schicken."[9] Anders reagierte Müntzer, als die Kunde von der heranrückenden Bewegung des „gemeinen Mannes" sich in Mühlhausen verbreitete. Nicht Angst und Schrecken, Zweifel und Vorwürfe, Resignation und Lähmung sondern Freude und Euphorie erfaßten ihn – er war voller Tatendrang.

Nun wandte er sich noch einmal an die Allstedter, die ihn vor nicht allzu langer Zeit im Stich gelassen hatten. Einst waren sie ihm mit Mißtrauen begegnet, doch jetzt schien sich das Blatt zu wenden: „Das ganze deutsche, franzosisch und welsch land ist wag, der meyster will spiel machen, die bößwichter mussen dran. Zu Fulda seynt in der osterwochen vier stiefftkirchen vorwuestet, die pauern im Klegaw und Hegaw Schwarzwald seint auf, dreymal tausent stark, und wirt der hauf ye lenger ye grosser."[10] Müntzer vertraute auf die Überzeugungskraft der Ereignisse und forderte die Allstedter auf, nicht länger zu schlafen, den

„streyt des Herren" zu kämpfen, sowie andere Städte, Dörfer und die Bergknappen in den Kampf mit einzubeziehen. Noch während er diesen Brief schrieb, erreichte ihn neue Kunde, die er den Allstedtern sogleich mitteilte, nämlich daß die Bürger in Salza sich den Amtmann vom Schloß holen wollten und die Bauern auf dem Eichsfeld „seint ir junkern feind worden".[11] Je drastischer die Situation wurde, um so drängender wurde der Aufruf: „Dran, dran, dyeweyl das feuer hayß ist. Lasset euer schwerth nit kalt werden, lasset nit vorlehmen! Schmidet pinkepanke auf den anbossen Nymroths werfet ihne den thorm zu bodem! Es ist nit mugelich, weyl sie leben, das ir der menschlichen forcht soltet lehr werden. mann kan euch von Gotte nit sagen, dieweyl sie uber euch regiren. Dran, dran, weyl ir tag habt, Gott gehet euch vor, volget, volget!"[12] Als das „leidvollste, rasendste Revolutionsmanifest aller Zeiten", schrieb Ernst Bloch,[13] ist dieser Brief in die Geschichte eingegangen.

Unter dem Druck der Ereignisse veränderte Müntzer seine theologische Argumentation: die Zeit, sich innerlich für eine Veränderung der Welt zu rüsten, schien vorüber, jetzt mußte umgekehrt dafür gekämpft werden, die äußeren Verhältnisse so zu gestalten, daß innere Einkehr und Glauben überhaupt erst ermöglicht wurden. Der wahre Glaube kann nicht entstehen, solange der Mensch von der Sorge um seine nackte Existenz verzehrt wird, oder zu einem späteren Zeitpunkt anders ausgedrückt: „Es beczeugen fast alle ortheyl in der schrifft, das dye creaturn mussen frey werden, sol sunst das reyne wort Gottis auffgehn."[14] Die Frage ist, ob Müntzer tatsächlich die Grundsätze seiner mystischen Frömmigkeit aufgegeben oder nur eine Aussage getroffen hat, die mehr über die Euphorie des Augenblicks als die Grundsätzlichkeit seines Denkens aussagt. Mit der Euphorie des Augenblicks ist mehr als eine flüchtige Regung gemeint, eher Freude darüber, daß die politische und soziale Situation des „gemeinen Mannes" sich der eigenen Theologie angenähert hat. Müntzer braucht nicht nur *gegen*, er kann jetzt auch *mit* der Wirklichkeit denken. Manfred Bensing meinte, erst mit dem offenen Kampf gegen die Fürsten und der Übertragung der Schwertgewalt an das niedere Volk, erst im Kampf um die „tatsächlichen Bedürfnisse des Volkes", sei Müntzers Lehre „in gewissem Sinne vom Kopf auf die Füße gestellt" worden, sei er zum Revolutionär herangewachsen.[15] Ich meine, Revolutionär war er schon mit dem ersten theologischen Gedanken, den er selbständig dachte, nur daß sich dieser Grundzug seiner Persönlichkeit erst allmählich, durch ständige Reflexion über die reale Situation, bis zur militanten Konsequenz gesteigert hat. Darauf ist noch einmal am Schluß zurückzukommen.

Als in Mühlhausen bekannt geworden war, daß der Amtmann zu

Salza evangelische Prediger ins Gefängnis geworfen hatte und hinrichten lassen wollte, beschloß man, auszuziehen und den Bürgern in der Nachbarschaft zu helfen. Müntzer zögerte zunächst, da er erst einmal den näheren Umkreis der Reichsstadt militärisch sichern wollte, beteiligte sich dann aber an dem Zug, der sich am 26. April unter der Regenbogenfahne fortbewegte, nicht zuletzt um auch Rache an den geflohenen Bürgermeistern zu nehmen und die Barfüßermönche auszurotten. Doch der Rat Salzas, offensichtlich in einer prekären Situation zwischen dem Amtmann und den aufgebrachten Bürgern, wies die Hilfe des vor den Toren lagernden Haufens zurück. Darauf trennte man sich, ein Teil zog mit Müntzer nach Volkenroda und stürmte das Kloster, der andere bewegte sich mit Pfeiffer wieder in Richtung Heimat, schlug sein Lager aber in Görmar vor den Toren Mühlhausens auf, um Weiteres abzuwarten. Dort hatten sich auch Aufständische aus dem Werratal und dem Eichsfeld eingefunden. Dem „Ewigen Rat" waren die militärischen Aktivitäten zunächst überhaupt nicht recht, er hatte auch den Klostersturm in Volkenroda mißbilligt, doch dann schlug die Stimmung um, und er schickte ein Aufgebot nach Görmar, andere Bürger zogen nach Schlotheim, um ein Nonnenkloster und den Sitz des Ritters von Hopfgarten zu stürmen. Schließlich vereinigten sich die Haufen wieder und berieten über das weitere Vorgehen. Müntzer wollte gegen Ernst von Mansfeld ziehen und sich mit dem Haufen vereinigen, der sich bei Frankenhausen gebildet hatte, Pfeiffer jedoch das kurmainzische Eichsfeld durchstreifen, wo die bäuerliche Erhebung erste Erfolge erzielt hatte und auf alle fette Beute wartete. Zunächst fand Müntzers Absicht Anklang, unterwegs gelang es dann aber Pfeiffer am 29. April in Ebeleben sich durchzusetzen, so daß alle aufs Eichsfeld zogen. Hier zerstörten sie Klöster, setzten Schlösser in Brand – und trafen kaum auf Widerstand. Bald kehrten sie nach Mühlhausen zurück, wo es erneut zu Meinungsverschiedenheiten kam. Müntzer setzte noch einmal nach und verfolgte seinen Plan, sich gegen Ernst von Mansfeld zu wenden, zumal die Bauern vor Frankenhausen um Hilfe gebeten hatten, Rat und Pfeiffer befürchteten jedoch einen Angriff der Fürsten, die sich inzwischen zum Kampf rüsteten, und wollten die Stadt nicht ohne Schutz zurücklassen. So gelang es Müntzer nur, nach einigem Zeitverlust, mit dreihundert Mann und acht Karrenbüchsen aufzubrechen und nach Frankenhausen zu ziehen.

Über die Unstimmigkeiten im Lager der Aufständischen ist oft gerätselt worden. Wie sind sie zu erklären? Geistliche Motive scheiden offensichtlich aus, nichts deutet in den Quellen auf einen theologischen Dissens zwischen Pfeiffer und Müntzer hin. Seit Friedrich Engels werden soziale Gründe ins Feld geführt: Pfeiffer habe den lokalbornierten

Abb. 21. Während der bäuerlichen Unruhen wurden Schlösser niedergerissen. Anonymer Holzschnitt, 1523

Klassenstandpunkt des Kleinbürgertums vertreten und die Revolution verraten, während Müntzer, den Blick fest in die Zukunft gerichtet, universal ausgriff, grundsätzlich und radikal, um den „plebejischen“ Schichten zum Sieg zu verhelfen. Sicherlich war die städtische Gesellschaft in Mühlhausen stark zerklüftet; daß Müntzer dort aber nur der Mann der Armen und Rechtlosen gewesen wäre, davon wissen die Quellen nichts Eindeutiges zu berichten. Am ehesten überzeugt ein strategisches Motiv: Pfeiffer setzte auf Verteidigung, Müntzer auf Angriff. Innerhalb der überregionalen Bewegung des „gemeinen Mannes“ war sowohl der eine als auch der andere Standpunkt revolutionär, hatte, unter strategischen Gesichtspunkten betrachtet, der eine genauso viel für sich wie der andere. Gerhard Günther nimmt zu Recht eine „bis in den Tod währende Kampfgemeinschaft“ zwischen beiden Predigern an.[16]

Am 12. Mai 1525 traf Müntzer mit seiner kleinen Heerschar, unterwegs noch um Versprengte aus dem Werrahaufen vermehrt, in Frankenhausen ein. Dort lagerte ein großer Haufen, der allmählich ein weites Gebiet kontrollierte und sich zum Zentrum des thüringischen Aufstands entwickelt hatte. Die Herrschenden versetzte er in Angst und Schrecken: „Kein fürst, graff, edelmann oder andere ansehnlich leut, die im gewalt uf erden gesessen, vor in pleibn sollen, mussen alle herunter“, berichtete der Amtmann zu Allstedt.[17] Die Aufständischen begannen, die Grund- und Gerichtsherrschaften aufzulösen und eine Grafschaft nach der anderen zu unterwerfen. Die Grafen zu Stolberg, Schwarzburg und Hohnstein wurden bezwungen; vielleicht kam einigen das politisch sogar gelegen. Sie konnten darauf hoffen, sich der schleichenden Entmachtung durch die Landesfürsten zu entziehen und sich, nachdem alles überstanden sein würde, wieder eine eigene, nicht mehr antastbare Machtstellung zu sichern. Die Hohnsteiner und Schwarzburger legten ihre Adelsprädikate ab und wurden als „Brüder" in den Bund der Aufständischen aufgenommen. Ihre Herrschaftsrechte waren erloschen, ihre überzähligen Schlösser ins Eigentum des „gemeinen Mannes" übergegangen. Dafür wurden sie zum Teil mit geistlichen Gütern abgefunden. Noch nicht zu Kreuze gekrochen waren die Mansfelder Grafen.

So schwer Müntzer es bisher hatte, sich unter den Aufständischen durchzusetzen, in Frankenhausen wurde er als Autorität empfangen. Er konnte diejenigen mitreißen, die bisher noch nicht bereit gewesen waren, aufs Ganze zu gehen, oder Zweifel an der eigenen Kampfkraft hegten. Er predigte im Lager und vermittelte allen den Eindruck, daß die heranrückenden Fürstenheere nichts gegen diejenigen ausrichten könnten, die an der Seite Gottes kämpften. Bereits von Görmar aus hatte er im April nach Frankenhausen geschrieben: „Der mund des Herrn saget: Sich die sterke meines dorftigen volkes sol sich vormeren, wehr wyl sich an dye meinen machen? Drumb seyt keck und vorlasset euch allein auf Got, so wyrt ehr euch ym kleynen haufen mehr sterk geben, dan yhr gleuben kunnet."[18] Inzwischen war Frankenhausen vom Schwarzburger Grafen abgefallen und auf die Seite der Aufständischen getreten. Die Forderungen, gemäßigt-bäuerliche mit radikal-müntzerischen gemischt, wurden in den *Frankenhausener Artikeln* niedergeschrieben. Nicht gelungen war es, weitere militärische Unterstützung zu mobilisieren. So kam es nicht zu einem wirklichen Kampfbündnis zwischen den Bauern und den Bergknappen aus dem Mansfeldischen. Die wenigen Knappen, die sich nicht aufhalten ließen, nach Frankenhausen vorzustoßen, wurden abgefangen und geschlagen.[18a]

In einem strengen Schreiben wandte Müntzer sich zunächst an Ernst von Mansfeld. Er forderte ihn auf, das tyrannische Wüten einzustellen und den „Grym Gottis" nicht noch mehr herauszufordern. Der elende „madensack" solle seine Schuld bekennen und Abbitte tun, andernfalls müßte es ein schlimmes Ende mit ihm nehmen: „Wirstu dich nicht demutigen fur den cleynen, so wird dir ein ewige schande fur der ganzen christenheit auf den hals fallen und wirst des teufels marterer werden."[19] Im Grunde rechnete Müntzer aber nicht mit der Einsicht des Mansfelders, um so entschiedener wurden Vorbereitungen getroffen, gegen Heldrungen zu ziehen, denn das „nest muß zerrischen und zerschmettert werden."[20] Umgänglicher zeigte Müntzer sich in einem Brief an Graf Albrecht von Mansfeld, den Anhänger der lutherischen Reformation. Doch der Schrecken wird dem Grafen in die Glieder gefahren sein, als er eine biblische Weissagung auf sich beziehen mußte: „wie Gott alle vogel des hymels fordert, das sie sollen fressen das fleysch der fursten und die unvernunftige thier sollen saufen das blut der grossen hansen“.[21]

Die Herrschaft war den Gewaltigen genommen und dem gemeinen Volk gegeben worden. Daran ließ Müntzer keinen Zweifel. Diese Erfahrung zählte offensichtlich mehr als das Bewußtsein, im letzten Gericht zu stehen, und wurde von allen verstanden. Die Anspielung auf die eschatologische Situation erfolgte nur indirekt in den biblischen Verweisen und bestimmte nicht die Argumente auf direkte Weise. Die Zukunft war von der Gegenwart eingeholt worden. Die Grafen hatten keine Wahl, sie mußten sich diesem Herrschaftswechsel, der sich allenthalben vollzog, beugen. Müntzer war unerbittlich und siegesgewiß, er hatte das „Schwert Gedeonis“[22] selber in die Hand genommen und ging voran.

Der Thüringer Aufstand war sicherlich nicht „das Werk eines einzigen Mannes“, Müntzer war nicht der große Organisator des Aufstands, wie einige meinten, es gab auch keine „Müntzerpartei“, die planmäßig um ihre Vorherrschaft gekämpft hätte,[23] Müntzer hat sich in der Endphase aber an die Spitze des großen Haufens bei Frankenhausen gesetzt und mit zahlreichen Schreiben versucht, in der näheren und weiteren Umgebung um Unterstützung zu werben: in Schmalkalden, Sonderhausen, Eisenach und Erfurt; umgekehrt wandten sich andere Gemeinden an ihn um Rat und Hilfe. Es kann kein Zweifel bestehen, daß Müntzer gerade in den letzten Tagen zu Frankenhausen ein entscheidendes Wort mitzureden hatte. Er war Prediger und Stratege. Er war sogar Richter: Drei Gefangene wurden in den Ring geführt und vor der versammelten Gemeinde verhört. Sie beriet und kam zum Schluß, daß die Gefangenen, Gefolgsleute Ernst von Mansfelds, hingerichtet werden müßten. Müntzer war es, der in aller Feierlichkeit das Urteil verkündete. Das war kein Willkürakt, sondern eine Verhandlung auf der Grundlage einer neuen Halsgerichtsordnung, die vom Grafen zu Schwarzburg entworfen worden war. Oft drang die Kunde ins Lager, daß Aufständische aufgegriffen und ohne viel Federlesens von den adligen Gegnern erschlagen oder erstochen worden seien. So legte es sich den Aufständischen nahe, auch die Blutgerichtsbarkeit in die eigenen Hände zu nehmen. Wo die Herrschaft auf das Volk übergegangen war, mußte das Recht neu geordnet werden; dort mußte sich auch die geltende Eigentumsordnung auflösen, in der das Eigentumsrecht im Grunde Herrschaftsrecht war, Herrschaft über Personen, denen ein

Stück Land zur Bewirtschaftung gegen Abgaben überlassen worden war. „Omnia sunt communia", nach dieser Maxime, bekannte Müntzer später im Verhör, müsse verfahren werden: alles gehört allen.[24] Zunächst ging es darum, die Enteignung der Grundherren zu rechtfertigen, und dafür eignete sich diese Maxime aufs Vorzüglichste. Wie die Herrschaft dem Volk gegeben wurde, gehörten ihm auch die irdischen Güter. Zu einer grundsätzlichen Neuordnung des Eigentums war es jedoch damals noch nicht gekommen. Gütergemeinschaft bzw. Allgemeinbesitz war aber der Fluchtpunkt, auf den eine neue Eigentumsordnung zulaufen mußte. Ob die Bauern ihrem Prediger in diese Richtung folgen würden, war allerdings mehr als fraglich.

Der Haufen vor Frankenhausen war stark, über siebentausend Aufständische waren zusammengeströmt, er war wohlgeordnet und diszipliniert, wenngleich bedrängt und uneins über die militärische Strategie. Müntzer war für wenige Tage sein Führer geworden. Lange konnte er sich seiner Rolle allerdings nicht erfreuen. Bereits am 14. Mai rückten die Truppen Philipps von Hessen heran, die zuvor die Bauern bei Fulda geschlagen und den Aufstand im eigenen Territorium aufgerieben hatten. Das Heer ließ sich nach längerem Tag- und Nachtmarsch vor Frankenhausen sehen und wurde von den Aufständischen zurückgeworfen. Das steigerte den Siegesmut im bäuerlichen Lager. Allein konnten die Hessen offensichtlich nichts ausrichten, sie mußten auf den Zuzug der sächsischen Truppen warten, die sich von Leipzig her in Bewegung gesetzt hatten und erst am nächsten Tag zur Stelle waren. Die Aufständischen waren auf dem Hausberg bei Frankenhausen, am Fuße des Kyffhäuser, aufgezogen und bauten in strategisch günstiger Lage eine Wagenburg. Die fürstlichen Heere umzingelten die Stadt und rückten den Bauern von verschiedenen Seiten bedrohlich nahe. In dieser Situation brachen offensichtlich die alten Meinungsverschiedenheiten unter den Aufständischen wieder auf: die Gemäßigten wollten verhandeln, schon vorher hatten sie ihre Fühler ausgestreckt, um einen günstigen Abzug zu erreichen, die Radikalen wollten zum Angriff übergehen. Es kam tatsächlich zu Verhandlungen, die Fürsten forderten jedoch die Auslieferung des „falschen propheten Thomas Montzer sampt seynem anhange lebendig".[25] Darüber wurde am Fuß jenes Berges beraten, der bald zum Schauplatz der Schlacht werden sollte. Der bäuerliche Haufen tat sich schwer, zu einer Entscheidung zu finden; er war hin- und hergerissen. Müntzer erinnerte die Aufständischen in einer bewegenden Predigt daran, daß sie nicht den eigenen, sondern Gottes Kampf führten, ja, daß Gott selber ihnen zu Hilfe kommen werde – und in diesem Augenblick erschien um die Sonne ein farbiger Hof, ein Sonnenhalo. Müntzer wies auf diese seltene, einem Regenbogen ähnelnde Erschei-

Abb. 22. Das Wasserschloß von Heldrungen um 1645.
Kupferstich von Matthäus Merian

nung, das Zeichen des Bundes, und deutete das Naturereignis als göttliche Ankündigung des Sieges in bedrängter Lage. Das flößte allen Mut ein und stärkte die Entschlossenheit zum Kampf. Doch unmittelbar darauf, ohne das Ergebnis der Beratungen abzuwarten, schlugen die Fürstenheere los, so schnell und hinterhältig, daß die Bauern es mit der Angst zu tun bekamen und auseinanderstoben. Die Söldner setzten nach, schossen und verfolgten die Flüchtenden bis in die Stadt hinein, sie hieben und stachen, schlugen und würgten: ein fürchterliches Gemetzel. Blutgetränkt war die Erde vor der Stadt, Blut floß in den Gassen. Selbst Johann Rühel, der Rat des lutherfreundlichen Albrecht von Mansfeld, schrieb: „man straft dermaßen, daß ich besorge das land zu Thüringen und die graffschaft werden es langsam verwinden ... Hier wird nichts gesucht, den raub und mord."[26] Über sechstausend Aufständische wurden getötet, die Fürstenheere verloren nur sechs Mann. Die Schlacht unter dem Regenbogen, dem Symbol göttlichen Beistands, wurde zum Verhängnis für den „gemeinen Mann".

Müntzer konnte fliehen und in der Stadt Unterschlupf finden. Doch er wurde bald aufgestöbert – angeblich auf einem Krankenlager irgendwo in einer Dachkammer – und an den Briefschaften, die er bei sich führte, erkannt. Es kann freilich auch anders gewesen sein: „wie Müntzer gefunden, gefangen und sich gehalten ..., so ist die sage mancherlei", schrieb Rühel an Luther.[27]

Ein Verhör in Frankenhausen, an dem Georg von Sachsen, Philipp von Hessen und Heinrich von Braunschweig teilnahmen, erbrachte nicht viel. Davon ist nur ein lückenhafter Bericht aus zweiter Hand überliefert, eben in dem bereits erwähnten Brief Rühels an Luther. Müntzer soll Herzog Georg als „Bruder" angeredet und die Hinrichtung der drei Gefangenen im Bauernlager mit dem Hinweis auf das „göttliche Recht" begründet haben. Philipp von Hessen, so berichtet Rühel weiter, verwickelte den Gefangenen in einen theologischen Streit darüber, ob das Alte Testament überhaupt dafür geeignet sei, das Obrigkeitsverständnis zu begründen. Müntzer hielt an der Bedeutsamkeit des Alten Testaments fest. Ausführlich verhört wurde er erst in Heldrungen, auf dem Schloß des Grafen Ernst von Mansfeld. Einst wollte der Prediger diese Trutzburg des alten Glaubens schleifen und den Grafen zum „Märtyrer des Teufels" machen, jetzt begann für Müntzer selbst ein unsägliches Martyrium. Er wurde einem strengen Verhör unterzogen – streckenweise unter der Folter. So entstand sein *Bekenntnis,* ebenfalls der aufschlußreiche Brief an die Gemeinde zu Mühlhausen, den er allerdings, körperlich übel zugerichtet, nicht mehr selber schreiben konnte, sondern diktieren mußte. Manche Wendung wird eingeflossen sein, die nicht auf ihn, sondern auf den Schreiber zurückgeht. Schließlich stammt aus diesen Tagen auch der *Widerruf,* dessen Authentizität aber nicht unumstritten ist. Hier könnte Müntzer etwas untergeschoben worden sein, was er sonst anders ausgedrückt hätte. Im *Bekenntnis* wurde zu Protokoll genommen, wonach der Rebell gefragt worden war, nach Personen und Stationen seines Wirkens. Offensichtlich wollte man Licht in seine aufrührerische Tätigkeit bringen und beweisen, daß er von Anfang an Übles im Schilde geführt habe; an seinen theologischen Gedanken bestand, zum Verdruß Martin Luthers, kaum Interesse. Im Brief an die Mühlhäuser, noch war die Reichsstadt nicht gefallen, gesteht Müntzer die Niederlage ein und führt sie auf den Eigennutz der Mitstreiter zurück. Der eigene Vorteil war vielen wichtiger als der selbstlose Einsatz für die „rechtfertigung der christenheyt"; Ängstlichkeit und Mangel an Weitblick haben den Kampf gelähmt. Doch Müntzer wollte die Schuld nicht auf das Volk abwälzen. Er selber war bereit, für das Versagen und die Niederlage seiner Anhänger einzustehen und sein Leben zu opfern – „zur forderung den guthen und unvorstendigen". Er fügte sich in sein Schicksal: „bin ichs auch herzlich zufriden, das es Got also vorfuget hatt".[28] Wohl bekannte er sich zu dem Irrtum, den großen Kampf mit Menschen angefangen zu haben, die noch nicht soweit waren. Dennoch bezweifelte er nicht die grundsätzliche Notwendigkeit eines solchen Kampfes. Noch sei die Zeit nicht reif, noch müßten die Obrigkeiten ihre Strafgewalt gerade auch gegenüber den ungeläuterten Untertanen ausüben, deshalb bat er seine Anhänger, vorerst jedes weitere Blutvergießen zu vermeiden, sich auch um seine Frau zu kümmern, ansonsten aber die

Fürsten um Gnade zu bitten. Dieser Brief zeugt von Einsicht in die Ausweglosigkeit der Lage, er nimmt aber nichts von der revolutionären Hoffnung zurück, die Müntzer bisher beflügelt hat. Wenn er seine Anhänger auch vor jeder weiteren Empörung warnte, zweifelte er doch nicht an dem Gott, der jeder irdischen Macht widerstehen wird. Müntzer gab weder dem Volk Recht, noch der Obrigkeit, sondern einzig und allein Gott, den es über alles zu fürchten und zu ehren galt. Verdeckt geäußert, blieb die Gottesfurcht die Quelle revolutionären Denkens und Handelns. So wurde dieser Brief zu einem eindrucksvollen Vermächtnis. Müntzer hatte der Folter aus der Kraft seines Glaubens widerstanden.

Dieser Brief war wohlbedacht. Müntzer gelang es, an seinen ursprünglichen Auffassungen festzuhalten und doch so zu formulieren, daß die Fürsten diesen Brief als Aussage eines reuigen Sünders vorzeigen und veröffentlichen konnten. Ob der Brief die Stadt Mühlhausen noch vor ihrem Fall erreichte, ist unbekannt.

Eindeutig hingegen war der *Widerruf*. Hier wurde die unbedingte Gehorsamspflicht der Untertanen gegenüber der weltlichen Obrigkeit unterstrichen und das ketzerische Abendmahlsverständnis zurückgenommen. Georg von Sachsen lag viel daran, den reumütigen Ketzer wieder im Schoß der alten Kirche zu wissen. Vor seiner Hinrichtung soll Müntzer das Abendmahl sogar nach altem Ritus empfangen haben. Der *Widerruf* verrät in Anlage und Ausdruck am ehesten eine fremde Hand. Das war nicht die Art, wie Müntzer, selbst in der größten Not, seine Gedanken zu Papier zu bringen pflegte. Er versuchte stets, sich treu zu bleiben und unabweisbare Zugeständnisse auf höchst ambivalente Weise zu formulieren – eben wie in dem Brief an Rat und Gemeinde zu Mühlhausen. Bemerkenswert ist, daß dieser *Widerruf* später nicht mit den übrigen Zeugnissen aus der Gefangenschaft veröffentlicht wurde. Offensichtlich war Müntzer nicht bereit gewesen, wie Philipp von Hessen nachträglich bestätigte, diese Aussagen in aller Öffentlichkeit zu wiederholen.

Mühlhausen ergab sich am 25. Mai kampflos den landesherrlichen Truppen, zu denen inzwischen auch das Heer des sächsischen Kurfürsten gestoßen war. Heinrich Pfeiffer hatte kurz zuvor die Stadt verlassen und versuchte, sich mit einem Fähnlein von dreihundert Mann zu den Aufständischen in Franken durchzuschlagen, wurde jedoch bei Eisenach gefaßt und in das Heerlager vor Mühlhausen zurückgebracht. Dorthin hatte man auch Müntzer überstellt. Bevor beide vor den Scharfrichter traten, wurden sie noch einmal aufgefordert, öffentlich Reue zu zeigen. Der Landgraf verlangte von Müntzer, sich als Aufrührer schuldig zu bekennen, und Georg von Sachsen forderte ihn auf, den Bruch des Zölibats zu bedauern – wohl wissend, daß Müntzers Frau schwanger und in größten Nöten war. Pfeiffer soll eine jämmerliche Figur gemacht haben; Müntzer war geschwächt und kaum in der Lage zu sprechen. Er weigerte sich, das erwartete Bekenntnis abzulegen, stattdessen ermahnte er die Fürsten mit letzter Kraft, das arme Volk nicht mehr zu belasten und sich in die alttestamentlichen Königsbücher zu vertiefen, um zu lernen. wie das obrigkeitliche Amt auf gottgefällige Weise geführt werde.[29] Müntzer brach nicht zusammen, noch sein letztes Wort war ein Bekenntnis zu seinem Programm, denn gerade mit den Königsbüchern hatte er das revolutionäre Vorgehen gegen die weltlichen Obrigkeiten gerechtfertigt: mit dem Bund Josias und dem Schwert Gideons.

Beide Aufrührer wurden am 27. Mai 1525 vor den Toren Mühlhausens mit dem Schwert hingerichtet, ihre Köpfe und Körper aufgespießt und zur Schau gestellt – zur Abschreckung und Warnung für alle Zeiten. Viele Menschen waren zur Richtstätte gezogen, Schaulustige und Sympathisanten. Der Pfad, der durch die Feldmark dorthin führte, soll noch lange ausgetreten gewesen sein.[30]

Erst allmählich verwischten sich die Spuren Thomas Müntzers. Sein Tod bedeutete das Ende des Bauernkriegs in Thüringen, ungefähr zehntausend Aufständische gingen mit diesem Anführer ins Verderben. Doch sein Geist lebte noch eine Weile fort: als teuflische Obsession bei den Wittenberger Reformatoren und an den Höfen der Fürsten, „allzeit dermassen in die weibspersonen gebildt, das er schwerlicher bei in dan bei den mennern auszutilgen“ sei, berichtete der neue Amtmann auf dem Allstedter Schloß an die kurfürstlichen Räte zu Weimar.[31] Dieser Geist lebte also auch fort als liebevolle Erinnerung unter dem „gemeinen Mann“. Unter veränderten Bedingungen fand Müntzers Geist Eingang in das mittel- und oberdeutsche Täufertum. Hans Hut, dem es gelungen war, dem Gemetzel in Frankenhausen zu entkommen, sammelte die Auserwählten aus alten Tagen und gewann neue hinzu, taufte sie und bereitete sie im Sinne Müntzerischer Frömmigkeit auf den Tag vor, an dem Gott Rache an den Feinden des Glaubens nehmen würde. Das Schwert, das Müntzer gezogen hatte, wurde wieder in die Scheide gesteckt – doch nicht für immer. Im Weltgericht, dreieinhalb Jahre nach der Niederlage bei Frankenhausen, sollte es noch einmal gezogen und gegen die Gottlosen geführt werden. So gelangten Müntzers Gedanken in abgewandelter Form nach Franken, Schwaben, Bayern, Tirol und Mähren. Hans Hut kam 1529 in einem Augsburger Gefängnis um.[32] Ein anderer Gefährte Müntzers aus blutigen Tagen war Hans Römer. Er konnte sich nicht beruhigen und tatenlos dem Lauf der Welt zusehen, sondern faßte den Plan, am Neujahrstag 1528 die Pfaffenhäuser in Erfurt in Brand zu stecken, das Rathaus zu besetzen, die Stadt als das „neue Jerusalem“ auszurufen und das Reich Gottes auf Erden zu errichten. Doch der Plan wurde verraten, und Römer tauchte unter.[33] Feinfühlig und sanft beerbte schließlich Melchior Rinck, der Anführer der hessischen Täufer, Thomas Müntzer. Wie auch der Nürnberger Schulmeister Hans Denck verband Rinck Züge mystischer Frömmigkeit mit dem biblischen Gedanken der Friedfertigkeit und erzog seine Nachfolger zu Gelassenheit, Toleranz und Brüderlichkeit.[34]

Der Geist Müntzers suchte sich neue Behausungen – und er veränderte sich, hier und da erlosch er ganz; schneller noch verblaßte sein Name, denn es war gefährlich geworden, ihn im Munde zu führen.

XIII.

Mystiker, Apokalyptiker, Revolutionär

War Müntzer ein Revolutionär, der sich an die Spitze der aufständischen Bauern, Handwerker und Bergknappen gesetzt hatte, um dem „gemeinen Mann" eine bessere gesellschaftliche Zukunft zu eröffnen, oder war er ein Theologe, der aus den Tiefen mystischer Frömmigkeit schöpfte und von der Weite apokalyptischer Weltveränderung so ergriffen war, daß er sich gesandt fühlte, das Reich Gottes auf Erden zu errichten? Das ist die für die Deutung Müntzers entscheidende Frage. Gewöhnlich wurde sie in schroffer Ausschließlichkeit beantwortet: er war Revolutionär, so antwortete die marxistische Forschung; er war Theologe, der kein gesellschaftliches, sondern allein ein religiöses Ziel im Auge hatte, so entgegneten vor allem Kirchenhistoriker. Allerdings wurde gerade in neuerer Zeit recht selten in reiner Form auf die eine oder andere Alternative zurückgegriffen. In der marxistischen Forschung wird immer stärker die Theologie Müntzers ernsthaft ins Kalkül der Deutung einbezogen, und in der Kirchengeschichtsschreibung wird zugestanden, daß sich im Kampf um das Reich Gottes nebenher natürlich auch gesellschaftliche Veränderungen ergäben. Doch trotz dieser Zugeständnisse auf beiden Seiten blieb es grundsätzlich bei der Alternative: entweder „Sozialrevolutionär" oder „Knecht Gottes".[1]

Dieser Alternative liegt eine geschichtstheoretische Meinungsverschiedenheit zugrunde. Die marxistische Deutung orientiert sich vor allem am objektiven Entwicklungsgang der Gesellschaft, die sich im Übergang vom Feudalismus zum Kapitalismus befand. Müntzer wird zu einer Figur, in der sich der fortschreitende gesellschaftliche Wandel zwar nicht umfassend, aber doch grundsätzlich und entscheidend widerspiegelt. Die kirchengeschichtliche Deutung, der sich auch bürgerliche Allgemeinhistoriker angeschlossen haben, beruft sich dagegen in erster Linie auf die Absichten, die Müntzer subjektiv verfolgte. Er glaubte sich vom göttlichen Geist ergriffen und versuchte, ihm in seiner Umgebung zum Durchbruch zu verhelfen – ohne Rücksicht auf die politische und soziale Vernunft seiner Tage. Selbst wo Müntzer Gehör unter den Aufständischen fand, hatte er anderes im Sinn als eine soziale Revolution. Um das geschichtstheoretische Problem dieser Deutungskontroverse mit einfachen Worten auf den Punkt zu bringen: die einen orientieren ihre Deutung an dem, was Müntzer denken und tun wollte, die anderen an dem, was er denken und tun mußte. Einmal wird seine Subjektivität zu stark und das andere mal zu schwach zur Geltung gebracht.

Die Deutung, die hier vorgelegt wird, verfolgt ein anderes Ziel: sie versucht, die objektiven und die subjektiven Gesichtspunkte der Biographie Müntzers miteinander zu verbinden. Es wird danach gefragt, was er war, möglicherweise ein anderer, als er sein wollte, und auch ein anderer, als er sein mußte, nicht nur ein „Knecht Gottes", sondern auch ein Revolutionär, nicht nur ein Revolutionär, sondern auch ein „Knecht Gottes".

Wer den Weg noch einmal überschaut, den Müntzer gegangen ist, wird sogar einen Schritt weitergehen: Die Argumente, die er vorbrachte, um sein Selbstverständnis als „Knecht Gottes" zu begründen, als Theologe, Prediger und Prophet, waren dieselben, die ihn in die Bewegung des „gemeinen Mannes" führten, der alles daransetzte, die bestehenden Herrschaftsverhältnisse zu überwinden und eine neue Gesellschaft aus dem Geist urchristlicher Brüderlichkeit aufzubauen. Müntzer hat nicht zwischen religiösen und säkularen Zielen getrennt; das tat auch die Bewegung des „gemeinen Mannes" nicht. Immer deutlicher tritt in der neuen Bauernkriegsforschung zutage, daß die Aufständischen weit davon entfernt waren, zwischen der Reformation der Kirche und der grundlegenden Veränderung ihrer Lebenswelt zu unterscheiden: die Revolution des Bauern, Handwerkers und Bergknappen war für eine Weile die Reformation des „gemeinen Mannes", eine reformatorische Bewegung für die Gemeinde, in der nicht mehr geherrscht, sondern gedient wird.[2]

Kurz nach seinem Studium geriet Müntzer in Kreise, die vom Geist der Reform ergriffen waren und die Schuld am Verfall der Christenheit dem Klerus zur Last legten. Kaum zum Priester geweiht, stand er schon gegen den Priester auf und lernte, den frommen Laien als Leitbild für einen Gott wohlgefälligen Menschen, ja für den Priester selbst, zu verstehen. Die ersten Aktionen, die von Müntzer berichtet werden, zeigen ihn im Kampf gegen die altgläubige Geistlichkeit. Er war kirchenpolitisch auf die reformatorische Bewegung eingeschwenkt, die von Wittenberg ausging, und entwickelte einen besonderen Eifer, sie voranzutreiben. Er hatte in den üblichen Antiklerikalismus eingestimmt, der viele in das Wittenberger Lager trieb und vielen half, nicht nur ihre religiöse Not, sondern auch ihre soziale und wirtschaftliche Unzufriedenheit zum Ausdruck zu bringen. In diesem antiklerikalen Milieu sammelte er nicht nur seine ersten Erfahrungen, die ihn verstehen ließen, was in der Welt eigentlich vor sich ging, sondern hier fand er auch zu sich selbst. Er gelangte zu einer neuen Identität seiner priesterlichen Existenz und bemerkte, wie seine Gedanken sich veränderten, seine Predigt auf Widerhall stieß und sein Tun etwas auszurichten begann. Der Antiklerikalismus prägte Inhalt, Form und Richtung seiner Gedanken, er war der Nährboden für das reformatorische Experiment, dem Müntzer sich mit Haut und Haaren verschrieb. Dies geschah allerdings in der Gestalt, daß die Wahrnehmung der konkreten Situation die Gedanken, Worte und Absichten stärker bestimmten, als eine theologie- oder geistesgeschichtliche Betrachtungsweise gewöhnlich zu erkennen gibt. Schon in der antiklerikalen Situation verbanden sich subjektive Motive, die ihn beflügelten, mit objektiven Zwängen, denen er unterworfen war. Sie dürfen nachträglich nicht auseinandergerissen werden.

Bereits in Braunschweig und Wittenberg, Zwickau und Prag war Müntzer bewußt geworden, daß mystische Gedanken sich trefflich eigneten, das reformatorische Anliegen gegen den altgläubigen Klerus zur Geltung zu bringen. Diese Gedanken sprachen ihn in seiner Situation unmittelbar an. In den Schriften der Deutschen Mystik, vor allem in den Predigten Taulers, und in der mystischen Frömmigkeit allgemein, fand Müntzer die Vorstellungen, die ihm halfen, die verderbenbringende Scheinheiligkeit und die angemaßte Autorität der Priester zu durchschauen und die Frömmigkeit derjenigen zu beschreiben, die sie ablösen und die ursprüngliche Gestalt der Christenheit wiederherstellen sollten. Der Gegentyp zum Priester ist der Laie, der in einem schmerzvollen Prozeß den Gelüsten und Begierden abstirbt, die ihn an diese Welt binden, der sich von der Furcht vor den Kreaturen befreit, die ihn von Gott ablenken. So wird der Mensch „leer" und kann dem göttlichen Wort, das im „Abgrund der Seele" geboren wird, Raum schaffen und dem Heiligen Geist die Möglichkeit geben, ihn von innen her ganz und gar zu erfüllen. Alles kommt darauf an zu lernen, „was Got sei in erfarunge".[3] Der antiklerikale Kampf erschöpfte sich also nicht in der Negation klerikaler Autorität, sondern brachte im Gegenzug den Träger wahrer geistlicher Autorität hervor, einer Autorität, die aus einem ursprünglichen Einvernehmen Gottes mit seinem Geschöpf erwächst. Nichts wird sich in dieser Welt ändern, wenn der Mensch nicht bereit ist, dieses „Werk Gottes" zu erleiden und in die „ordennünge in Got vnnd alle creaturn gesatzth" zurückzukehren.[4]

Das „Werk Gottes" hat Müntzer in der Begrifflichkeit und mit den Metaphern beschrieben, die auf die Tradition der deutschen Mystik zurückweisen.[5] Dieser Beobachtung wird in der Forschung kaum widersprochen, es wird jedoch gelegentlich behauptet, daß Müntzer zwar dem Vokabular der Mystik verpflichtet gewesen sei, nicht jedoch ihrem Geist.[6] Das scheint mir höchst problematisch zu sein, wenn man sieht,

Eyn geystlich edles Buchleynn.
von rechter vnderscheyd
vnd vorstand. was der
alt vñ new mensche sey. Was Adams
vñ was gottis kind sey. vñ wie Adã
ynn vns sterben vnnd Christus
ersteen sall.

Abb. 23. „Theologia Deutsch", als Teilausgabe von Martin Luther 1516 herausgegeben, die Gesamtausgabe folgte 1518

wie konzentriert die mystische Begrifflichkeit im Zentrum seiner Theologie präsent ist, und auch beachtet, wie eng Sprache und Inhalt gerade in der mystischen Tradition miteinander verbunden sind und ein „eigentümliches connubium" eingehen.[7] Müntzer steht zwar nicht mehr an der Quelle der mittelalterlichen Mystik, an ihrer sprachschöpferischen Ursprünglichkeit, so mächtig seine Sprache gelegentlich ist, neigt er doch zu einer formelhaften Verwendung der mystischen Begrifflichkeit; aber mystische Grundvorstellungen schienen ihm unverzichtbar zu sein, um die antiklerikale Situation der frühen Reformationsjahre theologisch zu verarbeiten und einen Weg in die Zukunft zu finden.

Müntzer war nicht ein besonders treuer Schüler der mittelalterlichen Mystik. Er hat vielmehr nur das aufgenommen, was ihm in seiner Situation einleuchtete und nützlich war. Er hat verändert und manches gegen biblische Sätze und Metaphern ausgewechselt, wenn sich die Überzeugungskraft auf diese Weise steigern ließ. Die wichtigsten Grundvorstellungen hat er jedoch mit der mystischen Tradition geteilt:

1. Dem Verständnis Müntzers vom Wirken des göttlichen Geistes im Menschen liegt die Annahme zugrunde, daß der Mensch von Gott zu den Kreaturen gefallen sei und fortan keine Möglichkeit besitze, aus eigener Kraft wieder zu seinem Ursprung zurückzukehren. Diese Rückkehr ist ihm durch die „ontologische Schranke", die Göttliches und Kreatürliches voneinander trennt, verwehrt. Durchbrochen werden kann diese Schranke nur von Gott selbst.

2. Dieses „Werk Gottes" vollzieht sich im Innern des Menschen, insofern es an den göttlichen Geist anzuknüpfen vermag, der im „Abgrund der Seele" wie ein Fünklein unter der Asche glimmt. Die erwähnte Schranke kann also nur durchbrochen werden, wenn eine ursprüngliche Einheit zwischen Gott und Mensch angenommen wird, die jetzt aber durch die Sünde zerstört wurde, d.h. die Neigung der Seele, sich an das Kreatürliche zu zerstreuen und ihren Grund zu verunreinigen. Gott kann nur auf „unvermittelte" Weise handeln, wenn er an seinen, in den menschlichen Grund versenkten Geist anknüpft und ihm die Möglichkeit schafft, sich im Menschen voll zu entfalten.

3. Zur Fülle gebracht werden kann der Geist nur, wenn der Zustand, der im Innern eingerissen ist, beseitigt wird. Dieses mortifikatorische Geschehen kann unterschiedliche Formen annehmen und mehrere Stufen durchlaufen. Tauler betont besonders das Leiden, an dessen Ende die Vereinigung des Menschen mit Gott bzw. die Vergottung des Menschen steht.

Das sind die Grundannahmen, die Müntzer mit der mystischen Tradition teilt. Auch ihm geht es darum, die Oberflächlichkeit der Frömmigkeit zu überwinden, die sich an Äußerlichkeiten verliert und es versäumt, sich auf Gott zu konzentrieren und Gewißheit des Heils in der Erfahrung des göttlichen Werkes zu suchen. Waren die Mystiker bemüht, die *praxis pietatis* in den Orden zu erneuern, so versucht Müntzer es nun, da der Klerus überhaupt zu einem Problem in der Gesellschaft geworden ist, mit einer Erneuerung der Frömmigkeit im Volk. Der Klerus wird jetzt als Stand bekämpft, der den Laien daran hindert, Gott im Abgrund der Seele zu erfahren, d.h. zur Substanz des Glaubens oder dem Grund seiner Verläßlichkeit durchzustoßen.

Die mystische Frömmigkeit steht gewöhnlich unter dem Verdacht, eine introvertierte, vom alltäglichen Geschehen abgewandte Glaubenshaltung zu sein. Weltflucht und Pflege der Innerlichkeit sind ihre Kennzeichen. Von Müntzer ist aber genau das Gegenteil bekannt. Er hatte sich nicht nur mit Vehemenz in den antiklerikal-reformatorischen Tageskampf gestürzt, sondern auch mit apokalyptischem Eifer und revolutionärer Energie auf den Sturz geistlicher und weltlicher Obrigkeiten hingewirkt. Er wollte Platz schaffen für die Ankunft des göttlichen Reiches auf Erden. So fiel es manchem schwer, ihn grundsätzlich noch im Einflußbereich der mystischen Tradition zu vermuten. Beobachtet man jedoch, daß die Mystik im ausgehenden Mittelalter keineswegs einen homogenen Typus darstellt, sondern sich mit anderen reformerischen und endzeitlichen Strömungen verbinden konnte, daß „eine Reihe von Mystikern sogar aus dem stillen Winkel in den apokalyptischen Endkampf" zog,[8] dürfte es nicht abwegig sein, am mystischen Grundansatz festzuhalten und nach den Verbindungen zwischen mystischer Frömmigkeit und apokalytischer Erwartung bei Müntzer zu suchen.

Erste Hinweise auf apokalyptisches Gedankengut – abgesehen von zaghaften Andeutungen in der Zwickauer Zeit – finden sich im *Prager Manifest.* Allerdings beherrschen sie die Argumente Müntzers nicht in dem Maße wie die mystischen; sie werden vielmehr nur zur Erläuterung und Verstärkung der fast schon stereotyp betonten Notwendigkeit eingesetzt, die lebendige Stimme Gottes im Inneren zu vernehmen. Das neue Autoritätsverhältnis, das mit der „Ankunft des Glaubens" entstanden ist, wirkt sich auf die Herrschaftsverhältnisse in dieser Welt ganz allgemein aus. Alles muß zurückgedrängt oder vernichtet werden, was den Menschen in kreatürlicher Abhängigkeit hält und die Regungen der Gottesfurcht behindert, kurz: die Ordnung, die Gott in seiner Schöpfung gesetzt hat, ins Gegenteil verkehrt. Die Zeit ist reif, verkündet Müntzer, daß Gott den Weizen von dem Unkraut absondern und das „reich dysser welt" an die Auserwählten übergeben wird.[9] Das reformatorische Programm Müntzers ist bereits in dieser frühen Zeit mehr als Verkündigung und Pflege einer neuen Innerlichkeit, es ist zugleich, ins Universal-Endzeitliche ausgreifend, die Umgestaltung der ganzen Welt. Am Ende der Tage wird die Ordnung sein, die am Anfang aller Tage war. So schließt sich der Kreis. Zunächst allerdings herrscht noch der Antichrist, „das rechte kegenteyl Christi",[10] zunächst muß die große Scheidung der Menschen in Auserwählte und Gottlose vorbereitet werden. Und mit dieser Forderung ist Müntzer wieder ganz bei seinem Ausgangspunkt: dem mystisch begründeten Antiklerikalismus. Die Scheidung erfolgt zwischen den Gottlosen, vom Klerus repräsentiert, und den Auserwählten, die unter den Laien oder dem armen Volk zu finden sind. Die Gottlosen weigern sich, das „Werk Gottes" im Innern zu erleiden, die Auserwählten aber öffnen sich dem Wirken des göttlichen Geistes im Abgrund ihrer Seele. Mit der apokalyptischen Erwartung wird dem reformatorischen Programm Müntzers kein neuer oder anderer Aspekt hinzugefügt, auch kein Widerspruch zur mystischen Frömmigkeit eingeführt, sondern nur der Ernst der Lage betont: jetzt ist es höchste Zeit, sich dem „Werk Gottes" ganz und gar anzuvertrauen.

Erst in der *Fürstenpredigt* gewinnt der Gedanke an das Ende der Welt und den Anbruch des Gottesreiches auf Erden deutlich an Boden. Die Zeit des letzten Weltreiches geht zu Ende; ohne Zutun der Menschen wird sich vom Berg, der Christus ist, der Stein lösen, d.h. sein Geist, und das letzte Reich endgültig in Trümmer legen. Pfaffen und Prälaten, Könige und Fürsten – niemand wird dem Gericht Gottes am Ende der Tage entrinnen. Die irdische Macht zerbricht an dem Geist Christi. Auch in der *Fürstenpredigt* wird der endzeitliche Gedanke mit dem Geistverständnis verbunden, wie Müntzer es im Traditionsgefälle der mittelalterlichen Mystik zur Sprache gebracht hatte, mit dem Wirken des göttlichen Geistes in der Welt. Dieser Geist, daran läßt Müntzer keinen Zweifel, verändert jedoch nicht von außen her den Zustand der Welt, sondern entspringt der „reynen ungetichten forcht Gottis";[11] er dringt über die geistgewirkte Verwandlung des einzelnen Menschen in die Welt ein.

Die Auserwählten sollen allerdings nicht untätig bleiben. Sie sind aufgerufen, voller Eifer mitzuhelfen, das Gericht an den Gottlosen zu vollstrecken, die alles daransetzen, die „Ankunft des Glaubens" zu verhindern und die Heraufkunft des göttlichen Reiches hinauszuschieben. Jeder ist aufgerufen, sich dem Treiben der Gottlosen zur Wehr zu setzen. So erklärt sich die Gründung des „Bundes" in Allstedt und Mühlhausen. Vor allem gilt der Aufruf der Obrigkeit, die ihr Schwert gegen die Gottlosen ziehen soll. Als der Kurfürst sich dieser Aufforderung jedoch versagte, fiel der Auftrag zur strafenden Gewaltanwendung am Ende der Tage an das Volk, genauer an diejenigen, die den „eyfer götlicher weyßheit volfüren".[12] Dieser Eifer ist der Eifer des göttlichen Geistes. So bleibt der apokalyptische Gedanke vom Endgericht und der Veränderung der Welt, der seit der *Fürstenpredigt* an Gewicht zunahm, weiterhin auf das Werk bezogen, in dem der göttliche Geist sich des Menschen bemächtigt.

Noch ein weiterer apokalyptischer Gedanke wurde aufgenommen: die Verheißung, daß der göttliche Geist am Ende der Tage über alles Fleisch ausgegossen wird, und „unser söne und töchter sollen weyssagen und sollen trewme und gesichte haben".[13] Gelegentlich ist aus dem Hinweis auf solche Stellen geschlossen worden, daß Müntzer grundsätzlich von einer neuen Qualität in den Beziehungen zwischen Gott und Mensch ausgehe, die sich mit dem Anbruch eines neuen, auch gegenüber der Apostelzeit veränderten Reiches eingestellt habe.[14] Doch das zu betonen, lag nicht in der Absicht Müntzers. Er wollte nicht das Trennende, sondern das Verbindende zum Ausdruck bringen: „Derhalben waren die lieben aposteln der gesichte gantz und gar gewonet."[15] So sehr es darauf ankam, das gegenwärtige Reich zu überwinden, wurde es doch von dem Reich abgelöst, das bereits im Herzen der Apostel entstanden war und von ihrem Geist Besitz ergriffen hatte. Müntzer wollte sagen, daß sich die „Veränderung der Welt" in dem Geschehen ankündigt und vollzieht, in dem der göttliche Geist die Menschen erfaßt und in ihnen hervorbricht. „Da ist der ursprung alles guten, das recht reych der hymel".[16] Auch hier zeigt sich, daß der apokalyptische Gedanke nicht selbständig neben den mystischen tritt, er verbindet sich vielmehr mit diesem, ja mehr noch: er fügt sich diesem geradezu dienend ein. Mit dem apokalyptischen Gedanken wird der Ernst der Situation unterstrichen, in die eine geistvergessene Christenheit geraten ist, und die bittere Notwendigkeit vor Augen geführt, sich dem Wirken des göttlichen Geistes zu öffnen, um endlich neue Zustände auf Erden heraufzuführen. Auch im bäuerlichen Kampf verliehen apokalyptische Wendungen, zu denen Müntzer griff, seinen Aussagen nur Schwung und Nachdruck, nicht jedoch neue Inhalte. Die Apokalyptik prägte und gestaltete nicht das gesamte Denken Müntzers von Grund auf, wohl aber begleitete und verstärkte sie es. In diesem Sinne war Müntzer Mystiker und Apokalyptiker.

Er war auch Revolutionär. Selbst die Aufforderung zu revolutionärer Agitation, sein Weg in den Bauernkrieg oder in die „Revolution des gemeinen Mannes" von 1525, ist mit dem mystischen Grundgedanken seiner Theologie verknüpft, mehr noch: diese Aufforderung entspringt sogar aus der mystischen Frömmigkeit, wie sie bisher beschrieben wurde. Im „Werk Gottes", das dem Heiligen Geist zum Durchbruch im Menschen verhilft, muß der Mensch sich von dem „ancleben der welt" lösen, die Furcht vor den Kreaturen gegen die Gottesfurcht eintauschen. Damit ist gemeint, daß alle Verhältnisse, die den Menschen in Abhängigkeit von den Kreaturen halten und von der Konzentration auf Gott ablenken, beseitigt werden müssen; und sie werden beseitigt, indem sich die Beziehungen des Menschen zu den Kreaturen von Grund auf ändern: Er gewährt der Furcht vor den Kreaturen keinen Einfluß mehr auf sein Leben und bekämpft alles, was ihn in kreatürlicher Abhängigkeit hält. Das ist ein Prozeß, der sich zunächst im Inneren des Menschen abspielt. Auf geradezu dramatisch-revolutionäre Weise, in einem existentiellen Umbruch, durch Anfechtung und Selbstverlust, durch Verlassenheitsgefühle und Leid hindurch wird der Mensch aus der alten Ordnung, die ihn von Gott entfernt hatte, in eine neue gestellt, in der das ursprüngliche Einvernehmen zwischen Schöpfer und Geschöpf wiederhergestellt ist. Man könnte das eine „Bewußtseinsrevolution" nennen.

Auf den ersten Blick mag es scheinen, als habe Müntzer sich in die fromme Innerlichkeit zurückgezogen und den Dingen dieser Welt ihren Lauf gelassen. Wenn er schließlich doch ins öffentliche Leben eingegriffen habe, wurde gelegentlich gefolgert, so muß er mit seinem mystischen Grundsatz gebrochen und sich, ohne Sinn und Verstand, auf ein brutales Vorgehen gegen die Gottlosen eingelassen haben. Nichts war überlegt, alles war aus dem Lot geraten – eben typisch für einen Schwärmer und einen Mordpropheten.[17] Sieht man jedoch genauer hin, ist von einem Bruch überhaupt nichts zu spüren. Die Veränderung des Inneren schloß vielmehr die Veränderung des Äußeren ein, die Erneuerung des Individuums lief mit innerer Konseqenz auf die Erneuerung von Kirche, Obrigkeit und Gesellschaft hinaus. Wie ist das zu verstehen?

Die Institutionen wurden von Müntzer nicht von ihrer Substanz, sondern nur von den Relationen her verstanden, in denen sie stehen und die sie schaffen. Die Institutionen erzeugen Kreaturenfurcht und erhalten sich mit Hilfe dieser Furcht am Leben. Diese Furcht verhindert das Regiment Gottes im Inneren genauso wie im Äußeren. Die Herrschaft Gottes kann sich also nur durchsetzen, wenn das Herrschaftsinstrument der gottlosen Obrigkeiten, die Kreaturenfurcht, zerbrochen wird. Herrschaftsinstrument ist noch nicht ganz richtig gesagt, zerbrochen werden muß die Herrschaft selbst. Als der kursächsische Hof sich dem Ansinnen versagte, die Gottlosen zu strafen und die Auserwählten zu schützen, formulierte Müntzer das schon vorher proklamierte Widerstandsrecht gegen eine gottlose Obrigkeit in der *Ausgedrückten Entblößung* so, daß das Volk kein schlechtes Gewissen mehr haben mußte, die Herrschaft an sich zu reißen. Die Obrigkeit ist den Menschen nur als Zuchtrute gegeben worden, weil sie von Gott zu den Kreaturen gefallen sind, und die Obrigkeit hält sich an der Macht, weil man „die creatur Gott fürsetzt".[18] Sobald die Kreaturenfurcht also vernichtet und von der Gottesfurcht ersetzt ist, gibt es für die Existenz der Obrigkeit überhaupt keine Notwendigkeit mehr. Ihr ist die Existenzgrundlage entzogen. „Got hat die hern und fursten in seynem grymm der welt gegeben", so greift Müntzer Hosea 13, 11 auf, „und er wil sie in der erbitterung wider weg thun."[19] Die Herrschaft wird an das Volk fallen, das sich in die göttliche Ordnung wieder eingefügt hat. Dem eruptiven, tiefen Bruch mit der Kreaturenfurcht und der befreiten Hinwendung zur Gottesfurcht, wie sie sich im Innern des Menschen ereignen, entspricht die revolutionäre Überwindung aller obrigkeitlichen Mächte, die den Menschen an sich binden, ihn wirtschaftlich belasten und sozial erniedrigen, auch die Errichtung einer Gesellschaft der Nächstenliebe und Brüderlichkeit. Doch im Grunde handelt es sich gar nicht nur um eine Entsprechung, sondern um ein und dasselbe Geschehen. Die Bewußtseinsrevolution ist eine politische und soziale Revolution.

Müntzer läßt nicht zu, daß Innen und Außen auseinandergerissen werden. So wird auch das, was Bensing einst trennte, wieder zu einer Einheit zusammengefügt. Er meinte, Müntzer habe sich nach Allstedt entschieden, die Arbeit an der Erziehung des einzelnen Menschen einzustellen und die Verhältnisse zu ändern, um die Bedingungen für eine erfolgreiche Erziehungsarbeit überhaupt erst zu schaffen. Diese Umkehr im Werk Müntzers ist jedoch eine Konstruktion, die sich nur ergibt, wenn Innen und Außen nicht so identifiziert werden, wie Müntzer es tat. Es ging ihm tatsächlich um eine Änderung der Verhältnisse, und zwar derjenigen, die Menschen zu Gott, zu sich selbst und zu den kirchlichen und weltlichen Autoritäten einnehmen bzw. diese Autoritäten zu Gott und den Menschen. Wurde das Verhältnis zu Gott verändert, mußte sich zwangsläufig auch das Verhältnis zur Obrigkeit und zu denjenigen ändern, die noch in ihrer „verkehrten Weise" verharrten und der göttlichen Ordnung ihren Widerstand entgegensetzten. Wenn Müntzer also darüber klagte, daß man den Menschen nichts vom Glauben erzählen könne, solange die Obrigkeiten über sie herrschten, dann meinte er, daß diejenigen, die ihre Kreaturenfurcht bereits überwunden hätten, nun alles daransetzen müßten, dem Furcht und Schrecken erzeugenden Wesen der Obrigkeiten ein Ende zu bereiten. Müntzer stellte seine religiöse Verkündigung keineswegs ein, ganz im Gegenteil, auch weiterhin rief er das Volk und die Obrigkeit zu innerer Umkehr auf, und noch bei Frankenhausen erinnerte er seine Mitstreiter an die Kraft, die aus dem Bund mit Gott erwächst und gegen jede militärische

Übermacht den Sieg davontragen wird. Hätte Müntzer seinen ursprünglichen Ansatz tatsächlich vom Kopf auf die Füße gestellt, wie man meinte, wäre seine Kritik am Volk, nachdem alles verloren war, kaum glaubwürdig, sie wäre gemein und hinterhältig gewesen. Doch davon kann überhaupt keine Rede sein.

Vom Ende her betrachtet, besteht zwischen Müntzers theologischer Theorie und seiner gesellschaftlichen Praxis ein enger systematischer Zusammenhang. Historisch-genetisch gesehen, stellt es sich ein wenig anders dar: Müntzer hatte seine Theorie unter dem Eindruck der antiklerikal-reformatorischen Situation entwickelt. Sie gab seiner Zeit einen Sinn, seinem Denken und Handeln eine Richtung und ein Ziel. Er konzentrierte sich auf den Kampf gegen den Klerus, zunächst gegen den altgläubigen, dann auch gegen den humanistischen und schließlich gegen die Gelehrten zu Wittenberg, und er bemühte sich, den Laien zur „Ankunft des Glaubens" zu verhelfen, sie von der Furcht vor den Kreaturen zu befreien und zur Gottesfurcht zu führen. Erst als die weltlichen Obrigkeiten sich dagegen stellten, fielen auch sie beißender Kritik zum Opfer und wurden zum Ziel des Widerstands. So kam erst allmählich der gesamtgesellschaftlich-revolutionäre Charakter seiner Theorie zum Vorschein, doch angelegt war er von Anfang an. Bereits in Prag hatte Müntzer nur ein Ziel im Auge: die ursprüngliche Ordnung Gottes wiederherzustellen – und darum ging es ihm auch noch, als er sich an die Spitze der revolutionären Bewegung des „gemeinen Mannes" stellte, und davon ließ er selbst dann nicht ab, als er vor seinem Henker stand.

Schließlich ist noch der Frage nachzugehen, ob Müntzer sich in die revolutionäre Erhebung des „gemeinen Mannes" einordnete oder nicht letztlich doch andere Ziele verfolgte, so daß er für die Sache der Bauern eigentlich nur nebenher eingetreten wäre. Auf den ersten Blick ist die Absicht, das Reich Gottes auf Erden errichten zu wollen, tatsächlich etwas anderes, als nur für eine Verbesserung der Lebensverhältnisse unter Handwerkern und Bauern zu sorgen. Sieht man jedoch genauer hin, so ändert sich das Urteil. Wäre es dem „gemeinen Mann" nur um ein säkulares Ziel gegangen, nämlich seine politische, wirtschaftliche und soziale Lage zu verbessern, müßte man in der Tat von einem grundsätzlichen Unterschied zwischen dem „Knecht Gottes" und den Aufständischen sprechen. Doch der „gemeine Mann" strebte, genau wie Müntzer, nicht nur eine bessere Welt, sondern eine aus den Tiefen des göttlichen Evangeliums genährte Welt der Nächstenliebe und Brüderlichkeit an. Beide setzten sich für eine Reformation der Christenheit ein. Beide versuchten, dieses Ziel gegen diejenigen Herrschaften durchzusetzen, die ihnen den Zugang zu einer Reformation ihrer Lebenswelt verwehrten: gegen geistliche und weltliche Herren. Da das Reich Gottes für Müntzer nicht ein himmlisch-entrücktes, sondern ein irdisch-heraufkommendes Reich war, konnte er seine reformerischen Absichten mit denjenigen des „gemeinen Mannes" gleichsetzen: beiden ging es um eine demokratisch-gemeindliche oder eine republikanisch-theokratische Gesellschaft, die nicht im Rahmen der alten Herrschafts- und Gesellschaftsordnung, sondern nur in einer revolutionären Überwindung derselben zu erreichen war. Ist es also sinnvoll, mit Peter Blickle von der „Revolution des gemeinen Mannes" zu sprechen, so ist es unumgänglich, auch Müntzer einen Revolutionär zu nennen.

Sicherlich waren seine theologischen Argumente vielfach andere, als sie im bäuerlichen Lager sonst zu Gehör gebracht wurden, aber auch dort gab es heterogene Stimmen und Vorstellungen, so daß nicht eigentlich die theologische Begründung der revolutionären Agitation im einzelnen zählte, sondern vielmehr die Solidarität unterschiedlicher Denker und Anführer in ein und derselben revolutionären Bewegung. Abgesehen davon war die Affinität der mystischen Frömmigkeit zum Anliegen des „gemeinen Mannes" stärker, als man gemeinhin annimmt. Indem Müntzer die Ordnung der Kreaturen- bzw. Menschenfurcht zu überwinden trachtete, löste er den Bauern aus den personalrechtlichen Beziehungen zu seinem Grundherrn und stellte ihn in eine genossenschaftliche oder brüderliche Beziehung. Die Grafen und Ritter, die in den „Bund" aufgenommen wurden, mußten ihre Rechtsordnung verlassen und sich mit einer Ordnung der Brüderlichkeit einverstanden erklären: nicht Abhängigkeit, sondern Freiheit sollte unter den Menschen sein. Indem Müntzer der weltlichen Obrigkeit ihre Legitimationsgrundlage entzog, nämlich die Kreaturenfurcht, sprengte er das Herrschaftsrecht und ersetzte es durch das Recht der Gemeinde, in der jeder jedem dient. Seine Theologie verstärkte die allgemeine Tendenz in Dörfern und Städten, der Gemeinde zu obrigkeitlicher Würde zu verhelfen. Und schließlich: indem Müntzer das Herrschaftsrecht zerstörte, veränderte er auch das sich auf Herrschaft gründende Eigentumsrecht. „Omnia sunt communia" war das neue Recht, das der urchristlichen Gleichheit aller Menschen vor Gott und untereinander auch im Umgang mit den Gütern dieser Welt Ausdruck verlieh.

Müntzer deutete die Umrisse einer neuen Gesellschaft nur an, er konnte aber durchaus auch jenen Vorstellungen zustimmen, die im Lager der Aufständischen allgemein besprochen wurden, ja, er konnte einigen sogar einen eindeutigeren Inhalt und eine tiefere religiöse Begründung geben. Er war der bessere Theologe. Seine „Theologie der Revolution" ging jedoch nicht in der revolutionären Praxis des „gemeinen Mannes" auf. Sie enthielt auch, wie sein letzter Brief an Rat und Gemeinde zu Mühlhausen zeigte, eine Spitze, die kritisch gegen die Aufständischen gewandt werden konnte. „Das volk wirdt frey werden und Got will allayn der herr daruber sein“:[20] das war nicht nur ein Drohwort, das den Mächtigen galt. Damit wollte er auch zum Ausdruck bringen, welches gewaltige Unterfangen eine Revolution ist. Rückgängig machen zu wollen, was Menschen einander im Laufe der Geschichte angetan haben, erregt heilige Schauer. Der sechste Schöpfungstag bricht wieder an und eine schwindelerregende Ahnung überkommt den Menschen: was könnte er mit seiner Welt nicht alles anfangen, wenn er einsähe, daß sich die Freiheit des Volkes nur unter der Herrschaft Gottes erhält.

XIV.

Abgebrochen und doch vollendet

Verketzert und verteufelt, so wurde Thomas Müntzer bald als „unmögliche“ Person abgestempelt, für die es keine rechte Erklärung und keinen Platz in der Geschichte zu geben schien. Der Teufel störte den Gang der Weltgeschichte und war ein Feind aller Ordnung. Ihm mußte widerstanden, er mußte aus dem Verkehr gezogen werden – und mit ihm diejenigen, unter die er gefahren war. Wo er ihm begegnete, bekämpfte Luther den Widersacher mit dem Wort; doch da das satanische Ungetüm inzwischen auch in die Pflege der weltlichen Obrigkeit eingefallen war, setzte der Reformator sich dafür ein, es mit dem Schwert zu richten. So wurde Müntzer aus der Geschichte gedrängt. Übrig blieb ein verzerrtes Abbild seiner selbst, ein schwärmender Dämon, das abschrekkende Modell eines mordgierigen Revolutionärs.

Dieses Schicksal widerfuhr einem Mann, der mit einer alten Geschichte brechen und eine neue beginnen wollte. Die Zukunft, die er dem „gemeinen, armen Mann“ verhieß, war in vielem das krasse Gegenteil seiner eigenen Gegenwart. Gerechtigkeit, Freiheit und Brüderlichkeit waren die Losungsworte, die Müntzer unters Volk trug. Er predigte nicht allgemeine Menschenrechte, sondern erhob von religiösem Geist erfüllte Forderungen. Müntzer traute dem Glauben zu, Berge zu versetzen, d.h. die Lasten abzuwälzen, die Menschen einander auferlegt hatten, und glaubte, daß es wohl möglich wäre, die elenden, autoritären Verhältnisse, unter denen geglaubt und gelebt werden mußte, von Grund auf zu überwinden.

Er war davon überzeugt, daß seine Vision einer „zukünftigen Reformation“ allen Menschen, den hohen und den niedrigen, eine neue Gemeinschaft mit Gott erschließen würde, mußte aber erfahren, daß sich diese Vision nur im Kampf des Volkes gegen die Herrschenden, die Pfaffen, die Schriftgelehrten und die „großen Hansen“, verwirklichen ließ. So ging es weniger darum, die erwarteten Zustände zu beschreiben, als vielmehr zum Kampf zu rüsten. Von Anfang an ahnte Müntzer, welche Kräfte der Veränderung sich im Volk regten. Er versuchte, das theologisch zu verarbeiten, und wurde, je mehr die Herrschenden sich ihm versagten, darin bestärkt, ganz auf das Volk zu setzen. Noch bevor der Sturm des „gemeinen Mannes“ gegen die geistlichen und weltlichen

Herren 1525 losbrach, war Müntzer schon zu einem „Theologen der Revolution“[1] geworden. Er stellte sich auf die Seite des „gemeinen Mannes“ und brauchte jetzt nicht nur *gegen* die von den Herrschenden gestaltete Wirklichkeit zu denken, er konnte dazu übergehen, auch *mit* der Wirklichkeit zu denken, die in der revolutionären Bewegung allmählich entstand. Seine biblisch-prophetische Siegesgewißheit hatte einen realen Erfahrungshintergrund erhalten.

Müntzer biederte sich beim Volk nicht an und schenkte ihm nichts. Der Weg zum Glauben, den er wies, war beschwerlich und verlangte Opfer. Begierden und Leidenschaften zu zähmen, war nicht leicht, auch nicht, den Egoismus in Gemeinsinn zu verwandeln. In seiner *praxis pietatis* wurde der Mensch auf sich gestellt, er war nicht mehr abhängig vom Priester, sondern gestaltete sein religiöses Leben selbst. Müntzer trat nicht auf die Seite des „gemeinen Mannes“, um sich dessen weltlichen Bedürfnissen auszuliefern und ihm das Wort zu leihen, sondern um den Aufständischen die Augen für die tiefe geistliche Dimension ihrer Revolution zu öffnen und zu zeigen, daß die Rückkehr des gefallenen Menschen zu Gott die Errichtung einer neuen Ordnung auf Erden bedeutete. Aus einer Ordnung, die von der Furcht vor den Kreaturen, von Ausbeutung, Angst und Schrecken bestimmt wurde, sollte eine Ordnung der Gottesfurcht werden, des Einvernehmens mit dem Schöpfer.

Auch Luther bemühte sich um den „gemeinen Mann“. Der Wittenberger Reformator wollte die Seele retten, er weigerte sich jedoch, die Ketten zu lösen, die den Leib gefangen hielten. Was den Leib anbelangte, rügte der Reformator zwar mit harschen Worten die Art und Weise, wie Geistlichkeit und Adel den „gemeinen Mann“ wirtschaftlich belasteten und bedrückten, so in der *Ermahnung zum Frieden auf die zwölf Artikel der Bauernschaft in Schwaben;* genauso bestimmt ließ er aber den „gemeinen Mann“ auch wissen, daß er bereit sein müsse, das Unrecht zu erleiden, das ihm zugefügt wurde, wenn die Obrigkeit sich nicht erweichen ließ, die Bürde von ihm zu nehmen. Doch der „gemeine Mann“ hatte kein Verständnis dafür, daß er in seiner Existenz gespalten werden sollte: in einen geistlichen und einen leiblichen Teil. Müntzer redete dem „gemeinen Mann“ zwar ins Gewissen, aber er tat es so, daß er die Seele nicht vom Leib, den Glauben nicht von den Ordnungen trennte. Die Bauern, die Luther Anfang Mai 1525 im Aufstandsgebiet umzustimmen versuchte, schenkten ihm kein Gehör, sie wiesen ihn ab, während sie Müntzer zuliefen, so daß er sich mühelos an die Spitze des Haufens setzen konnte, der vor Frankenhausen lagerte. Für den Wittenberger war das eine herbe Erfahrung, die an dem ungezügelten Wutausbruch *Wider die räuberischen und mörderischen Rotten der Bauern*

Wider die Mordischen
vnd Reubischen Rotten der
Bawren.

Psalm. vij.
Seyne tück werden jn selbs treffen/
Vnd seyn mutwill/ wirdt vber jn außgeen.
1 5 2 5.
Martinus Luther. Wittemberg.

Abb. 24. Martin Luthers Schrift gegen die aufständischen Bauern.
Titelholzschnitt, 1525

sicherlich nicht schuldlos war: „denn aufrur ist keyn gerichts, keyner gnad werd ... drumb ist hie nicht mehr zu thun, denn flux zu würgen vnd dem auffrurer sein recht zuthun.“[2]

Luther hatte aus theologischer Einsicht den geistlichen Bereich vom weltlichen geschieden und so die Obrigkeit letztlich auch ermutigt, den Aufstand des „gemeinen Mannes“ niederzuschlagen. Müntzer hat sich geweigert, beide Bereiche zu trennen, und dem „gemeinen Mann“ den

Rücken gestärkt. Die „Gegensätzlichkeit", die ihre tiefen theologischen Wurzeln hatte, mündet also in eine Konsequenz, die über das Wohl und Wehe der Herrschenden und der Beherrschten entschied. Blut ist auf beiden Seiten geflossen – mehr auf der Seite des „gemeinen Mannes", weniger auf der Seite der Herren und ihrer Knechte. Weder Luther noch Müntzer ist es gelungen, das zu verhindern und die versöhnliche Universalität der christlichen Botschaft, von der beide überzeugt waren, tatsächlich auch zum Zuge zu bringen: Gerechtigkeit, Friede und Heil für *alle.* Im Grunde war diese Botschaft aufgeteilt in ein Evangelium für die Herrschenden bzw. deren willfährige Gefolgschaft und ein Evangelium für die Beherrschten. Niemand war in der Lage, für alle und zu allen zu sprechen. Die zerklüftete Gesellschaft forderte ihren Tribut.

Luther ging mit der Zeit und trieb den historischen Prozeß voran, in dem die weltliche Obrigkeit sich endgültig aus den Zwängen klerikaler Bevormundung löste und zur einzigen Ordnungsmacht in dieser Welt aufwarf. Nicht religiöser Geist, sondern reine Vernunft sollte das politische Feld beherrschen. Angesichts des nahenden Weltendes war das geistliche Interesse an der politischen Gestaltung der Lebensverhältnisse erloschen. Luther entließ die Politik in die Säkularität und begleitete Fürsten und Magistrate auf ihrem langen Weg in eine neue Zeit. Genaugenommen war Luther aber nicht konsequent. Eigentlich hätte ihm gleichgültig sein müssen, daß der „gemeine Mann" sich erhob und im Begriff war, die Herren in die Knie zu zwingen. Das böse Spiel der politischen Kräfte wäre ohne einen theologischen Kommentar auszutragen gewesen. Luther stellte sich jedoch auf die Seite der herkömmlichen Ordnungsmacht und sah im Aufbegehren der Bauern nur das chaotische Werk des Teufels, nicht jedoch den ernsthaft-verzweifelten Versuch, eine menschenwürdigere Ordnung zu schaffen. Er sah sich dazu berechtigt einzugreifen, weil er davon ausging, daß fehlgeleitete Religiosität die Bauern verwirrt und zum Aufstand gereizt habe. Konsequent wäre es dann gewesen, den Aufständischen ihre religiösen bzw. irreligiösen Motive auszureden, jedoch darauf zu verzichten, ihnen auch das Recht auf eine revolutionäre Neuordnung ihrer Gesellschaft zu nehmen. So verwickelte Luther sich mit seiner Trennung von geistlicher und weltlicher Herrschaft in einen Widerspruch, den Müntzer schon vor dem Bauernkrieg beobachtet hatte und als fromme Täuschung empfand.

Auch Müntzer ging mit der Zeit; er stellte sich allerdings auf die Seite des „gemeinen Mannes" und unterstützte den Versuch, der bereits im späten Mittelalter eingesetzt hatte, die Lebensverhältnisse genossenschaftlich zu gestalten und den sich immer stärker herausbildenden Gegensatz zur Herrschaft revolutionär zu steigern. Diese Gemeindebewegung, von Peter Blickle erst kürzlich eindrucksvoll beschrieben,[3] wurde im Bauernkrieg zerschlagen; sie war aber Vorschein einer politischen Entwicklung, die sich im Zuge der Französischen Revolution, aus anderen Quellen gespeist, schließlich doch durchsetzte: der Weg in ein republikanisches und demokratisches Gemeinwesen.

In die Bewegung des „gemeinen Mannes" flossen Grundgedanken der Reformation ein, Losungsworte, die von der Freiheit eines Christenmenschen und vom Priestertum aller Gläubigen kündeten, aber auch vom Recht der Gemeinde, ihre Pfarrer selber zu wählen, vom *sola scriptura* und von „göttlicher Gerechtigkeit", so daß sich diese Bewegung in kurzer Zeit zu einer „Gemeindereformation" entwickelte und der Bauernkrieg zu einem Kampf des „gemeinen Mannes" für seine Reformation wurde.[4] Müntzer trug also mit seiner Theologie grundsätzlich nichts Fremdes in diese Bewegung, sondern vertiefte nur den eigenen religiösen Anspruch der Aufständischen und eröffnete ihm einen universalen Horizont. Er half, das Ende einer alten Welt herbeizuführen und den Beginn einer neuen Zeit auszurufen.

Gegen die Übermacht der weltlichen Obrigkeit konnte sich der „gemeine Mann" offensichtlich nur mit der Kraft des „göttlichen Rechts" zur Wehr setzen, und dabei hat Müntzer ihn unterstützt. Zweifellos ging der Theologe weiter als die Bauern und Bürger, die eine kommunale Revolution im Auge hatten und eine genossenschaftliche Selbstverwaltung ihrer Gemeinde anstrebten. Er setzte sich für eine demokratisch verfaßte Theokratie ein, die aber auch den Erwartungen der Laien durchaus entsprach: die Gottesherrschaft sollte sich auf Erden im brüderlichen Umgang untereinander verwirklichen. Müntzer hatte das Reich politischer Herrschaft in die Innerlichkeit der Gottesbeziehung einbezogen. Die Rechtfertigung des einzelnen vor Gott schloß die Rechtfertigung der Welt ein, aber nicht im Sinne eines forensischen Aktes, als ob sich im Menschen und in der Welt selber nichts zu ändern hätte, sondern im Sinne einer tatsächlichen Umgestaltung aller Verhältnisse, die Menschen zueinander und zu Gott eingehen. Mit dem sich psychisch verändernden Menschen mußten sich auch die gesellschaftlichen Verhältnisse ändern, die er eingegangen war. Der Revolution im Inneren entsprach die Revolution im Äußeren. Für eine pragmatische, von politischer Vernunft geleitete Gestaltung des menschlichen Zusammenlebens war hier kein Raum mehr: Der Heilsprozeß wurde zum Weltprozeß, die religiöse Unabdingbarkeit zum einzigen Weg, die gesellschaftlichen Verhältnisse zu regeln. Der revolutionäre Umsturz war religiös geboten.

Das war die intensivste Form, Geistliches und Weltliches miteinander zu verbinden, im Hinblick auf den Emanzipationsprozeß der abendländischen Zivilisation von ihrem christlichen Ursprung war dieses Vorhaben sicherlich kontraproduktiv. So ging Müntzer zwar einerseits mit der Zeit, indem er sich auf die Seite des „gemeinen Mannes" stellte, andererseits schwamm er aber auch schon wieder gegen den Strom, weil er den theologischen Impuls der revolutionären Bewegung besonders stark betonte. Aus diesem Grunde ist es problematisch, Müntzer eindeutig mit der progressiven Tradition der gesellschaftlichen Entwicklung zu identifizieren, wie es in der marxistischen Geschichtsschreibung geschieht.[5] Sein Ort in der Geschichte ist ambivalent.

Müntzer verlor den Respekt vor der weltlichen Obrigkeit und entlarvte ihre angeblich von Gott verordnete Unantastbarkeit als frommen Schein, der ungestraft dazu benutzt wurde, das „arme Volk" zu schinden und zu schaben. Auf diese Weise entwickelte Müntzer früh eine Einsicht in den Zusammenhang von Ideologie und Herrschaft und wies auf den menschlichen, in Sünde und Aufsässigkeit gegen Gott gründenden Ursprung der Obrigkeit hin. Sie wurde den Menschen zwar von Gott gegeben, aber nicht in einem Anflug von Erbarmen, sondern „im Grimm"[6], d.h. niemals würde sie den Anspruch erheben dürfen, vom Volk unter allen Umständen ehrfurchtsvoll und untertänig geachtet zu werden. Damit erschloß sich Müntzer der geschichtliche Charakter politischer Institutionen und sozialer Gliederungen. Alles war machbar geworden. Doch er zog daraus nicht die Konsequenz, daß der von der Sündhaftigkeit der Menschen beherrschte Bereich, das Reich der Sünde selbst, auf die eine oder andere Weise Schritt um Schritt verbessert, sondern von den Menschen, deren sündhaftes Wesen innerlich zerbrochen worden war, grundsätzlich nur als demokratisch verfaßte Theokratie neu gestaltet werden könne. So verstrickte sich auch Müntzer in einen Widerspruch: er erkannte an der politischen Herrschaft zwar ihren *geschichtlichen,* von Menschen erzeugten Charakter, führte aber den revolutionären Weg zur Theokratie auf den Willen des Schöpfers *vor und außerhalb aller Zeit* zurück – einen Willen, der sich in mystischer Einkehr zu erkennen gibt und im Inneren des Menschen die Entscheidung gegen die alte Welt und für eine neue Zeit herbeiführt. Müntzer kämpft für eine neue Schöpfung, begibt sich aber in die Gefahr, die Erinnerung an den versöhnlichen Chrakter der Schöpferabsicht Gottes, die sich unter den Menschen erhalten hat, preiszugeben. Die Menschheit zerfällt in Auserwählte und Gottlose, in diejenigen, die das Gottesreich suchen, und in die anderen, die sich ihm widersetzen. Der Kampf, der um das Reich Gottes geführt wird, ist kein Kampf der Meinungen, nicht Wort und Widerwort, sondern ein Streit unter Menschen, den Gottlosen und den Auserwählten. Die einen müssen vernichtet werden, wenn sie ihre widergöttliche Aufsässigkeit nicht aufgeben, die anderen werden siegen und auf Erden herrschen. Der Weg in das Reich Gottes führt durch Trübsal, Tränen und Blut.

Die Botschaft vom Heil, das Gott allen Menschen umsonst, *sola gratia,* anbietet, stand am Anfang des reformatorischen Aufbruchs und hat die leistungsorientierte Frömmigkeit der römischen Kirche in weiten Teilen Europas zerstört; in der politisch und sozial zerklüfteten Wirklichkeit jener Jahre hatte diese Botschaft aber keine Chance, sich ohne die Hilfe politischer Macht zu entfalten: weder auf der einen, noch auf der anderen Seite. Luther hatte die Reformation dem Schutz der weltlichen Obrigkeit anvertraut, die damit begann, den politischen und den kirchlichen Bereich zu disziplinieren, auch ihre religiös verordnete Unantastbarkeit allmählich zu einer gottbegnadeten Aura politischer Herrschaft zu steigern und den „gemeinen Mann" zum „Untertan" zu erniedrigen.[7] Mag Luther diese Entwicklung auch nicht gewollt haben, die Kirche aber, die sich auf ihn berief, stellte sich ihr nicht in den Weg. Müntzer andererseits verband den Weg der Reformation mit dem Geschick des „gemeinen Mannes" und machte sich die revolutionäre Gewalt des Volkes zunutze. Wenn er dazu aufrief, die Gottlosen zu vernichten, meinte er nicht das „grobe Volk", das sich seiner Predigt noch versagte, sondern eigentlich nur die geistliche und weltliche Herrschaftselite seiner Tage, die mit aller Macht die kirchliche und gesellschaftliche Ordnung zu erhalten trachtete, unter der der „gemeine Mann" litt und unter der er kaum in der Lage war, seine Lebenswelt religiös zu erneuern. Müntzers Theologie war eine Theologie der Revolution, sie war keine Theologie für die Zeit danach.

Mit der Niederlage der Bauern ist ein Weg verschüttet worden, der zu einer neuen, aus den spätmittelalterlichen Ansätzen des Kommunalismus gestalteten Gesellschaft hätte führen können: der Weg in ein demokratisches Gemeinwesen. Erst später, losgelöst von den kommunal-religiösen Wurzeln, ist ein solches Gemeinwesen entstanden. Im nachhinein kann das Bemühen des „gemeinen Mannes" und Thomas Müntzers als Meilenstein auf dem Weg der Souveränität des Volkes und zur demokratischen Grundordnung betrachtet werden. Das bedeutet nicht, daß Müntzer sein Ziel inzwischen erreicht hätte; die Losung von der Brüderlichkeit, wie er sie verstand, zeigt vielmehr, daß die Forderung nach einer fraternitären Gesellschaft noch nicht eingelöst ist. Müntzer war ein Stachel im Fleisch seiner Kirche und Gesellschaft, er bleibt auch ein Stachel im Fleisch jeder Gesellschaft und jeder Kirche, die sich auf den Boden einer demokratischen Grundordnung gestellt hat, aber denjenigen mit Unverständnis begegnet, die, von ihren Erfahrungen gedrängt, auch heute einen revolutionären Weg suchen, um ihre Lage in dieser Welt zu verbessern. Müntzer erinnert daran, daß die

Hoffnung auf einen neuen Himmel und eine neue Erde stärker ist als Verzweiflung, als Leiden und Gewalt.

„Wer sich selbst überlebt, verfehlt seine Biographie. Letzten Endes können nur die abgebrochenen Schicksale als vollendet gelten.“[8] Müntzer hat sich selbst nicht überlebt, sondern sich in der Hingabe an seine revolutionäre Sendung vollendet, und dies heißt auch, daß er fortwirkt als der „ernste Prediger“, der immer noch darauf hinzuweisen vermag, wie schwer es uns fällt, im Osten und im Westen, eine gottgewollte und menschenfreundliche Einstellung zum revolutionären Ursprung und Ziel unseres Lebens zu finden: „das volck wirdt frey werden und Got will allayn der herr daruber sein.“[9]

Anmerkungen

Einleitung

[1] Geoffrey R. Elton, Europa im Zeitalter der Reformation: 1517–1559, 2. bearb. Aufl., München 1982, S. 88; Manfred Bensing, Thomas Müntzer, 3. neubearb. Aufl., Leipzig 1983, S. 5 f.
[2] Günther Franz (Hg.), Thomas Müntzer, Schriften und Briefe. Kritische Gesamtausgabe. Gütersloh 1968, S. 395, 15 ff. (fortan: MSB).
[3] MSB, 255, 24 f. und 255, 16.
[4] MSB, 343, 13 f.
[5] MSB, 240, 2 f.
[6] Friedrich Engels, Der deutsche Bauernkrieg, in: Marx/Engels, Werke, Bd. 7, Berlin (Ost) 1960, S. 329.
[7] Zur Erforschung Müntzers im Osten und im Westen s. neuerdings: Hans-Jürgen Goertz, Das Bild Thomas Müntzers in Ost und West, herausgegeben von der Niedersächsischen Landeszentrale für politische Bildung, Hannover 1988.
[8] Eric W. Gritsch, Reformer without a Church. The Life and Thought of Thomas Muentzer. Philadelphia 1967, S. IX. Als Studien zur Biographie Müntzers sind auch die einzelnen Beiträge zu verstehen, die Gordon Rupp in „Patterns of Reformation", London 1969, S. 157–353, veröffentlichte.
[9] Siegfried Bräuer, Müntzerforschung von 1965 bis 1975, in: Lutherjahrbuch, 45. Jg., 1978, S. 124.
[10] Walter Elliger, Thomas Müntzer. Leben und Werk. 3. Aufl., Göttingen 1976, S. 805.
[11] Walter Elliger, Thomas Müntzer, Berlin (Ost) 1960.
[12] Eike Wolgast, Thomas Müntzer. Ein Verstörer der Ungläubigen. Göttingen/Zürich 1981, S. 7.

I. Verzerrte Bilder

[1] Günther Franz, Die Bildnisse Thomas Müntzers, in: Archiv für Kulturgeschichte, 25. Bd., 1935, S. 21 ff.
[2] Manfred Bensing, Thomas Müntzer, 3. neubearb. Auflage, Leipzig 1983, S. 13.
[3] Johann Karl Seidemann, Thomas Müntzer. Eine Biographie. Dresden/Leipzig 1842, S. 109.
[4] Stark eingeschränkt wird der Quellenwert dieser Spottgedichte auch von Siegfried Bräuer, Die zeitgenössischen Dichtungen über Thomas Müntzer und den Thüringer Bauernaufstand. Untersuchungen zum Müntzerbild der Zeitgenossen in Spottgedichten und Liedern, im Dialog und im neulateinischen Epos von 1521 bis 1525. Theol. Diss. (unveröffentl.) Leipzig 1973, S. 67.

[5] Martin Luther. Eyn brieff an die Fürsten zu Sachsen von dem auffrurischen geyst, in: Ludwig Fischer (Hg.), Die lutherischen Pamphlete gegen Thomas Müntzer, Tübingen 1976, S. 1–12.

[6] Martin Luther, WA Br. III, Nr. 877, S. 516 (Brief an Johann Rühel vom 30. Mai 1525).

[7] Martin Luther, Eyn Schrecklich geschicht und gericht Gotes uber Thomas Müntzer/darynn Gott offentlich desselbigen geyst lügenstrafft und verdammet, in: Ludwig Fischer (Hg.), a. a. O., S. 18–25.

[8] Johann Agricola, Ein nutzlicher Dialogus odder gesprechbuchlein zwischen einem Müntzerischen Schwermer und einem Evangelischen frumen Bawern/Die straff der auffrurischen Schwermer zu Franckenhausen geschlagen/belangende, in: Ludwig Fischer (Hg.), a. a. O., S. 91 und 95.

[9] Die Histori Thome Muntzers/ des anfengers der Döringischen uffrur/ seer nutzlich zu lesen. Ermanung des Durchleuchtigen Fursten unnd Herrn, Herrn Philippsen Landegrave zu Hessen etc. an die Ritterschafft/ die Bauren (under dem scheyn des Evangelions sich wider alle oberkeit/ durch falsch Predicanten verfurt/ setzende) trostlich anzugreyffen, in: Ludwig Fischer (Hg.), a. a. O., S. 42. Zur Entstehung und Wirkungsgeschichte der Müntzer-Legende: Max Steinmetz, Das Müntzerbild von Martin Luther bis Friedrich Engels, Berlin (Ost) 1971.

[10] Siegfried Bräuer, Thomas Müntzer im Schauspiel des 16. Jahrhunderts, in: Max Steinmetz (Hg.), Der deutsche Bauernkrieg und Thomas Müntzer, Leipzig 1976, S. 112–121.

[11] Jay Rosellini, Thomas Müntzer im deutschen Drama. Verteufelung, Apotheose und Kritik. Bern 1978, S. 54. Martin Rinckhart, Monetarius Seditiosus sive Incendia rusticorum bellica et reliqua eius lustri memorabilia. Der Müntzerische Bawrenkrieg/ so Anno 1525 in das Evangelische Reformationswerck mit eingefallen: Vnd was Gott durch Ihren dazu sonders außerwehlten Rüstzeug Doct. Martinum Lutherum dabey gethan vnd verrichtet . . ., Leipzig o. J. (1625).

[12] Georg Theodor Strobel, Leben, Schriften und Lehren Thomae Müntzers, des Urhebers des Bauernaufruhrs in Thüringen, Nürnberg und Altdorf 1795; Wilhelm Zimmermann, Allgemeine Geschichte des großen Bauernkrieges. Nach handschriftlichen und gedruckten Quellen. Bd. 1–3, Stuttgart 1841–1843.

[13] Jay Rosellini, a. a. O., S. 76.

[14] Theodor Mundt, Thomas Müntzer. Ein deutscher Roman, 3 Bde., Altona 1841, 2. Aufl. 1843, 3. Aufl. 1860; Rudolf Gottschall, Ulrich von Hutten. Ein Drama in fünf Aufzügen. Königsberg 1843; Robert Prölss, Thomas Müntzer. Trauerspiel in fünf Akten. Dresden 1849; Hermann Rollett, Thomas Müntzer. Volksdrama in vier Aufzügen. Leipzig 1851; weitere, auch neuere Dramen sind aufgeführt bei: Walter Dietze (Hg.), Dramen zum Deutschen Bauernkrieg, Berlin/Weimar 1975.

[15] Ferdinand Lassalle, Franz von Sickingen. Eine historische Tragödie. Bern 1859.

[16] Berta Lask, Thomas Münzer. Dramatisches Gemälde des Deutschen Bauernkrieges von 1525, Berlin 1925, S. 9.

[17] Ernst Bloch, Thomas Münzer als Theologe der Revolution, Frankfurt/M. 1962 (Abdruck der Ausgabe von 1921), S. 9.

[18] Vgl. Rita Thalmann, Das Müntzerbild im „Schwarmgeist" von Walter Flex als Beispiel der wilhelminischen Ideologie im protestantischen Bürgertum Deutschlands vor dem ersten Weltkrieg, in: Max Steinmetz (Hg.), a. a. O., S. 171–178.

19 Joachim Zimmermann, Thomas Münzer. Ein deutsches Schicksal. Berlin 1925, S. 207.

20 Karl Holl, Luther und die Schwärmer, in: Ges. Aufsätze I, Tübingen 1923, S. 420–467; Heinrich Böhmer, Studien zu Thomas Müntzer, Leipzig 1922; ders., Thomas Müntzer und das jüngste Deutschland, In: Ges. Aufsätze, Gotha 1927; Annemarie Lohmann, Zur geistigen Entwicklung Thomas Müntzers. Beiträge zur Kulturgeschichte des Mittelalters und der Renaissance, hg. von Walter Goetz, 47, Leipzig/Berlin 1931.

21 Friedrich Wolf, Der Mann mit der Regenbogenfahne. Ein Schauspiel. Ges. Werke in sechzehn Bänden, Bd. VI, Berlin (Ost) 1960.

22 Horst Kleineidam, Hinter dem Regenbogen. Ein Schauspiel. In: Walter Dietze (Hg.), a. a. O., S. 632.

23 Hans Pfeiffer, Über das Verhältnis zwischen literarischer Objektivität und poetischer Individualisierung bei der literarischen Gestaltung Thomas Müntzers, in: Max Steinmetz (Hg.), a. a. O., S. 170; ders., Thomas Müntzer. Ein biographischer Roman. Berlin (Ost) 1975; 3. Aufl., 1979.

24 Dieter Forte, Martin Luther & Thomas Münzer oder die Einführung der Buchhaltung, Berlin 1971.

25 Kurt Lothar Tank, Reformation mit dem Rechenstift. Tendenzen und Dramaturgie bei Dieter Forte. In: Friedrich Kraft (Hg.), Luther als Bühnenheld, Hamburg 1971, S. 93 f.

II. Wende der Zeit

1 MSB, 420, 26 f.

2 MSB, 281, 30 f.

3 Georg Kirchmair, Denkwürdigkeiten in seiner Zeit, 1519–1553, hg. von Th. von Karajan, Wien 1855, S. 447.

4 Johannes Pauli, Der Papst und die Bettlerin, zit. n. Günter Jäckel (Hg.), Kaiser, Gott und Bauer. Die Zeit des Deutschen Bauernkrieges im Spiegel der Literatur, Berlin (Ost) 1975, S. 254.

5 Hutten, Müntzer, Luther. Werke in zwei Bänden, hg. von Siegfried Streller, Berlin (Ost) Weimar 1982, S. 140.

6 Will-Erich Peuckert, Die große Wende. Das apokalyptische Saeculum und Luther, Bd. 1, Darmstadt 1966, S. 115.

7 MSB, 502, 29 f.

8 Erasmus von Rotterdam, Ausgewählte Schriften, hg. von Werner Welzig. Bd. 2, Darmstadt 1975, S. 163 f.

9 Vgl. neuerdings Heinrich Richard Schmidt, Reichsstädte, Reich und Reformation. Korporative Religionspolitik 1521–1529/30. Stuttgart 1986.

10 Reformation Kaiser Sigmunds, bearb. von Heinrich Koller, Stuttgart 1964, S. 59.

11 MSB, 329, 24; zur Interpretation des deutschen Bauernkriegs vgl. jetzt vor allem Peter Blickle, Die Revolution von 1525, 2. neubearb. und erweiterte Auflage München 1981.

III. Verwehte Spuren

1 MSB, 495, 2.
2 Hermann Goebke, Neue Forschungen über Thomas Müntzer bis zum Jahre 1520. Seine Abstammung und die Wurzeln seiner religiösen, politischen und sozialen Ziele. In: Harz-Zeitschrift 9, 1957, S. 1–30.
3 Gegen Walter Elliger, Thomas Müntzer. Leben und Werk. 3. Aufl. Göttingen 1976, S. 17 f.
4 Hermann Goebke, a. a. O., S. 3.
5 Heinrich Böhmer, Studien zu Thomas Müntzer, Leipzig 1922, S. 12.
6 Vgl. Walter Elliger, a. a. O., S. 17; vgl. auch Siegfried Bräuer, Zu Müntzers Geburtsjahr, in: Luther-Jahrbuch 1969, S. 80–83.
7 MSB, 361, 16 ff.
8 Manfred Bensing, Thomas Müntzer. 3. Aufl., Leipzig 1983, S. 16 ff.
9 Georg Erler (Hg.), Die Matrikel der Universität Leipzig, Bd. 1, in: Codex Diplomaticus Saxoniae Regiae, 2. Hauptteil, Bd. XVI, Leipzig 1895, S. 477 (Faksimile bei Manfred Bensing, a. a. O., S. 17).
10 Ulrich Bubenheimer, Thomas Müntzer in Braunschweig, Teil II, in: Braunschweigisches Jahrbuch LXVI, 1985, S. 103 ff.
11 MSB, 361, 14 ff.
12 Ernst Bloch, Thomas Münzer als Theologe der Revolution, Frankfurt/M. 1962, S. 16
13 Leipziger Matrikel, s. Anm. 9.
14 Renate Drucker und Bernd Rüdiger, Zu Thomas Müntzers Leipziger Studentenzeit, in: Wissenschaftliche Zeitschrift der Karl-Marx-Universität Leipzig, 23. Jg., 1974, S. 445–453.
15 Günter Vogler, Thomas Müntzer auf dem Weg zur Bildung – Anmerkungen zur Frankfurter Studienzeit, in: Mühlhäuser Beiträge 4, 1981, S. 28–35.
16 Helmar Junghans, Ursachen für das Glaubensverständnis Thomas Müntzers 1524, in: Max Steinmetz (Hg.), Der deutsche Bauernkrieg und Thomas Müntzer, Leipzig 1976, S. 143–149.
17 Günter Vogler, a. a. O., S. 32.
18 Manfred Bensing, a. a. O., S. 20. Bensing meint, Müntzer habe seine Examina bereits vor dem Studienaufenthalt in Frankfurt abgelegt, gibt dafür aber keinen Ort an. Für ein Studium in Wittenberg sprechen sich Renate Drucker und Bernd Rüdiger, a. a. O., S. 450, aus.
19 MSB, 537, 13 ff.
20 MSB, 378 f. und 373, 12 f.; vgl. auch Günter Vogler, a. a. O., S. 32.
21 Walter Elliger, a. a. O., S. 36 ff.
22 MSB, 491, 1–7.
23 Eike Wolgast, Thomas Müntzer. Ein Verstörer der Ungläubigen. Göttingen 1981, S. 10.
24 Walter Elliger, a. a. O., S. 27.
25 MSB, 548, 28 ff.
26 MSB, 553.
27 Siegfried Bräuer, Thomas Müntzers Beziehungen zur Braunschweiger Frühreformation, in: Theologische Literaturzeitung CIX, 1984, Sp. 636–638; Ulrich Buben-

heimer, Thomas Müntzer in Braunschweig, Teil I, in: Braunschweigisches Jahrbuch LXV, 1984, S. 37–78, Teil II, 1985, 79–114.

28 Ulrich Bubenheimer, a.a.O., I, S. 56.

29 Ebd., S. 55.

30 MSB, 347.

31 MSB, 349, 4 und 18.

32 Siegfried Bräuer, a.a.O., S. 637; Ulrich Bubenheimer, a.a.O., I, S. 67.

33 Ulrich Bubenheimer, Thomas Müntzer, in: Klaus Scholder und Dieter Kleinmann (Hg.), Protestantische Profile aus fünf Jahrhunderten. Stuttgart 1983, S. 35.

34 MSB, 347 f.

35 Vgl. Ulrich Bubenheimer, Thomas Müntzer in Braunschweig, I, S. 58 und 66 f.

IV. Im Lager der Reformatoren

1 Dazu neuerdings: Ulrich Bubenheimer, Thomas Müntzer, Wittenberger Studienzeit, in: Zeitschrift für Kirchengeschichte, 99. Bd., 1988, S. 171 ff.

2 Martin Luther, WA Br XII, S. 14, und Luther Deutsch, hg. von Kurt Aland, Stuttgart 1959, Bd. 10, S. 45 (WA Br I, S. 208).

3 Martin Luther, WA 2, 18.

4 Brief Nikolaus Hausmanns an Kurfürst Friedrich den Weisen vom 4. August 1521: Paul Kirn, Friedrich der Weise und die Kirche, Leipzig 1926, S. 185 f.

5 Ulrich Bubenheimer, Karlstadt liest Tauler. Sein reformatorischer Weg im Spiegel seines Taulerbandes in der Bibliothek des Predigerseminars Wittenberg; Vortrag im Evang. Predigerseminar Wittenberg am 16. 8. 1987; Vf. hat mir das Manuskript dankenswerterweise zur Verfügung gestellt.

6 Ulrich Bubenheimer, Luther – Karlstadt – Müntzer: soziale Herkunft und humanistische Bildung. Ausgewählte Aspekte vergleichender Biographie. In: Amtsblatt der evangelisch-lutherischen Kirche in Thüringen, 40. Jg., Nr. 8, 1987, S. 60–68, bes. 66 ff. Zur angeblichen Vorlesungsnachschrift Müntzers: Ulrich Bubenheimer, Thomas Müntzers Nachschrift einer Wittenberger Hieronymusvorlesung, in: Zeitschrift für Kirchengeschichte, 99. Bd., 1988, S. 214–257.

7 MSB, 351.

8 Manfred Bensing und Winfried Trillitzsch, Bernhard Dappens „Articuli ... contra Lutheranos". Zur Auseinandersetzung der Jüterboger Franziskaner mit Thomas Müntzer und Franz Günther 1519. In: Jahrbuch für Regionalgeschichte. Bd. 2, Weimar 1967, S. 113–147. Die Artikel, in lateinischer Fassung und moderner deutscher Übersetzung: S. 133–143; ein Brief Dappens an den Bischof von Brandenburg: S. 143–147; das Zitat: S. 133.

9 Ebd., S. 145.

10 Ebd., S. 123.

11 Ebd., S. 135.

12 Ebd., S. 139.

13 Ebd., S. 139.

14 Ebd., S. 139.

15 Ebd., S. 141.

16 Ebd., S. 141.

17 Ebd., S. 141.

18 Martin Luther, WA Br I, Nr. 174, S. 387–393.
19 Martin Luther, WA, 59, 606–697
20 MSB, 554.
21 Ulrich Bubenheimer, Studienzeit, S. 192 ff. (wie Anm. 1).
22 MSB, 352 f.
23 MSB, 354, 12.
24 Vgl. Max Steinmetz, Thomas Müntzer und die Mystik, in: P. Blickle (Hg.), Bauer, Reich und Reformation, Stuttgart 1982, S. 148 ff.; MSB, 354, 7 ff. Vgl. Max Steinmetz, Thomas Müntzer und die Bücher. Neue Quellen zur Entwicklung seines Denkens. In: Zeitschrift für Geschichtswissenschaft, 32, 1984, S. 605 ff.
25 MSB, 355, 9.
26 MSB, 355, 9 ff.
27 Manfred Bensing, Thomas Müntzer. 3. Aufl. Leipzig 1983, S. 33.

V. Eine frühe Bewegung

1 Hubert Kirchner, Johannes Sylvius Egranus. Ein Beitrag zum Verhältnis von Reformation und Humanismus. Aufsätze und Vorträge zur Theologie und Religionswissenschaft, Heft 21, Berlin (Ost) 1961, S. 12 f.
2 MSB, 355 f.
3 Paul Wappler, Thomas Müntzer in Zwickau und die „Zwickauer Propheten", Neudr. der Ausgabe von 1908, Gütersloh 1966, S. 10.
4 Zu Zwickau allgemein s. neuerdings: Susan C. Karant-Nunn, Zwickau in Transition, 1500–1547. The Reformation as an Agent of Change. Columbus 1987, S. 9–91.
5 Helmut Bräuer, Zwickau zur Zeit Thomas Müntzers und des Bauernkrieges, in: Sächsische Heimatblätter 20, 1974, S. 193–223; vgl. auch ders., Der politisch-ideologische Differenzierungsprozeß in der Zwickauer Bürgerschaft unter dem Einfluß des Wirkens Thomas Müntzers (1920/21), in: Max Steinmetz (Hg.), Der deutsche Bauernkrieg und Thomas Müntzer, Leipzig 1976, S. 105–111.
6 Paul Wappler, a. a. O., S. 15 f.
7 Abgedruckt bei Otto Clemen, Johannes Sylvius Egranus. Mitteilungen des Altertumsvereins für Zwickau und Umgegend, Heft 7, 1902, S. 18 Anm. 45.
8 MSB, 357, 27–360, 1.
9 MSB, 360, 11–16.
10 MSB, 360, 11.
11 MSB, 378; vgl. Paul Wappler, a. a. O., S. 24.
12 Martin Luther, WA Br II, S. 211.
13 MSB, 513–515.
14 Vgl. dazu in großer Ausführlichkeit: Walter Elliger, Thomas Müntzer. Leben und Werk. 3. Aufl. Göttingen 1976, S. 132–166.
15 Hans-Jürgen Goertz, Innere und äußere Ordnung in der Theologie Thomas Müntzers, Leiden 1967, S. 27 ff.
16 Vgl. Hubert Kirchner, a. a. O., S. 10 ff.
17 Walter Elliger, a. a. O., S. 111 unter Hinweis auf die Annalen P. Schumanns, zit. bei Otto Clemen, a. a. O., Heft 6, 1899, S. 24.
18 Otto Clemen, a. a. O., Heft 6, S. 24.

[19] MSB, 368 f.

[20] Dazu: Siegfried Bräuer, Die zeitgenössischen Dichtungen über Thomas Müntzer und den Thüringer Bauernaufstand. Untersuchungen zum Müntzerbild der Zeitgenossen in Spottgedichten und Liedern, im Dialog und im neulateinischen Epos von 1521 bis 1525. Theol. Diss. Leipzig 1973, S. 10–71.

[21] M. M. Smirin, Die Volksreformation des Thomas Müntzer und der Große Bauernkrieg, 2. Aufl. Berlin (Ost) 1956, S. 86 ff.

[22] Paul Wappler, a. a. O., S. 59 f. Zu N. Storch und seinen Anhängern s. neuerdings: Siegfried Hoyer, Die Zwickauer Storchianer – Vorläufer der Täufer? In: Jahrbuch für Regionalgeschichte 13, 1986, S. 60–78. Zur Storchlegende vgl. Max Steinmetz, Das Müntzerbild von Martin Luther bis Friedrich Engels. Berlin (Ost) 1971, S. 57–62; ders., Philipp Melanchthon über Thomas Müntzer und Nikolaus Storch. Beiträge zur Auffasung der Volksreformation in der Geschichtsschreibung des 16. Jahrhunderts. In: Philipp Melanchthon 1497–1560, Bd. 1, Berlin 1963, 138–173.

[23] Johann Karl Seidemann, Thomas Müntzer – Eine Biographie, Dresden/Leipzig 1842, S. 110.

[24] MSB, 376, 4–10; vgl. Paul Wappler, a. a. O., S. 25 f.

[25] Zum Streit zwischen E. Stuler und H. Mühlpfordt: Susann C. Karant-Nunn, a. a. O., S. 99 ff.

[26] Otto Clemen, a. a. O., Heft 6, S. 25 Anm. 63.

[27] MSB, 390, 4.

VI. Das eigene Manifest

[1] Joachim Zimmermann, Thomas Münzer. Ein deutsches Schicksal. Berlin 1925, S. 55.

[2] MSB, 564, 6.

[3] MSB, 372, 25 ff.

[4] MSB, 373, 4 und 9 f.

[5] Für Luther s. neuerdings Heiko A. Oberman, Luther. Mensch zwischen Gott und Teufel. Berlin 1981, S. 79 ff.

[6] MSB, 504, 30 f.

[7] Václav Husa, Tomáš Müntzer a Čechy, Prag 1957, S. 113; neuerdings auch: Siegfried Hoyer, Thomas Müntzer in Böhmen, Vortragsmanuskript, das Vf. mir freundlicherweise zur Verfügung gestellt hat.

[8] Václav Husa, a. a. O., S. 52.

[9] Walter Elliger, Thomas Müntzer. Leben und Werk. 3. Aufl. Göttingen 1976, S. 184.

[10] MSB, 370, 9 f.

[11] Thomas Müntzers Briefwechsel. Lichtdruck. Nr. 1–73 nach Originalen aus dem Sächsischen Landeshauptarchiv Dresden, bearb. von H. Müller, Leipzig o. J., Nr. 51.

[12] Václav Husa, a. a. O., S. 115 f.

[13] Ebd., S. 116.

[14] Ebd., S. 118.

[15] Ebd., S. 117.

[16] Ebd., S. 118.

17 Ebd., S. 117, und Nikolaus Müller, Die Wittenberger Bewegung 1521 und 1522. Die Vorgänge in und um Wittenberg während Luthers Wartburgaufenthaltes. Leipzig 1911, S. 160 (Nr. 68).

18 MSB, 491–494 (kürzere deutsche Fassung), 495–505 (längere deutsche Fassung), 505–511 (lateinische Fassung); die unvollständige tschechische Übersetzung: Heinrich Böhmer und Paul Kirn (Hg.), Thomas Müntzers Briefwechsel, Leipzig/Berlin 1931, S. 150. Ausführlich zum Prager Manifest: Eberhard Wolfgramm, Der Prager Anschlag des Thomas Müntzer in der Handschrift der Leipziger Universitätsbibliothek, in: Wissenschaftliche Zeitschrift der Karl-Marx-Universität Leipzig, 6, 1956/57, S. 295–308; Walter Elliger, a. a. O., S. 188 ff.

19 Friedrich de Boor, Zur Textgeschichte des Prager Manifests, in: Thomas Müntzer. Prager Manifest, hg. von Max Steinmetz, Leipzig 1975, S. 13.

20 MSB, 495, 11 f.

21 MSB, 495 12 f. und 491, 9.

22 MSB, 510, 12.

23 MSB, 497, 14–25.

24 MSB, 498, 1 f.; 501, 5; 498, 3 und 500, 22 f.

25 MSB, 501, 1 f.; 501, 30; 503, 1; 503, 13.

26 MSB, 494, 11 ff.

27 MSB, 492, 14.

28 MSB, 504, 30.

29 MSB, 492, 15 ff.

30 MSB, 499, 13; 499, 25; 499, 22; 502, 3; 501, 24 f.

31 MSB, 501, 25 ff.; vgl. Hans-Jürgen Goertz „Lebendiges Wort" und „totes Ding". Zum Schriftverständnis Thomas Müntzers im Prager Manifest. In: Archiv für Reformationsgeschichte, 67, 1976, S. 153–178; zum Schriftverständnis allgemein: Rolf Dismer, Geschichte. Glaube. Revolution. Zur Schriftauslegung Thomas Müntzers. Theol. Diss. Hamburg 1974 (unveröffentl.).

32 MSB, 502, 12.

33 MSB, 240, 2 f.

34 MSB, 505, 5 f.

35 MSB, 498, 28 f.

36 MSB, 504, 14–18.

37 MSB, 504, 19–22.

38 MSB, 505, 3 f.

39 MSB, 500, 3 f.

40 Václav Husa, a. a. O., S. 87 f.

41 MSB, 495, 4 f.

VII. „Im Elend meines Vertreibens"

1 MSB, 376, 31.

2 MSB, 370.

3 MSB, 377, 11 f.

4 Vgl. Hans Jürgen Goertz, Pfaffenhaß und groß Geschrei. Die reformatorischen Bewegungen in Deutschland 1517–1529. München 1987, S. 92–102.

5 MSB, 371.

[6] MSB, 378.

[7] MSB, 382, 5 f.

[8] MSB, 384 f. (Brief Müntzers an einen Unbekannten vom 14. Juli 1522). Für eine frühere Datierung, nämlich den Januar 1522, entschied sich: Manfred Bensing, Thomas Müntzers Aufenthalt in Nordhausen 1522 – Zwischenspiel oder Zeit der Entscheidung? In: Harz-Zeitschrift, 19. und 20. Jg., 1967/68, S. 45. Gegen Bensings Annahme vgl. Walter Elliger, Thomas Müntzer. Leben und Werk. 3. Aufl., Göttingen 1976, S. 216 f.

[9] Der Briefwechsel des Justus Jonas I, gesam. und bearb. von Gustav Kawerau, Halle 1884, S. 83.

[10] Walter Elliger, a. a. O., S. 216.

[11] MSB, 379, 6–9.

[12] MSB, 380, 16 f.

[13] Anders Reinhard Schwarz, Die apokalyptische Theologie Thomas Müntzers und der Taboriten, Tübingen 1977, S. 35 ff.

[14] MSB, 381, 22–26.

[15] Dietmar Kamper, Zur Soziologie der Imagination. München/Wien 1986, S. 113 f.

[16] MSB, 380, 3 f.

[17] MBS, 382, 2 und 4.

[18] Caspar von Schwenckfeld, in: Corpus Schwenckfeldianorum, Bd. 1., Leipzig 1907, S. 43; vgl. dazu Manfred Bensing, a. a. O., S. 48.

[19] Walter Elliger, a. a. O., S. 219.

[20] Joachim Zimmermann, Thomas Münzer. Ein deutsches Schicksal, Berlin 1925, S. 73; vgl. dazu Manfred Bensing, a. a. O., S. 46 ff.

[21] Manfred Bensing, a. a. O., S. 48.

[22] Walter Elliger a. a. O., S. 217 ff. Ganz gesichert ist das allerdings nicht.

[23] Manfred Bensing, a. a. O., S. 41 ff.

[24] MSB, 338, 5 f.

[25] Manfred Bensing, a. a. O., S. 48 ff.

[26] Ebd., S. 62.

[27] MSB, 386, 5 f.

[28] MSB, 545, 13 ff.

[29] Manfred Bensing, a. a. O., S. 53.

[30] MSB, 545, 14 ff.

[31] Manfred Bensing, a. a. O., S. 52 ff.

[32] Karl Honemeyer, Müntzers Berufung nach Allstedt, in: Harz-Zeitschrift, 16. Jg., 1964, S. 106.

[33] Manfred Bensing, a. a. O., S. 54 f.

[34] MSB, 388, 13.

[35] MSB, 388, 8.

[36] MSB, 387, 21 ff.

[37] MSB, 388, 15.

[38] MSB, 388, 3–6.

VIII. Seelsorge und politische Korrespondenz

1 Eike Wolgast, Thomas Müntzer. Ein Verstörer der Ungläubigen. Göttingen 1981, S. 35.

2 Karl Honemeyer, Müntzers Berufung nach Allstedt, in: Harz-Zeitschrift, 16. Jg., 1964, S. 103–111.

3 MSB, 225, 2.

4 Manfred Straube, Die politischen, ökonomischen und sozialen Verhältnisse des Amtes Allstedt in der ersten Hälfte des 16. Jahrhunderts, in: Allstedt – Wirkungsstätte Thomas Müntzers. Ein Beitrag zum 450. Jahrestag des deutschen Bauernkrieges 1975, hg. vom Rat der Stadt Allstedt, 1975, S. 28–44, bes. S. 34 ff. Zu Allstedt allgemein: Erich Hartung, Die äußere Geschichte des Amtes Allstedt 1496–1575, Jena 1931; Friedrich Facius, Allstedt. Geschichte der Stadtverfassung. Allstedt 1935.

5 C. E. Förstemann (Hg.), Zur Geschichte des Bauernkrieges im Thüringischen und Mansfeldischen, 1886, S. 209.

6 Martin Luther, Eyn brieff an die Fürsten zu Sachsen von dem auffrurischen geyst, in: Ludwig Fischer (Hg.). Die lutherischen Pamphlete gegen Thomas Müntzer, Tübingen 1976, S. 3.

7 Siegfried Bräuer, Thomas Müntzer und der Allstedter Bund, in: Jean-Georges Rott und Simon L. Verheus (Hg.), Täufertum und radikale Reformation im 16. Jahrhundert, Baden-Baden 1987, S. 86.

8 MSB, 162, 11 ff.

9 MSB, 163, 27 f.

10 MSB, 208, 3 f.

11 MSB, 162, 14–18.

12 MSB, 164, 7.

13 Martin Luther, WA 18, 129, 19 ff.; Karl Honemeyer, Thomas Müntzer und Martin Luther. Ihr Ringen um die Musik des Gottesdienstes. Untersuchungen zum „Deutzsch Kirchenampt“ 1523. Berlin 1974, S. 8; allgemein: ders., Thomas Müntzers Allstedter Gottesdienst als Symbol und Bestandteil der Volksreformation, in: Wissenschaftliche Zeitschrift der Karl-Marx-Universität Leipzig, 14, 1965, S. 473–477; wiederabgedr. in: Abraham Friesen und Hans-Jürgen Goertz (Hg.), Thomas Müntzer. Wege der Forschung 491, Darmstadt 1978, S. 213–226; Siegfried Bräuer, Thomas Müntzers Liedschaffen. Die theologischen Intentionen der Hymnenübertragungen im Allstedter Gottesdienst von 1523/24 und im Abendmahlslied Müntzers. In: Lutherjahrbuch, 41. Jg., 1974, S. 45–102; wiederabgedruckt in: Abraham Friesen und Hans-Jürgen Goertz (Hg.), a. a. O., S. 227–295; vgl. auch Joyce L. Irvin, The Theological and Social Dimension of Thomas Müntzer's Liturgical Reform, Ph. D. Diss., Yale University 1972 (unveröffentl.).

14 MSB, 208–215

15 MSB, 162, 21 f.

16 MSB, 210, 34–211, 2.

17 Siegfried Bräuer, Thomas Müntzer, in: Die Zeichen der Zeit, 1975, S. 123.

18 MSB, 22, 17 f.

19 MSB, 23, 5 ff.

20 MSB, 22 f.

21 MSB, 360, 1.
22 MSB, 21.
23 MSB, 23, 31 f.
24 MSB, 396, 13 ff.
25 MSB, 394, 19 und 14 f.
26 MSB, 394, 17 und 36.
27 MSB, 395, 18, 24–31.
28 MSB, 396, 28–397, 3.
29 MSB, 395, 23.
30 MSB, 223, 25 f.
31 MSB, 223, 15.
32 MSB, 222, 23 und 8.
33 MSB, 224, 26–36.
34 MSB, 239 f. Siegfried Bräuer, Die Vorgeschichte von Luthers „Ein Brief an die Fürsten zu Sachsen von dem aufrührerischen Geist", in: Lutherjahrbuch, 47. Jg. 1980, S. 47 ff. Noch anders in der 2. Auflage der Theologischen Schriften von 1523 im Jahre 1982; hier wird noch die gewöhnlich angenommene Reihenfolge beibehalten.
35 MSB, 240, 3.
36 MSB, 228, 13 f.
37 MSB, 227, 32.
38 Vgl. den Brief der Zürcher Täufer an Müntzer vom 4. September 1524: MSB, 443 f.; vgl. Hans-Jürgen Goertz, Innere und äußere Ordnung in der Theologie Thomas Müntzers, Leiden 1967, S. 79–83; neuerdings Abraham Friesen, Thomas Müntzer and the Anabaptists, in: Journal of Mennonite Studies, IV, 1986, S. 143–162.
39 Akten zur Geschichte des Bauernkrieges in Mitteldeutschland, Bd. II, hg. von Walter Peter Fuchs, Jena 1942 (Neudr. Aalen 1964), S. 29; vgl. auch MSB, 405, 7 ff.

IX. Fürsten, Volk und Widerstand

1 Akten zur Geschichte des Bauernkrieges in Mitteldeutschland, Bd. II, hg. von Walter Peter Fuchs, Jena 1942 (Neudruck Aalen 1964), S. 470 (fortan: AGBM).
2 Siegfried Bräuer, Thomas Müntzer und der Allstedter Bund, in: Jean-Georges Rott und Simon L. Verheus (Hg.), Täufertum und radikale Reformation im 16. Jahrhundert, Baden-Baden 1987, S. 85–101. Zur Entstehungsgeschichte des Bundes anders: Tom Scott, The „Volksreformation" of Thomas Müntzer in Allstedt and Mühlhausen, in: Journal of Ecclesiastical History, XXXIX, 1983, S. 194–213; schon früher: Manfred Bensing, Idee und Praxis des „Christlichen Verbündnisses" bei Thomas Müntzer, in: Wissenschaftliche Zeitschrift der Karl-Marx-Universität Leipzig, 14, 1965, S. 459–471, wiederabgedr. in: Abraham Friesen und Hans-Jürgen Goertz (Hg.), Thomas Müntzer. Wege der Forschung 491, Darmstadt 1978, S. 299–338.
3 Carl Eduard Förstemann (Hg.), Zur Geschichte des Bauernkrieges im Thüringischen und Mansfeldischen, Halle/Nordhausen 1869, S. 213 (fortan: Förstemann).
4 MSB, 242, 10 ff.

5 MSB, 546, 13.
6 MSB, 405, 21.
7 MSB, 546, 11–16.
8 Walter Elliger, Thomas Müntzer. Leben und Werk. 3. Aufl. Göttingen 1976, S. 419.
9 AGBM II, S. 31.
10 Förstemann, S. 155.
11 Vgl. neuerdings: Wieland Held, Der Allstedter Schosser Hans Zeiß und sein Verhältnis zu Thomas Müntzer, in: Zeitschrift für Geschichtswissenschaft XXXV, Jg., 1987, S. 1073–1091.
12 Förstemann, S. 161.
13 MSB, 406, 2 ff.
14 Förstemann, S. 167.
15 Förstemann, S. 167 ff.
16 Siegfried Bräuer, Die Vorgeschichte von Luthers, „Ein Brief an die Fürsten zu Sachsen von dem aufrührerischen Geist", in: Lutherjahrbuch, 47. Jg., 1980, S. 66.
17 MSB, 243, 11–15.
18 MSB, 245, 9 f.
19 MSB, 245, 19–22.
20 MSB, 246, 6 f.
21 MSB, 245, 25 und 6.
22 MSB, 277, 25–278, 6.
23 MSB, 253, 7 ff.
24 MSB, 254, 13 f.
25 MSB, 252, 31 und 249, 12.
26 MSB, 255, 19 f.
27 MSB, 255, 16 und 255, 24 f.
28 MSB, 254, 12 und 257, 19.
29 MSB, 256, 10 ff.
30 MSB, 257, 1–5, und 259, 4 ff.
31 MSB, 261, 13 ff.
32 Carl Hinrichs, Luther und Müntzer. Ihre Auseinandersetzung über Obrigkeit und Widerstandsrecht. Berlin 1962.
33 MSB, 259, 14 f.
34 MSB, 261, 18 f.
35 MSB, 261, 25.
36 Eike Wolgast, Thomas Müntzer. Ein Verstörer der Ungläubigen. Göttingen 1981, S. 49.
37 MSB, 414, 35 f.
38 MSB, 410, 27 ff.
39 MSB, 416, 30.
40 MSB, 417, 25.
41 MSB, 423, 6.
42 MSB, 422, 14 f.
43 Protokoll des Weimarer Verhörs: Förstemann, S. 182–186; vgl. auch den Brief des Kurfürsten an Schosser, Schultheiß und Rat zu Allstedt, Förstemann, S. 189 f.
44 Förstemann, S. 203.
45 Förstemann, S. 202.

[46] Ulrich Bubenheimer, Thomas Müntzer in Braunschweig, Teil 2, in: Braunschweigisches Jahrbuch LXVI, 1985, S. 110 f.
[47] MSB, 433, 3–6.
[48] MSB, 433, 14 ff.
[49] MSB, 434 ff.
[50] MSB, 415 f.
[51] MSB, 436, 1 f.

X. Letzte Gegensätzlichkeit

[1] Siegfried Bräuer, Die Vorgeschichte von Luthers „Ein Brief an die Fürsten zu Sachsen von dem aufrührerischen Geist“, in: Lutherjahrbuch, 47. Jg., 1980, S. 47–55.
[2] MSB, 391, 19 ff.
[3] Martin Luther, WA Br III, 641, 121 (Brief an Georg Spalatin vom 3. August 1523). Vgl. dazu neuerdings: Wieland Held, Der Allstedter Schosser Hans Zeiß und sein Verhältnis zu Thomas Müntzer, in: Zeitschrift für Geschichtswissenschaft XXXV. Jg., 1987, S. 1078.
[4] Carl Hinrichs, Luther und Müntzer. Ihre Auseinandersetzung über Obrigkeit und Widerstandsrecht. Berlin 1962, S. 163; Martin Luther. WA Br III, 307, 69,–308, 72.
[5] Ebd., S. 143 f.
[6] MSB, 430, 17 f.
[7] MSB, 430, 29 f.
[8] Martin Luther, Eyn brieff an die Fürsten zu Sachsen von dem auffrurischen geyst, 1524, in: Ludwig Fischer (Hg.), Die lutherischen Pamphlete gegen Thomas Müntzer, Tübingen 1976, S. 2.
[9] Ebd., S. 4.
[10] MSB, 268, 8 f. und 2 (A). (Wenn nicht eigens vermerkt, wird die Fassung A zitiert).
[11] MSB, 275, 6–10.
[12] MSB, 267, 9–14.
[13] MSB, 277, 25–33.
[14] MSB, 278, 2–6.
[15] MSB, 498, 25 ff.
[16] MSB, 298, 16–27.
[17] MSB, 23, 14 f.
[18] MSB, 286, 20 f.
[19] MSB, 280, 31 f.
[20] MSB, 304, 29–306, 27.
[21] MSB, 302, 34 f.
[22] MSB, 288, 13 f.
[23] MSB, 285, 12 ff.
[24] MSB, 285, 16 ff.
[25] MSB, 283, 20 ff.
[26] MSB, 284, 38–285, 3.
[27] MSB, 299, 4–15.

[28] MSB, 294, 6 und 8.
[29] MSB, 295, 8 f.
[30] MSB, 303, 20 ff.
[31] MSB, 311, 10 ff.
[32] MSB, 307, 8 f.
[33] Walter Elliger, Thomas Müntzer. Leben und Werk. 3. Aufl. Göttingen 1976, S. 608.
[34] Manfred Bensing und Bernd Rüdiger (Hg.), Thomas Müntzer. Politische Schriften, Manifeste, Briefe 1524/25. Leipzig 1973, S. 28 (MSB, 336, 13 ff.).
[35] MSB, 322, 6 f. Vgl. Herbert Zschelletzschky, Die „drei gottlosen Maler" von Nürnberg. Sebald Beham, Barthel Beham und Georg Pencz. Historische Grundlagen und ikonologische Probleme ihrer Graphik zu Reformations- und Bauernkriegszeit. Leipzig 1975, S. 25 und S. 365 f. (Anm. 62).
[36] MSB, 322, 1–4.
[37] MSB, 322, 11–14.
[38] MSB, 322, 15–20.
[39] Carl Hinrichs, a. a. O., S. 169.
[40] MSB, 497, 20–24; 498, 9.
[41] Walter Elliger, a. a. O., S. 594.
[42] Carl Hinrichs, a. a. O., S. 170 f.
[43] Ebd., S. 147.
[44] MSB, 327, 18–328, 6.
[45] MSB, 335, 1–15.
[46] MSB, 341, 20 ff. Vgl. auch Reinhard Schwarz, Luthers Erscheinen auf dem Wormser Reichstag in der Sicht Thomas Müntzers in: Fritz Reuter (Hg.), Der Reichstag zu Worms von 1520. Reichspolitik und Luthersache. Worms 1971, S. 208–221.
[47] MSB, 337, 8 ff.; und 341, 15–20.
[48] Carl Hinrichs, a. a. O., S. 175.
[49] MSB, 335, 24–28.
[50] MSB, 343, 13 f.
[51] MSB, 329, 27 f.

XI. „Ewiger Bund" und „Ewiger Rat"

Dieses Kapitel lehnt sich streckenweise eng an den Abschnitt über „Mühlhausen: eine zerschlagene Reformation" in meinem Buch „Pfaffenhaß und groß Geschrei. Die reformatorischen Bewegungen in Deutschland 1517–1529", München 1987, S. 147–155, an. Allerdings sind einige Korrekturen vorgenommen worden.

[1] MSB, 432, 7 f.; Förstemann, S. 199.
[2] Dieter Lösche, Achtmänner, Ewiger Bund Gottes und Ewiger Rat, in: Jahrbuch für Wirtschaftsgeschichte, Berlin (Ost) 1960, S. 141.
[3] AGBM II, S. 16 f.
[4] MSB, 436, 21 f.
[5] AGBM, II, S. 48.
[6] Günter Vogler, Nürnberg 1524/25. Studien zur Geschichte der reformatorischen und sozialen Bewegung in der Reichsstadt. Berlin (Ost) 1982, S. 201–232.

7 Walter Elliger, Thomas Müntzer. Leben und Werk. 3. Aufl. Göttingen 1976, S. 587 (Anfang Oktober); Gottfried Seebaß, Müntzers Erbe. Werk, Leben und Theologie des Hans Hut. Theol. Habil. (unveröffentl.) Erlangen 1972, Bd. 1, S. 104.

8 Gerhard Pfeiffer (Hg.), Quellen zur Nürnberger Reformationsgeschichte, Nürnberg 1968, S. 25 f.; vgl. Günter Vogler, a. a. O., S. 215 ff.

9 MSB, 450, 18–22.

10 Zur Situation in Nürnberg vgl. neuerdings: Heinrich Richard Schmidt, Reichsstädte, Reich und Reformation. Korporative Religionspolitik 1521–1529/30. Stuttgart 1986, S. 91–97, S. 152–180.

11 Gerhard Pfeiffer (Hg.), a. a. O., S. 31 f.; vgl. Helmut Claus, Die Endphase der Offizin Hieronymus Höltzels in Nürnberg, in: Ursula Altmann und Hans-Erich Teitge (Hg.), Studien zur Buch- und Bibliotheksgeschichte. Hans Lülfing zum 70. Geburtstag. Berlin (Ost) 1976, S. 98 f.

12 Georg Baring, Hans Denck und Thomas Müntzer in Nürnberg 1524, in: Abraham Friesen und Hans-Jürgen Goertz (Hg.), Thomas Müntzer – Wege der Forschung 491, Darmstadt 1978, S. 132–177; vgl. auch die zahlreichen Nachweise in: Walter Fellmann (Hg.), Hans Denck, Schriften, 2. Teil: Religiöse Schriften, Gütersloh 1956. – Nicht auszuschließen ist, daß Müntzer im Hause Christoph Fürers, eines Montanunternehmers und Ratsmitgliedes in Nürnberg mit weitreichenden Kontakten in Thüringen, Unterkunft gefunden hatte und sich unter dessen Schutz in der Stadt bewegte. Einen Beleg dafür gibt es aber nicht, nur den von Ulrich Bubenheimer kürzlich entdeckten Tatbestand, daß Fürer und Müntzer im Briefwechsel miteinander standen. Ulrich Bubenheimer, Luther – Karlstadt – Müntzer: soziale Herkunft und humanistische Bildung. Ausgewählte Aspekte vergleichender Biographie. In: Amtsblatt der ev.-luth. Kirche in Thüringen, 40. Jg., Nr. 8, S. 62.

13 Reinhard Jordan, Chronik der Stadt Mühlhausen in Thüringen, Bd. 1, Mühlhausen 1900, S. 184.

14 Tom Scott, The „Volksreformation" of Thomas Müntzer in Allstedt and Mühlhausen, in: Journal of Ecclesiastical History 34, 1983, S. 206. Das Problem dieser Deutung ist, daß eine solche gescheiterte Schwurgemeinschaft nur mühsam mit einem Ereignis in Verbindung gebracht werden kann, in dem der Eintritt in den Bund mit der Eintragung in eine Bundesliste dokumentiert wurde. Ungelöst bleibt ferner das Problem, warum sich kaum Bauern in die Bundesliste eintragen ließen.

15 Akten und Briefe zur Kirchenpolitik Herzog Georgs von Sachsen, herausgegeben von Felician Gess. Bd. 2, Leipzig/Berlin 1907, S. 80–81.

16 Günther Franz, Der deutsche Bauernkrieg, 10. Aufl. Darmstadt 1975, S. 257.

XII. Schlacht unter dem Regenbogen

1 MSB, 343, 13 f.

2 Felician Gess (Hg.), Akten und Briefe zur Kirchenpolitik Herzog Georgs von Sachsen, Bd. 2, Leipzig/Berlin 1917, S. 109, 6–13.

3 Walter Elliger, Thomas Müntzer. Leben und Werk. 3. Aufl. Göttingen 1976, S. 651–675. Neuerdings ebenfalls Gottfried Seebaß, Artikelbrief, Bundesordnung und Verfassungsentwurf. Studien zu drei zentralen Dokumenten des südwest-

deutschen Bauernkrieges. (Das Manuskript wurde mir vom Vf. freundlicherweise zur Verfügung gestellt).

[4] MSB, 544, 11 f.

[5] Eike Wolgast, Thomas Müntzer. Ein Verstörer der Ungläubigen. Göttingen 1981, S. 92.

[6] Vgl. James M., Stayer, Radikaler Frühzwinglianismus, in: Mennonitische Geschichtsblätter 1985, S. 43–59.

[7] MSB, 329, 20 f.

[8] Zit. nach Eike Wolgast, a. a. O., S. 97.

[9] AGBM II, S. 91 (Nr. 1183).

[10] MSB, 454, 12–16. Müntzers Verwicklung in den thüringischen Bauernkrieg findet neben den Büchern von M. Bensing und W. Elliger neuerdings eine ausführliche Darstellung bei: Rudolf Endres, Thüringen, in: Horst Buszello u. a. (Hg.), Der deutsche Bauernkrieg, Paderborn, München, Wien, Zürich 1984, S. 154–176.

[11] MSB, 455, 6.

[12] MSB, 455, 14–19.

[13] Ernst Bloch, Thomas Münzer als Theologe der Revolution, Frankfurt/M. 1962, S. 76.

[14] MSB, 471, 23 f.

[15] Manfred Bensing, Thomas Müntzer und der Thüringer Aufstand 1525, Berlin (Ost) 1966, S. 57.

[16] Gerhard Günther, Bemerkungen zum Thema Thomas Müntzer und Heinrich Pfeiffer in Mühlhausen, in: Gerhard Heitz u. a. (Hg.) Der Bauer im Klassenkampf, Berlin (Ost) 1975, S. 182.

[17] AGBM, II, S. 202.

[18] MSB, 458, 1–5.

[18a] Siegfried Hoyer, Das Militärwesen im deutschen Bauernkrieg 1524–1526, Leipzig 1975, S. 156.

[19] MSB, 468, 22 ff.

[20] MSB, 468, 30 f.

[21] MSB, 470, 1 ff.

[22] MSB, 464, 17; 469, 6; 470, 14.

[23] Gegen Günther Franz, Der deutsche Bauernkrieg, 10. Aufl., Darmstadt 1975, S. 265; gegen Manfred Bensing, a. a. O., S. 92 ff.

[24] MSB, 548, 15. Vgl. Manfred Bensing, Grundfragen der Revolution in Thomas Müntzers Denken und Handeln, in: Mühlhäuser Beiträge 1981, Heft 4, S. 24.

[25] MSB, 473, 1 f.

[26] AGBM II, S. 344 (Nr. 1527).

[27] AGBM II, S. 378 f. (Nr. 1574).

[28] MSB, 473, 21; 473, 14 f.; 473, 10 f.

[29] Gottfried Arnold, Unparteiische Kirchen- und Ketzer-Historie von Anfang des Neuen Testaments bis auf das Jahr Christi 1688, Frankfurt am Main 1699, S. 17, zit. bei Manfred Bensing, a. a. O., S. 246.

[30] Walter Elliger, a. a. O., S. 821 f.

[31] AGBM II, S. 478.

[32] Gottfried Seebaß, Müntzers Erbe. Werk, Leben und Theologie des Hans Hut. Theol. Habil. Schrift, Erlangen 1972 (unveröffentl.).

33 Hans-Jürgen Goertz, Die Täufer. Geschichte und Deutung. 2. Aufl. München 1988, S. 27–31.

34 Werner O. Packull, Mysticism and the Early South-German Austrian Anabaptist Movement 1525–1531, Scottdale, Pa., 1976.

XIII. Mystiker, Apokalyptiker, Revolutionär

1 Manfred Bensing, Thomas Müntzer, 3. Aufl. Leipzig 1983; Walter Elliger, Thomas Müntzer. Leben und Werk. 3. Aufl. Göttingen 1976.

2 Vgl. Peter Blickle, Gemeindereformation. Die Menschen des 16. Jahrhunderts auf dem Weg zum Heil. München 1985 (Studienausgabe 1987).

3 MSB, 502, 13.

4 MSB, 496, 11. – Zur Diskussion um den Ordnungsbegriff: Hans-Jürgen Goertz, Innere und äußere Ordnung in der Theologie Thomas Müntzers, Leiden 1967, S. 39 ff.; Wolfgang Rochler, Ordnungsbegriff und Gottesgedanke bei Thomas Müntzer. Ein Beitrag zur Frage „Müntzer und die Mystik". In: Zeitschrift für Kirchengeschichte, 85, 1974, S. 369–382; Gottfried Seebaß, Müntzers Erbe. Werk, Leben und Theologie des Hans Hut. Theol. Habil. Schrift Erlangen 1972 (unveröffentl.), S. 416, 444 ff.; Hans-Jürgen Goertz, Der Mystiker mit dem Hammer. Die theologische Begründung der Revolution bei Thomas Müntzer. In: Kerygma und Dogma. Zeitschrift für theologische Forschung und kirchliche Lehre, 20, 1974, S. 36 ff.; wiederabgedr. in: Abraham Friesen und Hans-Jürgen Goertz. Thomas Müntzer. Wege der Forschung 491, Darmstadt 1978, S. 416 ff. Wolfgang Ullmann, Ordo rerum. Müntzers Randbemerkungen zu Tertullian als Quelle für das Verständnis seiner Theologie. In: Theologische Versuche VII. Berlin (Ost) 1976, S. 125–140; Rolf Dismer, Geschichte, Glaube, Revolution. Zur Schriftauslegung Thomas Müntzers. Theol. Diss. Hamburg 1974 (unveröffentl.), S. 7 ff.; Reinhard Schwarz, Die apokalyptische Theologie Thomas Müntzers und der Taboriten, Tübingen 1977. S. 109 ff.; Ulrich Bubenheimer, Luther – Karlstadt – Müntzer: soziale Herkunft und humanistische Bildung. Ausgewählte Aspekte vergleichender Biographie. In: Amtsblatt der evangelisch-lutherischen Kirche in Thüringen, 40. Jg., Nr. 8, 1987, S. 66 f. Dem Argument Bubenheimers, daß Müntzer den Begriff des „ordo rerum" aus der antiken Rhetorik Quintilians übernommen und mit mystischem Geist gefüllt hat, kann ich mich anschließen.

5 Vgl. Hans-Jürgen Goertz, Innere und äußere Ordnung in der Theologie Thomas Müntzers, Leiden 1967.

6 Rolf Dismer, a. a. O., S. 145 ff. und S. 153 ff.

7 Kurt Ruh, Meister Eckhart. Theologe, Prediger, Mystiker. München 1985, S. 193.

8 Heiko A. Oberman, Die Bedeutung der Mystik von Meister Eckhart bis Martin Luther, in: Die Reformation. Von Wittenberg nach Genf. Göttingen 1986, S. 41.

9 MSB, 505, 3.

10 MSB, 505, 2.

11 MSB, 246, 9.

12 MSB, 262, 4.

13 MSB, 255, 19 f.

14 Reinhard Schwarz, a. a. O., S. 10 ff.

15 MSB, 255, 4 f.

16 MSB, 302, 17 f. (A).

17 Heinrich Böhmer, Thomas Müntzer und das jüngste Deutschland, in: Ges. Aufsätze, Gotha 1927, S. 189–222. Vgl. dazu: Thomas Nipperdey, Theologie und Revolution bei Thomas Müntzer, in: Reformation, Revolution, Utopie. Studien zum 16. Jahrhundert. Göttingen 1975, S. 38 ff.

18 MSB, 285, 4 f. und 18 f.

19 MSB, 285, 1 f.

20 MSB, 343, 13 f.

XIV. Abgebrochen und doch vollendet

1 Ernst Bloch, Thomas Münzer als Theologe der Revolution, Frankfurt/M. 1962.

2 Förstemann, S. 205. Die beiden Lutherschriften: WA 18, 291–334; und WA 18, 357–401 (Zitat: 398).

3 Peter Blickle, Gemeindereformation. Die Menschen des 16. Jahrhunderts auf dem Weg zum Heil. München 1985 (Studienausgabe 1987).

4 Ebd., vgl. auch Hans-Jürgen Goertz, Pfaffenhaß und groß Geschrei. Die reformatorischen Bewegungen in Deutschland 1517–1529. München 1987, S. 163–183.

5 Vgl. neuerdings: Thesen über Thomas Müntzer. Zum 500. Geburtstag. In: Neues Deutschland vom 30./31. 1. 1988, S. 9–11, ebenso in: Zeitschrift für Geschichtswissenschaft XXXVI, 1988, S. 99–121.

6 MSB, 285, 1.

7 Vgl. Peter Blickle, Deutsche Untertanen. Ein Widerspruch. München 1981.

8 M. E. Cioran, Der zersplitterte Fluch. Aphorismen. Frankfurt/M. 1987, S. 22.

9 MSB, 343, 13 f.

Bildnachweise

Abb. 1 Thomas Müntzer. Kupferstich von Christoph van Sichem, 1608, aus: M. Greschat (Hg.), Gestalten der Kirchengeschichte, Bd. 5, Stuttgart 1981, zwischen S. 336 und 337.

Abb. 2 Thomas Müntzer. Kupferstich eines unbekannten Stechers, 1701, aus: G. Franz, Die Bildnisse Thomas Müntzers, in: Archiv für Kulturgeschichte 25, 1935, Tafel I, Abb. 3.

Abb. 3 Thomas Müntzer. Kupferstich von Johann Benjamin Brühl, 1716, aus: G. Franz, a. a. O., Tafel II, Abb. 4.

Abb. 4 Thomas Müntzer. Ölgemälde eines unbekannten Malers, Anfang 18. Jh., aus: G. Franz, a. a. O., Tafel II, Abb. 5.

Abb. 5 Titelholzschnitt der Flugschrift „Ein nützlicher Dialogus" von Johann Agricola, 1525, aus L. Fischer (Hg.), Lutherische Pamphlete gegen Thomas Müntzer, Tübingen 1976, S. 79.

Abb. 6 Holzschnitt aus Joseph Grünpeck, Spiegel der natürlichen himmlischen und prophetischen Sehungen, 1508, aus: M. Steinmetz u. a., Illustrierte Geschichte der deutschen frühbürgerlichen Revolution, Berlin (Ost) 1974, S. 105.

Abb. 7 Stadtansicht von Leipzig. Holzschnitt aus: Sebastian Münster, Cosmographia, Basel 1628, aus: Faksimile-Ausgabe, Lindau 1978.

Abb. 8 Johannes Hus wird verbrannt, Holzschnitt aus Ulrich Riechenthalers Konzilienbuch, Augsburg 1483 (Bildarchiv Gerstenberg, Wietze).

Abb. 9 Titelholzschnitt von: Martin Luther, Von der babylonischen Gefangenschaft der Kirche, 1520, aus: W. Landgraf, Martin Luther. Reformator und Rebell. Biografie. Berlin (Ost), 1981, S. 157.

Abb. 10 Stadtansicht von Prag, aus: Hermann Schedel, Weltchronik, Nürnberg 1496, Bl. CCXXX.

Abb. 11 Von der Mönchen ursprung. Holzschnitt eines anonymen Flugblattes, 1523, aus: M. Steinmetz u. a., a. a. O., S. 168.

Abb. 12 Brief Thomas Müntzers an unbekannte Anhänger in Halle vom 19. März 1523, eigenhändiger Entwurf, aus: Thomas Müntzer, Briefwechsel. Lichtdrucke Nr. 1-73, nach Originalen aus dem Sächs. Landeshauptarchiv Dresden, Leipzig 1953, Tafel 34.

Abb. 13 Titelblatt von Thomas Müntzer, Protestation und Erbietung, Eilenburg (Nikolaus Widemar), aus: S. Bräuer und W. Ullmann (Hg.), Thomas Müntzer. Theologische Schriften aus dem Jahr 1523, 2. Aufl. Berlin (Ost) 1982, S. 83.

Abb. 14 Kurfürst Friedrich der Weise von Sachsen, Holzschnitt von Eberhard Schoen, 1524, aus: M. Geisberg, The German Single-Leaf Woodcut 1500-1550. Revised and edited by W. L. Strauss, New York 1974, S. 1231.

Abb. 15 Titelholzschnitt von Joseph Grünpeck, Eine newe außlegung. 1507, aus: Paul Russell, Lay Theology in the Reformation. Popular Pamphleteers in Southwest Germany 1521-1525, Cambridge 1985, S. 47.

Abb. 16 Andreas Bodenstein von Karlstadt, anonymer Holzschnitt, Universitätsbibliothek Basel, Mitte 16. Jh., aus: O. Thulin (Hg.), Reformation in Europa, Kassel 1967, S. 53.

Abb. 17 Titelholzschnitt von Thomas Müntzer, Ausgedrückte Entblößung, Nürnberg (Hans Hergot) 1524, aus: M. Steinmetz (Hg.), Thomas Müntzer. Faksimile-Ausgabe. Berlin (Ost) 1975, S. 29.

Abb. 18 Titelholzschnitt von Thomas Müntzer, Hochverursachte Schutzrede, Nürnberg (Hieronymus Höltzel) 1524, aus: M. Steinmetz (Hg.), a.a.O., S. 63.

Abb. 19 Stadtansicht von Mühlhausen in Thüringen um 1645, Kupferstich von Matthäus Merian, Topographia Germaniae, Bd. 10, Frankfurt 1650.

Abb. 20 Anonymer Holzschnitt, Ende 15. Jh., aus: G. Jäckel (Hg.), Kaiser, Gott und Bauer. Die Zeit des Deutschen Bauernkrieges im Spiegel der Literatur. Berlin (Ost) 1975, S. 353.

Abb. 21 Anonymer Holzschnitt, 1523, Niederreißung des Schlosses Uhl-Berg, aus: M. Steinmetz u. a., a.a.O., S. 180.

Abb. 22 Schloß Heldrungen, Ausschnitt aus dem Kupferstich von Matthäus Merian, a.a.O.

Abb. 23 Titelholzschnitt der ersten Teilausgabe der Theologia Deutsch, von Martin Luther herausgegeben, 1516, aus: F. v. Bezold, Geschichte der deutschen Reformation, Berlin 1890, S. 256.

Abb. 24 Titelholzschnitt von Martin Luther, Wider die mordischen und reubischen Rotten der Bawren, Nürnberg 1525, aus: G. Jäckel, a.a.O., S. 507.

Auswahlbibliographie

Bibliographien

Beate Roettig, Achim Siedhof und Dagmar Deesler, Thomas Müntzer und der Deutsche Bauernkrieg. Zum 450. Jahrestag. Auswahlbibliographie. 2. Aufl. Mühlhausen 1975. Hans J. Hillerbrand, Thomas Müntzer, A Bibliography. St. Louis, Mo., 1976.

Quellen

Thomas Müntzer, Schriften und Briefe. Kritische Gesamtausgabe. Unter Mitarbeit von Paul Kirn, herausgegeben von Günther Franz, Gütersloh 1968.

Thomas Müntzer. Politische Schriften, Manifeste, Briefe 1524/25, herausgegeben von Manfred Bensing und Bernd Rüdiger, 2. Aufl. Leipzig 1973.

Thomas Müntzer. Theologische Schriften aus dem Jahr 1523, herausgegeben von Siegfried Bräuer und Wolfgang Ullmann, 2. Aufl. Berlin (Ost) 1982.

Thomas Müntzers Briefwechsel. Lichtdruck 1–73 nach Originalen des Sächsischen Landeshauptarchives Dresden, Leipzig 1953.

Thomas Müntzers Briefwechsel. Auf Grund der Handschriften und ältesten Vorlagen. Herausgegeben von Heinrich Böhmer und Paul Kirn. Leipzig 1931.

Thomas Müntzer. Politische Schriften, herausgegeben von Carl Hinrichs (mit Kommentar), Halle 1950.

Oskar Johann Mehl (Hg.), Thomas Müntzers deutsche Messen und Kirchenämter mit Singnoten und liturgischen Abhandlungen, Grimmen 1937.

Thomas Müntzer, Prager Manifest, herausgegeben von Max Steinmetz, Leipzig 1975.

Thomas Müntzer, Außlegung des andern vnterschyds Danielis deß propheten (Die Fürstenpredigt), Außgetrückte emplößung des falschen Glaubens, Hoch verursachte Schutzrede. Neuhochdeutsche Übersetzung mit einem Nachwort herausgegeben von Max Steinmetz. Berlin (Ost) 1975, ebenfalls Faksimileausgabe der Originaldrucke 1975.

Otto H. Brandt (Hg.), Thomas Müntzer. Sein Leben und seine Schriften. Jena 1933 (modernisierte Ausgabe).

Siegfried Streller (Hg.), Thomas Müntzer. Die Fürstenpredigt und andere politische Schriften, 2. Aufl. Leipzig 1958 (Reclams Universalbibliothek, modernisierte Ausgabe).

Thomas Müntzer. Die Fürstenpredigt. Theologisch-politische Schriften, hg. von G. Franz (Reclam-Universalbibliothek, Bd. 8772/3), Stuttgart 1967.

Thomas Müntzer, Schriften und Briefe, herausgegeben von Gerhard Wehr, Frankfurt/M. 1973 (modernisierte Ausgabe).

D. Martin Luthers Werke, Kritische Gesamtausgabe, Weimar 1883 ff.

Luther Deutsch. Die Werke Martin Luthers in neuer Auswahl für die Gegenwart, herausgegeben von Kurt Aland, Stuttgart und Göttingen 1959 ff.

Lutherische Pamphlete gegen Thomas Müntzer, herausgegeben von Ludwig Fischer, Tübingen 1976.

Erasmus von Rotterdam, Ausgewählte Schriften, herausgegeben von Werner Welzig, Bd. 2, Darmstadt 1975.

Reformatio Kaiser Siegmunds, bearbeitet von Heinrich Koller, Stuttgart 1964.

Der Briefwechsel des Justus Jonas I, gesammelt und bearbeitet von Gustav Kawerau, Halle 1884.

Caspar von Schwenckfeld, Corpus Schwenckfeldianorum, Bd. 1, Leipzig 1907.

Siegfried Streller (Hg.), Hutten, Müntzer, Luther. Werke in zwei Bänden. Weimar 1962.

Günter Jäckel (Hg.), Kaiser, Gott und Bauer. Die Zeit des deutschen Bauernkrieges im Spiegel der Literatur. Berlin (Ost) 1975.

Günther Franz (Hg.), Quellen zur Geschichte des Bauernkrieges, München 1963.

Akten zur Geschichte des Bauernkriegs in Mitteldeutschland, Bd. 1, 1, herausgegeben von Otto Merx, Leipzig 1923, Neudruck Aalen 1964; Bd. 1, 2, herausgegeben von Günther Franz, Leipzig 1934, Neudruck Aalen 1964; Bd. 2, herausgegeben von Walter Peter Fuchs, Jena 1942, Neudruck Aalen 1964.

Akten und Briefe zur Kirchenpolitik Herzog Georgs von Sachsen, herausgegeben von Felician Gess. Aus den Schriften der Königlich Sächsischen Kommission für Geschichte, Bde. 1 und 2, Leipzig/Berlin 1905 und 1907.

Zur Geschichte des Bauernkrieges im Thüringischen und Mansfeldischen. Abdruck von Briefen aus dem Ernestinischen Gesamtarchiv zu Weimar, herausgegeben von Carl Eduard Förstemann, Nordhausen 1868.

Chronik der Stadt Mühlhausen in Thüringen, herausgegeben von Reinhard Jordan, Bd. 1, Mühlhausen 1900.

Gerhard Pfeiffer (Hg.), Quellen zur Nürnberger Reformationsgeschichte. Von der Duldung liturgischer Änderungen bis zur Ausübung des Kirchenregiments durch den Rat (Juni 1524–Juni 1525). Nürnberg 1968.

Georg Erler (Hg.), Die Matrikel der Universität Leipzig, Bd. 1 (Codex Diplomaticus Saxoniae Regiae, 2. Hauptteil, Bd. XVI), Leipzig 1895.

Georg Kirchmair, Denkwürdigkeiten in seiner Zeit, 1519–1533, herausgegeben von Th. von Karajan, Wien 1855.

Forschungsberichte

Abraham Friesen, Die ältere und die marxistische Müntzerdeutung, in: Abraham Friesen und Hans-Jürgen Goertz (Hg.), Thomas Müntzer. Wege der Forschung, 491, Darmstadt 1968, S. 447–480.

Hans-Jügen Goertz, Schwerpunkte der neueren Müntzerforschung, in: ebd., S. 481–536.

Max Steinmetz, Thomas Müntzer in der Forschung der Gegenwart, in: Zeitschrift für Geschichtswissenschaft XXXIII, 1975, S. 666–685.

Siegfried Bräuer, Müntzerforschung von 1965–1975, in: Lutherjahrbuch XLIV, 1977, S. 127–141, und XLV, 1978, S. 102–139.

Tom Scott, From Polemic to Sobriety: Thomas Müntzer in Recent Research, in: Journal of Ecclesiastical History, 39, 1988, S. 557–572.

Hans-Jürgen Goertz, Das Bild Thomas Müntzers in Ost und West, Hannover 1988.

Darstellungen und Untersuchungen

Ludwig von Baczko, Thomas Müntzer, dessen Charakter und Schicksale, Halle und Leipzig 1812.

Manfred Bensing, Thomas Müntzer und der Thüringer Aufstand 1525, Berlin (Ost) 1966.

Ders., Thomas Müntzer, 3. Aufl. Leipzig 1983.

Ernst Bloch, Thomas Münzer als Theologe der Revolution, Frankfurt/M. 1962 (Neudruck).

Heinrich Böhmer, Studien zu Thomas Müntzer, Leipzig 1922.

Georg Born, Geist, Wissen und Bildung bei Thomas Müntzer und Valentin Icklsamer, phil. Diss. (unveröffentl.) Erlangen 1962.

Siegfried Bräuer, Die zeitgenössischen Dichtungen über Thomas Müntzer und den Thüringer Bauernaufstand. Untersuchungen zum Müntzerbild der Zeitgenossen in Spottgedichten und Liedern, im Dialog und im neulateinischen Epos von 1521–1525. Theol. Diss. (unveröffentl.) Leipzig 1973.

Rolf Dismer, Geschichte, Glaube, Revolution, theol. Diss. (unveröffentl.), Hamburg 1974.

Klaus Ebert, Theologie und politisches Handeln. Thomas Müntzer als Modell. Stuttgart 1973.

Ders., Thomas Müntzer. Von Eigensinn und Widerspruch. Frankfurt/M. 1987.

Walter Elliger, Thomas Müntzer, Berlin-Friedenau 1960.

Ders., Thomas Müntzer. Leben und Werk. 3. Aufl. Göttingen 1976.

Ders., Thomas Müntzer. Außenseiter der Reformation. Ein Knecht Gottes. Göttingen 1975.

Jakob Gottfried Federer, Didaktik der Befreiung. Eine Studie am Beispiel Thomas Müntzers. Bonn 1975.

Hayo Gerdes, Luthers Streit mit den Schwärmern um das rechte Verständnis des Gesetzes Moses, Göttingen 1955.

Iris Geyer, Thomas Müntzer im Bauernkrieg, Besigheim 1982.

Hans-Jürgen Goertz, Innere und äußere Ordnung in der Theologie Thomas Müntzers, Leiden 1967.

Ders., Das Bild Thomas Müntzers in Ost und West, Hannover 1988.

Günter Goldbach, Hans Denck und Thomas Müntzer. Ein Vergleich ihrer wesentlichen theologischen Auffassungen. Eine Untersuchung zur Morphologie der Randströmungen der Reformation. Theol. Diss. (unveröffentl.), Hamburg 1969.

Eric W. Gritsch, Reformer without a Church. The Life and Thought of Thomas Muentzer, Philadelphia 1967.

Carl Hinrichs, Luther und Müntzer. Ihre Auseinandersetzung über Obrigkeit und Widerstandsrecht. 2. Aufl. Berlin 1962.

Karl Honemeyer, Thomas Müntzer und Martin Luther. Ihr Ringen um die Musik des Gottesdienstes. Untersuchungen zum „Deutzsch Kirchenampt" 1523. Berlin 1974.

Václav Husa, Thomáš Müntzer a Čechy, Prag 1957.
Joyce L. Irwin, The Theological and Social Dimension of Thomas Müntzer's Liturgical Reform, Ph. D. Diss. (unveröffentl.), Yale University 1972.
Karl Kleinschmidt, Thomas Müntzer. Die Seele des deutschen Bauernkrieges von 1525, Berlin (Ost) 1952.
Bernhard Klett, Thomas Müntzer und der Bauernkrieg in Nordwest-Thüringen, Mühlhausen 1925.
Heinrich Leo, Thomas Münzer, Leipzig 1856.
Valentin Loewenberg, Thomas Müntzer und die Lutherkamarilla, Mühlhausen 1913.
Annemarie Lohmann, Zur geistigen Entwicklung Thomas Müntzers, Leipzig/Berlin 1931.
Oskar Johann Mehl, Thomas Müntzer als Bibelübersetzer, theol. Diss. (unveröffentl.), Jena 1942.
Otto Merx, Thomas Müntzer und Heinrich Pfeiffer (1523–1525), Göttingen 1889.
Alfred Mensel, Thomas Müntzer und seine Zeit, Berlin (Ost) 1952.
Erwin Mühlhaupt, Luther über Müntzer, erläutert und an Thomas Müntzers Schrifttum nachgeprüft. Willen 1973.
Michael Müller, Auserwählte und Gottlose in der Theologie Thomas Müntzers, theol. Diss. (unveröffentl.) Halle 1972.
Jay Rosellini, Thomas Müntzer im deutschen Drama. Verteufelung, Apotheose und Kritik. Bern/Frankfurt/M./Las Vegas 1978.
Gordon Rupp, Patterns of Reformation, London 1968.
Karl Schulz, Thomas Müntzers liturgische Bestrebungen, Gotha 1928.
Reinhard Schwarz, Die apokalyptische Theologie Thomas Müntzers und der Taboriten, Tübingen 1977.
Gottfried Seebaß, Müntzers Erbe. Werk, Leben und Theologie des Hans Hut. Habil. Schrift (unveröffentl.) Erlangen 1972.
Johann Karl Seidemann, Thomas Müntzer. Eine Biographie nach den im Kgl. Sächsischen Hauptstaatsarchive zu Dresden vorhandenen Quellen bearbeitet. Dresden und Leipzig 1842.
M. M. Smirin, Die Volksreformation des Thomas Müntzer und der große Bauernkrieg, Berlin (Ost), 1956.
Hans Otto Spillmann, Untersuchungen am Wortschatz in Thomas Müntzers deutschen Schriften, Berlin/New York 1971.
Max Steinmetz, Das Müntzerbild von Martin Luther bis Friedrich Engels, Berlin (Ost) 1971.
Georg Theodor Strobel, Leben, Schriften und Lehren Thomä Müntzers des Urhebers des Bauernaufruhrs in Thüringen, Nürnberg und Altdorf 1795.
Georg Carl Treitschke, Geschichte Thomas Müntzers, Leipzig 1811.
L. G. Walter, Thomas Müntzer (1489–1525) et les Luttes sociales à l'époque de la réforme, Paris 1927.
Paul Wappler, Thomas Müntzer in Zwickau und die „Zwickauer Propheten", Zwickau 1908 (Neudruck Gütersloh 1966).
Gerhard Wehr, Thomas Müntzer in Selbstzeugnissen und Bilddokumenten, Reinbek 1972, erw. Auflage 1985.
Eike Wolgast, Thomas Müntzer. Ein Verstörer der Ungläubigen. Göttingen und Zürich 1981.
Joachim Zimmermann, Thomas Münzer. Ein deutsches Schicksal. Berlin 1925.

Sammelwerke

Christoph Demke (Hg.), Thomas Müntzer. Anfragen an Theologie und Kirche, Berlin (Ost) 1977.
Abraham Friesen und Hans-Jürgen Goertz (Hg.), Thomas Müntzer. Wege der Forschung, 491, Darmstadt 1978.
Prophet einer neuen Welt. Thomas Müntzer in seiner Zeit. Berlin (Ost) 1975.
Werner O. Packull und James M. Stayer (Hg.), The Anabaptists and Thomas Müntzer, Dubuque, Iowa, und Toronto, Ont., 1980.
Max Steinmetz (Hg.), Der deutsche Bauernkrieg und Thomas Müntzer, Leipzig 1976.

Literarische Werke

Walter Flex, Der Schwarmgeist, in: Ges. Werke, Bd. 1, München o. J.
Dieter Forte, Martin Luther & Thomas Münzer oder die Einführung der Buchhaltung, Berlin 1971.
Horst Kleineidam, Hinter dem Regenbogen. Ein Schauspiel. In: Walter Dietze (Hg.), 1525. Dramen zum Deutschen Bauernkrieg, Berlin/Weimar 1975, S. 569–632.
Berta Lask, Thomas Münzer. Dramatisches Gemälde des Deutschen Bauernkrieges von 1525. Berlin 1925.
Theodor Mundt, Thomas Müntzer. Ein deutscher Roman, 3 Bde., Altona 1841 (3. Aufl. 1860).
Hans Pfeiffer, Thomas Müntzer. Ein biographischer Roman. 3. Aufl. Berlin (Ost) 1979.
Robert Prölss, Thomas Müntzer. Trauerspiel in fünf Akten. Dresden 1849.
Martin Rinckhart, Monetarius Seditiosus sive Incendia rusticorum bellica et reliqua eius lustri memorabilia. Der Müntzersche Bawrenkrieg / so Anno 1525 in das Evangelische Reformationswerk mit eingefallen: Vnd was Gott durch jhren dazu sonders außenwehlten Rüstzeug Doct. Martinum Lutherum dabey gethan und verrichtet . . ., Leipzig o. J. (1625).
Hermann Rollett, Thomas Müntzer. Volksdrama in vier Aufzügen. Leipzig 1851.
Ernst Sommer, Die Sendung Thomas Müntzers, Berlin (Ost) 1948.
Friedrich Wolf, Thomas Müntzer. Der Mann mit der Regenbogenfahne. Ein Schauspiel. Ges. Werke in sechzehn Bänden, Bd. VI, Berlin (Ost), 1960.

Verstreute Aufsätze

Nicht aufgeführt werden die teilweise wichtigen Aufsätze, die in die genannten Sammelwerke aufgenommen wurden. Einige dieser Aufsätze sind in den Anmerkungen erwähnt worden, andere müssen in den Sammelwerken selbst aufgesucht werden.

Manfred Bensing, Thomas Müntzer in Nordhausen (Harz) 1522. Eine Studie über Müntzers Leben und Wirken zwischen Prag und Allstedt. In: Zeitschrift für Geschichtswissenschaft 10, 1962, S. 1095–1123; erweiterte und ergänzte Fassung:

Thomas Müntzers Aufenthalt in Nordhausen 1522 – Zwischenspiel oder Zeit der Entscheidung? In: Harz-Zeitschrift 19/20, 1967/68, S. 35–62.

Ders., Thomas Müntzers Frühzeit. Zu Hermann Goebkes „Neuen Forschungen über Thomas Müntzer". In: Zeitschrift für Geschichtswissenschaft 14, 1966, S. 423–430.

Manfred Bensing und Wilfried Trillitzsch, Bernhard Dappens „Articuli ... Contra Lutheranos". Zur Auseinandersetzung der Jüterboger Franziskaner mit Thomas Müntzer und Franz Günther 1519. In: Jahrbuch für Regionalgeschichte, Bd. 2, Weimar 1967, S. 113–147.

Manfred Bensing, Grundfragen der Revolution in Thomas Müntzers Denken und Handeln, in: Mühlhäuser Beiträge zu Geschichte und Kulturgeschichte 1981, Heft 4, S. 18–27.

Heinrich Böhmer, Thomas Müntzer und das jüngste Deutschland, in: Ges. Aufsätze, Gotha 1927, S. 189–222.

Siegfried Bräuer. Zu Müntzers Geburtsjahr, in: Luther-Jahrbuch 1969, S. 80–83.

Ders., Müntzers Feuerruf in Zwickau, in: Herbergen der Christenheit, 1971, S. 127–153.

Ders., Thomas Müntzer, in: Die Zeichen der Zeit, 1975, S. 121–129.

Ders., Die Vorgeschichte von Luthers „Ein Brief an die Fürsten zu Sachsen von dem aufrührerischen Geist", in: Lutherjahrbuch 47, 1980, S. 40–70.

Ders., Thomas Müntzers Beziehungen zur Braunschweiger Frühreformation: in Theologische Literaturzeitung CIX, 1984, Sp. 636–638.

Ders., Thomas Müntzer und der Allstedter Bund, in: Jean-Georges Rott und Simon L. Verheus (Hg.), Täufertum und radikale Reformation im 16. Jahrhundert, Baden-Baden 1987, S. 85–101.

Ulrich Bubenheimer, Thomas Müntzer, in: Klaus Scholder und Dieter Kleinmann (Hg.), Protestantische Profile aus fünf Jahrhunderten, Stuttgart 1983, S. 32–46.

Ders., Thomas Müntzer in Braunschweig, Teil I und II, in: Braunschweigisches Jahrbuch, LXV, 1984, S. 37–78, und LXVI, 1985, S. 79–114.

Ders., Luther – Karlstadt – Müntzer: soziale Herkunft und humanistische Bildung. Ausgewählte Aspekte vergleichender Biographie. In: Amtsblatt der evangelisch-lutherischen Kirche in Thüringen, 40. Jg., Nr. 8, 1987, S. 60–68.

Ders., Karlstadt liest Tauler. Sein reformatorischer Weg im Spiegel seines Taulerbandes in der Bibliothek des Predigerseminars Wittenberg (unveröffentl. Vortrag im Evang. Predigerseminar Wittenberg am 16. 8. 1987).

Ders., Thomas Müntzers Wittenberger Studienzeit, in: Zeitschrift für Kirchengeschichte 1988, S. 168–213.

Ders., Thomas Müntzers Nachschrift einer Wittenberger Hieronymusvorlesung, ebd., S. 214–237.

Otto Clemen, Thomas Müntzer in Zwickau, Wissenschaftliche Beiträge der Leipziger Zeitung, 1899, S. 97–98.

Ders., Johannes Sylvius Egranus, in: Mitteilungen des Altertumvereins für Zwickau und Umgebung, Heft 6, 1899, S. 1–39; Heft 7, 1902, S. 1–32.

Helmut Claus, Die Endphase der Offizin Hieronymus Höltzels in Nürnberg, in: Ursula Altmann und Hans-Erich Teitge (Hg.), Studien zur Buch- und Bibliotheksgeschichte. Festschrift für Hans Lülfing zum 70. Geburtstag, Berlin (Ost) 1976, S. 97–108.

Renate Drucker und Bernd Rüdiger, Zu Thomas Müntzers Leipziger Studentenzeit,

in: Wissenschaftliche Zeitschrift der Karl-Marx-Universität Leipzig 23, 1974, S. 445–453.
Walter Elliger, Zum Thema Luther und Thomas Müntzer, in: Jahrbuch 34, 1967, S. 90–116.
Ders., Müntzer und das Alte Testament, in: Wort und Geschichte. Festschrift für Karl Elliger zum 70. Geburtstag, Alter Orient und Altes Testament, Kevelaer-Neukirchen-Vluyn 1973, S. 57–64.
Heinz Endermann, Wesenszüge der Sprache Thomas Müntzers, in: ZPSK 28, 1975, S. 574–581.
Günther Franz, Die Bildnisse Thomas Müntzers, in: Archiv für Kulturgeschichte, XXV. Bd., 1935, S. 21 ff.
Abraham Friesen, Thomas Müntzer in Marxist Thought, in: Church History XXXIV, 1965, S. 3–24.
Ders., Thomas Müntzer and the Anabaptists, in: Journal of Mennonite Studies IV, 1986, S. 143–162.
Hermann Goebke, Neue Forschungen über Thomas Müntzer bis zum Jahre 1520. Seine Abstammung und die Wurzeln seiner religiösen, politischen und sozialen Ziele. In: Harz-Zeitschrift 9, 1957, S. 1–30.
Ders., Thomas Müntzer – familiengeschichtlich gesehen. In: Ernst Werner und Max Steinmetz (Hg.), Die frühbürgerliche Revolution in Deutschland, Bd. 2, Berlin (Ost) 1961, S. 91–100.
Hans-Jürgen Goertz, „Lebendiges Wort" und „totes Ding". Zum Schriftverständnis Thomas Müntzers im Prager Manifest. In: Archiv für Reformationsgeschichte 67, 1976, S. 153–178.
Gerhard Günther, Bemerkungen zum Thema Thomas Müntzer und Heinrich Pfeiffer in Mühlhausen, in: Gerhard Heitz u. a. (Hg.), Der Bauer im Klassenkampf, Berlin (Ost), S. 157 ff.
Wieland Held, Der Allstedter Schosser Hans Zeiß und sein Verhältnis zu Thomas Müntzer, in: Zeitschrift für Geschichtswissenschaft 35, 1987, S. 1073–1091.
Karl Honemeyer, Müntzers Berufung nach Allstedt, in: Harz-Zeitschrift 16, 1964, S. 103–111.
Karl Holl, Luther und die Schwärmer, in: Ges. Aufsätze, I, 2. und 3. Aufl. Tübingen 1923, S. 420–467.
Siegfried Hoyer, Die Zwickauer Storchianer-Vorläufer der Täufer? In: Jahrbuch für Regionalgeschichte 13, 1986, S. 60–78.
Ders., Thomas Müntzer und Böhmen, (im Druck).
Ders., Radikaler Prediger und soziales Umfeld. Bemerkungen zu Thomas Müntzers Tätigkeit in Zwickau, (im Druck).
Erwin Iserloh, Zur Gestalt und Biographie Thomas Müntzers, in: Trierer Theologische Zeitschrift 71, 1962, S. 248–253.
Ders., Revolution bei Thomas Müntzer. Durchsetzung des Reiches Gottes oder soziale Aktion? In: Historisches Jahrbuch der Görres-Gesellschaft 1972, S. 282–299.
Ders., Sakraments- und Taufverständnis bei Thomas Müntzer, in: Zeichen des Glaubens. Studien zur Taufe und Firmung, herausgegeben von H. Auf der Maur und B. Kleinheyer, Zürich-Einsiedeln-Köln 1972, S. 109–122.
Hubert Kirchner, Neue Müntzeriana, in: Zeitschrift für Kirchengeschichte 72, 1961, S. 113–116.

Manfred Kobuch, Thomas Müntzers Weggang aus Allstedt. Zum Deutungsproblem eines Müntzerbriefes. In: Zeitschrift für Geschichtswissenschaft 8, 1960, S. 1632–1636.

Bernhard Lohse, Auf dem Weg zu einem neuen Müntzerbild. In: Luther 41, 1970, S. 100–132.

Ders., Thomas Müntzer in marxistischer Sicht, in: Luther 43, 1972, S. 60–73.

Amadeo Molnar, Thomas Müntzer und Böhmen. In: Communio Viatorum. Theological Quarterly 1958, Heft 4, S. 242–245.

Michael Müller, Die Gottlosen bei Thomas Müntzer – mit einem Vergleich zu Martin Luther, in: Lutherjahrbuch 46, 1979, S. 97–119.

Thomas Nipperdey, Theologie und Revolution bei Thomas Müntzer, in: Reformation, Revolution, Utopie. Studien zum 16. Jahrhundert. Göttingen 1975, S. 38–84.

Heiko A, Oberman, Thomas Müntzer: van verontrusting tot verzet, in: Kerk en Theologie 24, 1973, S. 205–214.

Ders., Die Bedeutung der Mystik von Meister Eckhart bis Martin Luther, in: ders., Die Reformation. Von Wittenberg nach Genf. Göttingen 1986, S. 32–44.

Wolfgang Rochler, Ordnungsbegriff und Gottesgedanke bei Thomas Müntzer. Ein Beitrag zur Frage „Müntzer und die Mystik". In: Zeitschrift für Kirchengeschichte 85, 1974, S. 369–382.

Joachim Rogge, Wort und Geist bei Thomas Müntzer, in: Die Zeichen der Zeit, 1975, S. 129–138.

Otto Schiff, Thomas Müntzer und die Bauernbewegung am Oberrhein, in: Historische Zeitschrift 110, 1913, S. 67–90.

Ders., Thomas Müntzer als Prediger in Halle, in: Archiv für Reformationsgeschichte 23, 1926, S. 287–293.

Reinhard Schwarz, Luthers Erscheinen auf dem Wormser Reichstag in der Sicht Thomas Müntzers, in: Fritz Reuter (Hg.), Der Reichstag zu Worms von 1520. Reichspolitik und Luthersache. Worms 1971, S. 208–221.

Tom Scott, The „Volksreformation" of Thomas Müntzer in Allstedt and Mühlhausen, in: Journal of Ecclesiastical History XXXIX, 1983, S. 194–213.

James M. Stayer, Radikaler Frühzwinglianismus, in: Mennonitische Geschichtsblätter 1985, S. 43–59.

Max Steinmetz, Zur Entstehung der Müntzerlegende, in: Beiträge zum neuen Geschichtsbild. Zum 60. Geburtstag von Alfred Meusel. Berlin (Ost) 1956, S. 35–70.

Ders., Philipp Melanchthon über Thomas Müntzer und Nikolaus Storch. Beiträge zur Auffassung der Volksreformation in der Geschichtsschreibung des 16. Jahrhunderts. In: Philipp Melanchthon 1497–1560, Bd. 1, Berlin 1963, S. 138–173.

Ders., Das Erbe Thomas Müntzers, in: Zeitschrift für Geschichtswissenschaft 9, 1969, S. 1117–1129.

Ders., Luther und Müntzer, in: Wissenschaftliche Zeitschrift der Karl-Marx-Universität Leipzig, 1974, S. 433–444.

Ders., Thomas Müntzer und die Bücher. Neue Quellen zur Entwicklung seines Denkens. In: Zeitschrift für Geschichtswissenschaft 32, 1984, S. 605 ff.

Wolfgang Ullmann, Ordo rerum. Müntzers Randbemerkungen zu Tertullian als Quelle für das Verständnis seiner Theologie. In: Theologische Versuche VII. Berlin (Ost) 1976, S. 125–140.

Thesen über Thomas Müntzer. Zum 500. Geburtstag. In: Neues Deutschland vom

30./31.1. 1988, S.9–11, ebenso in: Zeitschrift für Geschichtswissenschaft 36, 1988, S.99–121.

Günter Vogler, Thomas Müntzer auf dem Wege zur Bildung – Anmerkungen zur Frankfurter Studienzeit, in: Mühlhäuser Beiträge 5, 1981, S.28–35.

Dietrich Wattenberg, Der Regenbogen von Frankenhausen am 15. Mai 1525 im Lichte anderer Himmelserscheinungen. In: Archenhold-Sternwarte Berlin-Treptow. Vorträge und Schriften Nr. 24, Berlin-Treptow 1965.

Ernst Werner, Messianische Bewegungen im Mittelalter, Teil 2, in: Zeitschrift für Geschichtswissenschaft 10, 1962, S.598–622.

Eberhard Wolfgramm, Der Prager Anschlag des Thomas Müntzer in der Handschrift der Leipziger Universitätsbibliothek, in: Wissenschaftliche Zeitschrift der Karl-Marx-Universität Leipzig 6, 1956/57, S.295–308.

Eike Wolgast, Beobachtungen und Fragen zu Müntzers Gefangenschaftsaussagen 1525, (im Druck).

Adolar Zumkeller, Thomas Müntzer – Augustiner? In: Augustiniana 8, 1959, S.380–385.

Zu Zwickau, Allstedt und Mühlhausen

Helmut Bräuer, Zwickau zur Zeit Thomas Müntzers und des Bauernkrieges, in: Sächsische Heimatblätter 20, 1974, S.193–223.

Ders., Der politisch-ideologische Differenzierungsprozeß in der Zwickauer Bürgerschaft unter dem Einfluß des Wirkens Thomas Müntzers (1520/21), in: Max Steinmetz (Hg.), Der deutsche Bauernkrieg und Thomas Müntzer, Leipzig 1976, S.105–111.

Susan C. Karant-Nunn, Zwickau in Transition, 1500–1547. The Reformation as an Agent of Change. Columbus 1987.

Adolf Laube, Studien über den erzgebirgischen Silberbergbau von 1470 bis 1516, seine Geschichte, seine Produktionsverhältnisse, seine Bedeutung für die gesellschaftlichen Veränderungen und Klassenkämpfe in Sachsen am Beginn der Übergangsperiode vom Feudalismus zum Kapitalismus. Berlin (Ost) 1974.

Karl Steinmüller. Zur Lage der Zwickauer Tuchmacherei zwischen 1470 und 1530, in: Max Steinmetz und Ernst Werner (Hg.), Die frühbürgerliche Revolution in Deutschland, Berlin (Ost) 1961, S.220–224.

Adolf Nebe, Geschichte des Schlosses und der Stadt Allstedt, in: Harz-Zeitschrift 20, 1887, S.18–95.

Manfred Straube, Die politischen, ökonomischen und sozialen Verhältnisse des Amtes Allstedt in der ersten Hälfte des 16. Jahrhunderts, in: Allstedt – Wirkungsstätte Thomas Müntzers. Ein Beitrag zum 450. Jahrestag des deutschen Bauernkrieges 1975, herausgegeben vom Rat der Stadt Allstedt, 1975, S.28–44.

Erich Hartung, Die äußere Geschichte des Amtes Allstedt 1496–1575, Jena 1931.

Friedrich Facius, Allstedt. Geschichte der Stadtverfassung. Allstedt 1935.

Karl Czok, Zur sozialökonomischen Struktur und politischen Rolle der Vorstädte in Sachsen und Thüringen, in: Wissenschaftliche Zeitschrift der Karl-Marx-Universität 24, 1975, S.53–68.

R. Bemmann, Die Stadt Mühlhausen im späten Mittelalter, 1918.

Rudolf Endres, Thüringen, in: Horst Buszello u.a. (Hg.), Der deutsche Bauernkrieg, Paderborn, München, Wien, Zürich 1984, S.154–176.

Gerhard Günther, Der Mühhäuser Rezeß vom 3. Juli 1523, in: Deutsche Historiker-Gesellschaft. Tagung der Sektion Mediävistik, Bd.2, Berlin (Ost) 1961, S.167–188.

Ders., (Hg.), Der ewige Rat zu Mühlhausen (17.3. bis 18.5. 1525). Zeugnisse seiner Tätigkeit aus den Amtsbüchern, Teile 1–5, in: Veröffentlichungen des Mühlhäuser Stadtarchivs, N.F. 3–5, Mühlhausen 1962/64.

Ders., Thomas Müntzer und der Bauerkrieg in Thüringen, in: Beiträge zur Geschichte Thüringens, Erfurt 1968, S.181ff.

Ders., Mühlhausen in Thüringen, Berlin (Ost) 1975.

Dietrich Lösche, Achtmänner, Ewiger Bund Gottes und Ewiger Rat in Mühlhausen. In: Jahrbuch für Wirtschaftsgeschichte, Berlin 1960, S.135–165.

Ders., Zur Lage der Bauern im Gebiet der ehemaligen Freien Reichsstadt Mühlhausen i.Th. zur Zeit des Bauernkrieges, in: Max Steinmetz und Ernst Werner (Hg.), Die frühbürgerliche Revolution in Deutschland, Berlin (Ost) 1961, S.64–72.

Ders., Die Lage der Bauern im Gebiet der Freien Reichsstadt Mühlhausen im 15. und 16. Jahrhundert, Diss. oec. Berlin (Ost) 1961.

O. Michael, Grundbesitz und Erbzins der Bauern im Gebiet der Freien Reichsstadt Mühlhausen in Thüringen zur Bauernkriegszeit, Mühlhausen 1959.

A. Vetter, Bevölkerungsverhältnisse der ehemaligen Freien Reichsstadt Mühlhausen in Thüringen im 15. und 16. Jahrhundert, 1910.

Zu Reformation und Bauernkrieg

Hier können aus der Fülle der Literatur nur einige Publikationen aufgenommen werden, die im Text zitiert wurden oder die den Rahmen der eigenen Reformationsdeutung abstecken.

Willi Andreas, Deutschland vor der Reformation. Eine Zeitwende. 6. Aufl. Stuttgart 1959.

Manfred Bensing und Siegfried Hoyer, Der deutsche Bauernkrieg 1524–1526. Kleine Militärgeschichte, Kriege. 4. Aufl. Berlin (Ost) 1982.

Karl Heinz Blaschke, Sachsen im Zeitalter der Reformation, Gütersloh 1970.

Peter Blickle, Die Revolution von 1525, 2. Aufl. München 1981.

Ders., Die Reformation im Reich, Stuttgart 1982.

Ders., Gemeindereformation. Die Menschen des 16. Jahrhunderts auf dem Weg zum Heil. München 1985.

Horst Buszello u.a. (Hg.), Der deutsche Bauernkrieg, Paderborn/München/Wien/Zürich 1984.

Richard van Dülmen, Reformation als Revolution. Soziale Bewegung und religiöser Radikalismus in der deutschen Reformation. München 1977.

Friedrich Engels, Der deutsche Bauerkrieg, Marx-Engels-Werke, Bd.7, 3. Aufl. Berlin (Ost) 1960.

Rudolph Geoffrey Elton, Europa im Zeitalter der Reformation 1517–1559, 2. Aufl. München 1982.

Günther Franz, Der deutsche Bauernkrieg. 10. Aufl. Darmstadt 1975.

Abraham Friesen, Reformation und Utopia. The Marxist Interpretation of the Reformation and its Antecedents. Wiesbaden 1974.

Josef Foschepoth, Reformation und Bauernkrieg im Geschichtsbild der DDR. Zur Methodologie eines gewandelten Geschichtsverständnisses. Berlin 1976.

Hans-Jürgen Goertz (Hg.), Radikale Reformatoren. 21 biographische Skizzen von Thomas Müntzer bis Paracelsus. München 1978.

Ders., Pfaffenhaß und groß Geschrei. Die reformatorischen Bewegungen in Deutschland 1517–1529. München 1987.

Ders., Die Täufer. Geschichte und Deutung. 2. Aufl. München 1988.

Karl Griewank, Der neuzeitliche Revolutionsbegriff. Entstehung und Entwicklung. 2. Aufl. Frankfurt/M. 1969.

Gerhard Heitz u. a. (Hg.), Der Bauer im Klassenkampf. Studien zur Geschichte des deutschen Bauernkrieges und der bäuerlichen Klassenkämpfe im Spätfeudalismus. Berlin (Ost) 1975.

Siegfried Hoyer, Das Militärwesen im deutschen Bauernkrieg 1524–1526, Berlin (Ost) 1975.

Hubert Kirchner, Johannes Sylvius Egranus. Ein Beitrag zum Verhältnis von Reformation und Humanismus. Berlin (Ost) 1961.

Paul Kirn, Friedrich der Weise und die Kirche, Leipzig 1926.

Friedrich Kraft (Hg.), Luther als Bühnenheld, Hamburg 1971.

Adolf Laube, Günter Vogler und Max Steinmetz, Illustrierte Geschichte der frühbürgerlichen Reformation, Berlin (Ost) 1974, 2. Aufl. 1982.

Bernd Moeller, Deutschland im Zeitalter der Reformation, Göttingen 1977.

Nikolaus Müller, Die Wittenberger Bewegung. 1521 und 1522. Die Vorgänge in und um Wittenberg während Luthers Wartburgaufenthalt. 2. Aufl. Leipzig 1911.

Heiko A. Oberman, Luther. Mensch zwischen Gott und Teufel. Berlin 1982.

Ders., Die Reformation. Von Wittenberg nach Genf. Göttingen 1986.

Werner O. Packull, Mysticism and the Early South German-Austrian Anabaptist Movement 1525–1531. Scottdale, Pa., 1977.

Will-Erich Peuckert, Die große Wende. Das apokalyptische Saeculum und Luther. 2 Bde., 2. Aufl. Darmstadt 1966.

Kurt Ruh, Meister Eckhart. Theologe, Prediger, Mystiker. München 1985.

Heinrich Richard Schmidt, Reichsstädte, Reich und Reformation. Korporative Religionspolitik 1521–1529/30. Stuttgart 1986.

Günter Vogler, Die Gewalt soll gegeben werden dem gemeinen Volk. Der deutsche Bauernkrieg 1525. 2. Aufl. Berlin (Ost) 1983.

Ders., Nürnberg 1524/25. Studien zur Geschichte der reformatorischen und sozialen Bewegung in der Reichsstadt. Berlin (Ost) 1982.

Rainer Wohlfeil, Reformation oder frühbürgerliche Revolution? München 1972.

Ders., (Hg.), Der Bauernkrieg 1524–26. Bauernkrieg und Reformation. München 1975.

Ders., Einführung in die Geschichte der deutschen Reformation, München 1982.

Wilhelm Zimmermann, Allgemeine Geschichte des großen Bauernkrieges. Nach handschriftlichen und gedruckten Quellen, Bde. 1–3, Stuttgart 1841–1843.

Gerhard Zschäbitz, Zur mitteldeutschen Wiedertäuferbewegung nach dem großen Bauernkrieg, Berlin (Ost) 1958.

Personen- und Ortsregister